역사화해의 이정표 Ⅳ

−역사 내러티브

일러두기

- 이 책은 2022~2023년도 동북아역사재단의 기획연구과제로 수행한 결과물임(NAHF-2022-기획연구-23 / NAHF-2023-기획연구-24)

동북아역사재단
연구총서 107

역사화해의 이정표 IV
-역사 내러티브

이병택 편

동북아역사재단

책머리에

정치문명은 내러티브 위에 서 있다. 정치문명은 우리가 사는 세계의 의미를 구성한다. 인간의 삶은 내러터브 구조로 표현되어야 그 의미를 얻는 듯하다. 개인은 문명 속에서 태어나 그 안에서 삶을 영위하며, 그의 삶은 문명의 기준에 따라 평가된다. 동시에, 개인은 쇠퇴하는 문명에 저항하여 그 흐름을 바꾸려 노력하기도 한다. 저항은 의미 투쟁이다. 플라톤(Platon)은 쇠락해가는 아테네를 "재탄생"시키기 위해, 희랍 문명의 근간을 이루던 시인 호머(Homer)를 비판한다. 이후 그는 새로운 세계의 내러티브를 제시한다. 플라톤은 전사 아킬레우스 대신 국가의 수호자라는 형상을, 악인도 선인도 아닌 다면적 능력을 지닌 오디세우스 대신 철학자의 형상을 수립한다.[1] 희랍인들의 교양 교육이 곧 호머를 배우는 것이란 점을 인정하더라도, 철학자 플라톤의 비판이 시인을 겨냥했다는 점은 다소 의외이다. 이는 마치 현대 최고 수준의 철학자가 영화감독 스티븐 스필버그를 비판하는 꼴이니 말이다.

플라톤 글쓰기의 심각성을 이해한다면 그의 시인 비판을 간단하게 넘길 수 없다. 그는 비판하기 쉬운 상대를 비판 대상으로 선택한 것이 아니라, 희랍 세계를 구성하는 핵심 요소를 선별한 것이다. 세계는 본질으

---

[1] 오디세우스 캐릭터는 영화 '캐리비언 해적'의 주인공 잭 스패로우에 비교되곤 한다. 호머는 오디세우스를 "andra polytropon"이라 부른다. 오늘날 사람들이 이 캐릭터를 이해하기는 쉽지 않다.

로 허구의 영역이며, 허구를 창조하는 일이 곧 시인의 작업이다. 그렇기 때문에 세계는 시인의 것이다. 이러한 점에 동의한다면 정치 철학사는 쉽게 이해가 된다. 정치 철학사의 목록을 구성하는 인물들은 세계를 그린 시인들이다. '허구'란 말을 비현실로 받아들이지 말자. 비유하자면 영화를 볼 때 사람들은 영화의 허구를 현실로 받아들인다. 사람들은 영화가 만들어내는 '현실'에 빠져 살게 된다. 영화가 끝나면 사람들은 다시 현실로 돌아온다고 말한다. 포스트모더니즘은 영화의 현실과 우리가 살고 있는 현실 간에는 차이가 없다고 주장한다. 그 차이는 믿느냐 안 믿느냐에 달려 있다고 말하는 것이다. 포스트모던 시대를 사는 우리는 그 차이를 사유해야 할 것이다. 이 사유는 오늘날 심화되고 있는 역사 논쟁을 이해하기 위해서 필요하다.

흔히 역사는 사실을 탐구하는 학문이라고 말한다. "사실 스스로 말하게 하자(res ipsa loquitur)". 영미법에서 이 문구는 '사실추정의 원칙'으로 이해된다. 가해자가 과실을 범했다는 직접적인 단서가 없지만 피해자의 피해가 피고의 과실이 없다면 도저히 일어날 수 없을 경우에 적용되는 원칙이다. 수술 후 수술 부위에 스폰지나 집도용 칼이 발견될 경우 피고가 자신의 과실이 없었다는 증거를 제시하지 못하면 그는 책임을 지게 된다. 위의 문구는 근대 역사학의 비조라 평가받는 랑케(Leopold von Ranke)가 좋아한 글귀이다. 그는 또한 "있는 그대로(wie es eigentlich ist)"의 역사를 기술하는 것이 역사가의 임무라 보았다. 여기서 "있는 그대로"란 말이 논란거리가 된다. 실증주의 해석은 이 말을 '사실'을 지시하는 것으로, 이상주의 해석은 '본질'을 의미하는 것으로 해석한다.

오늘날 랑케를 실증주의 사가로 보는 관점은 설득력이 떨어진다. 이와 더불어 객관적 역사의 이상 또한 설득력을 상실한 것으로 생각된다. 객관적 역사를 표방하는 것에 대한 깊은 불신이 도사리고 있다. 객관주의 역사의 꿈은 "고귀한" 것이었으나, 그 꿈은 과거의 것이 되었다.[2] 이러한 시대 분위기 속에서 역사 내러티브에 대한 관심이 생겨났다. 역사가 이야기 구조를 갖는다면 필연적으로 특정한 플롯을 지닐 수밖에 없다. 이로써 역사와 문학의 거리가 좁아지게 된다. 랑케의 역사 연구는 라틴과 게르만 민족들의 역사를 "보편사(universal history)"로 간주했다. 오늘날의 시각에서 그것은 유럽사 혹은 유럽의 민족사라고 해야 마땅할 것이다. 그는 라틴과 게르만 민족들을 "우리의 민족들"이라 부른다. 이러한 표현은 오늘날 유럽공동교과서에서도 나타난다. 예를 들어 "유럽, 우리의 역사(*Europa, Unsere Geschichte*)"라는 제목이 그것을 잘 보여 준다. 한편 랑케는 개별 민족국가의 수립을 역사발전의 행복한 결말로 보았으나, 오늘날의 유럽은 민족국가를 넘어선 역사 플롯을 만들어 가고 있다.

플롯을 배제한 이야기도 가능하겠지만 그런 이야기가 독자에게 어떤 의미를 줄 수 있을지는 무척 의문이다. 인간은 태어나서 살며 늙고 죽는다. 이것을 종교적 혹은 철학적 언명이라 간주한다면 많은 것을 함축할 수 있을지 모른다. 그러나 이 언명을 둘러싼 배경이 없다면 그 의미는 그저 현실감 없는 추상으로 남을 것이다. "어떻게" 한 인물이 태어나고 살고 죽었는지 이야기하기 위해서는 배경과 사건 그리고 인물을 함께 구성하는 구도가 필요하다. 이런 관점에서 보면 사실의 탐구를 주장하는 실증주의 역사도 결국 그 속내를 감춘 이념사이다. 이념은 배후에서 사실들을 엮어 주는 역할을 한다. 그리고 랑케가 서술하는 유럽 민족들의 이념사는

2　Novick, Peter, 1988, *That Noble Dream:* The "Objectivity Question" and the American Historical Profession. Cambridge: Cambridge University Press.

개별 민족들이 그 자신의 민족국가를 형성하는 해피엔딩으로 끝나는 희극의 특징을 갖는다.

근대 역사 내러티브는 대체로 배타적 민족주의로 흘렀다. 얽히고설킨 나라 간의 관계 속에서 국가는 타자와 구별되는 민족적 주체를 형성하고 이를 정치적 동원에 활용하고자 했다. 랑케의 역사도 민족적 정체성을 유지하고 형성해 가는 과정을 그리고 있으며, 그 기본적인 구도는 다른 민족 국가들과의 경쟁과 갈등으로 전개된다. 근대의 후발국가 일본의 시라토리는 랑케의 역사에서 계몽주의가 부과한 보편적 기준을 벗어나면서도 기이한 형태지만 보편성을 획득하려는 시도를 읽어냈다. 시라토리는 민족 정체성의 근원을 천황제에서 찾았고, 천황제를 종교의 보편성과 연결시켰다. 시라토리의 일본 민족 정체성 구성의 내러티브는 한국과 중국의 민족주의 역사 연구에도 영향을 끼친 듯하다. 천황제라는 구체적 대상을 활용한 시라토리와 달리 한국의 경우 보다 정신주의적 느낌이 강한 '혼'이나 '얼' 등이 사용되었다. 나라를 빼앗긴 그 당시의 역사적 정황상 달리 방법이 없었으리란 점은 짐작이 된다. 해방 이후 한국은 민주공화국의 역사를 써내려 가고 있는 중이다. 중국의 경우에는 문화적 민족주의 방향이 강하다. 그러한 중국의 지향은 현재의 문화원조 주장으로 면면이 이어져 오지 않나 생각된다.

이것보다 원시적인 형태의 역사 내러티브도 여전하다. 역사적 점유의 주장이 그것이다. 이 주장은 원시적인 것만큼이나 원초적인 정념이다. 여기에는 현재 우리와 혈통적으로 밀접한 관계를 가진 선조들에 대한 관념이 자리하고 있다. 혈통적 밀접함은 현재 우리와 선조를 하나로 묶어 주며, 이러한 동일화의 원리가 역사 점유 주장에 명분을 준다. 법적으로 장기 점유만큼 점유에 안정을 주는 것도 없다. 오랜 시간이 부여하는 켜켜

이 쌓인 사물과 인간 사이의 관계가 상상의 변덕을 잠재울 수 있기 때문이다. 그래서 재산은 시간의 산물이라는 말이 있다. 이러한 욕구 때문인지 각국은 시간을 점점 더 거슬러 올라가 그 역사적 기원을 찾는 데 집착한다. 시간을 점유하고자 하는 내러티브는 그만큼 더 끈질기게 지속된다.

이에 반해서 인간의 점유는 유한하다는 반성이 자란다. 잘 점유하지 않으면 그 점유가 오래가지 않는다는 자각이다. 셰익스피어는 『리처드 2세』에서 선왕에게 물려받은 왕관을 지키지 못하고 시간을 허비한 끝에 볼링브루크에게 폐위당한 리처드 2세를 다음과 같이 읊는다.

> ⋯ And Bolingbroke
> Had seized the wastful King. O, What pity is it
> That he had not so trimmed and dressed his land
> As we this garden! We at time of year
> Do wound the bark, the skin of our fruit trees,
> Lest, being over-proud in sap and blood,
> With too much riches it confound itself.
> Had he done so to great and growing men,
> They might have lived to bear and he to taste
> Their fruits of duty. Superfluous branches
> We lop away that bearing boughs may live
> Had he done so, himself had borne the crown,
> Which waste of idle hours hath quite thrown down.
> (Shakespeare, King Richard II, 3.4.55 - 3.4.65.)

리처드 2세의 비극은 제때 해야 할 일은 하지 않은 데 있다. 세익스피어는 현재의 왕위를 향유하기 위해서는 과실을 향유하기 위한 것과 마찬가지로 적절한 때 가지치기를 해주어야 한다고 말한다. 세상사는 그저 내버려 두어서는 안 되며 지속적인 관리가 필요하다. 이러한 세상사의 유한성과 현재 점유의 관념은 혈통적 동일화에 근거한 권리 주장을 제한한다. 나아가 법은 기존의 점유자를 몰아내고 그 자리를 차지한 자에게 앞선 점유자와 동일한 권리를 부여한다. 비록 그가 불법침해자라 해도 말이다. 이러한 법의 정신은 도덕의 요청과는 사뭇 다른 것으로 보일 것이다. 그럼에도 법의 정신은 현재 점유의 안정에 우선순위를 둔다. 한때 우리사회에 "성공한 쿠데타는 처벌할 수 없다"는 언명이 널리 회자되었다. 이 언명은 현재 점유의 강조와 비슷한 논리로 비쳐지지만 의미의 방점은 사뭇 다른 것으로 생각된다. 성공이라는 말은 인정 혹은 승인이란 의미를 내포하는 것으로 해석되기 때문이다. 반면 현재 점유의 강조는 잘 관리해야 할 책임이 있다는 쪽에 방점이 있다. 관리 책임의 방기는 곧 폐위라는 비극으로 이어진다.

　법과 도덕 감정 사이에는 긴장이 존재한다. 법이 도덕적으로 비난받을 수 없는 행위까지 책임을 묻는다면 그 법은 사회적으로 수용되기 힘들 것이다. 반대로 법이 복수에 기반한 도덕적 요구에 지나치게 휘둘리면 그 사회는 끝없는 내전 상태에 빠질 위험이 있다. 덧붙여 그러한 사회는 초기사회의 난관을 벗어나지 못하고 연쇄적 분쟁상태에 빠질 수밖에 없다. 법은 평화롭고 평등한 원시공동체라는 허구를 받아들이지 않는다. 이러한 허구는 섬망 현상이라 부르는 것이 좋을 것이다. 법의 기원은 복수의 대체라고 통용된다. 다시 말해 법은 도덕에서 출발했다. 초기의 법적 책임은 행위에 대한 도덕적 비난의 범위에 한정되었다. 누군가에게 부당한 일을 당하면 그 가해자에게 비난의 화살이 돌려진다. 피해의 원인이 되는 가해자를 처벌하는 것으로 법적 책임 공방은 종결된다. 이렇게 제한되었던 책임의 범위는 사회의 발전으로 점차 확장된다. 오늘날의 사람들이 예전보다 훨씬 확장된 법적 책임을 지고 있다는 점에 유념하자. 그 명백한 증거는 제2차 세계대전 이후 진행된 전범재판이면 충분할 것이다. 전후 진행된 사과와 화해의 요구는 전범재판이 수립한 국제사회의 책임 확대 위에 진행된 것이다. 그리고 국제사회에서 책임의 확대 폭이 어느 정도 나아갈 것인지는 향후 국제사회의 발전과 관련될 것이다.

근대 자유주의 내러티브의 핵심은 교역을 중심으로 진행된다. 교역은 사회 번역의 기초이며, 교역을 위해서는 전쟁보다는 평화가 우선되어야 한다. 자유주의 내러티브는 오늘날까지 여전히 유효한 것으로 받아들여지고 있다. 유럽연합도 자유주의 내러티브 위에 수립된 것으로 봐야 하지 않을까. 그러나 자유주의 원리에 치우친 네덜란드는 영국이나 프랑스와의 군사경쟁을 포기한 후 이류국가로 주저앉았다. 제국주의 내러티브가 쉽게 포기될 수 없는 이유가 여기에 있다고 볼 수 있다. 반제국주의 호소는 약자의 도덕 감성을 자극하기 마련이다. 반제국주의 주장에는 약자의 선함을 전제하는 암묵적 도덕주의를 내포하고 있다. 그래서 제국주의라는 악을 제거하면 더 나은 세계가 열릴 것이란 낙관을 받아들인다. 반제국주의 내러티브는 제국주의 침략이 없었으면 스스로의 힘으로 더 나은 근대화를 이루어 냈을 것이라는 희망 위에 쓰여진다. 이러한 믿음이 얼마나 신뢰할 수 있는지는 확신하기 어렵다. 니체의 "노예도덕"에 대한 비판은 언급할 필요도 없을 것이다.

식민지 통치에 대한 찬반 양론 내러티브의 증폭은 전세계적 현상이라 생각된다. 제1차 세계대전과 제2차 세계대전 이후 서구 사회는 제국주의의 공격성과 폭력성을 반성하게 되었고, 이러한 반성은 학계와 언론계의 지배적 담론으로 자리 잡았다. 20세기를 지나면서 일본에서 나타난 현상과 유사하게 영국에서도 인구의 30% 이상이 탈식민주의나 반식민주의 관점에서 영제국을 비판하는 것에 대해 불편함을 느꼈다. 잘 알려진 것처럼 "자학사관"에 대한 불편함이다. 주류 학계의 의견은 대중의 정서와 대비된다. 여기서 주류 학계의 계몽주의에 순응해야 하는지, 아니면 학계가 대중의 정서에 귀를 기울여야 하는지 알 수 없다. 이는 지식 통치와 대중 포퓰리즘 사이의 긴장을 반영한다. 이러한 상황에서 균형잡힌 시각을 강조하는 것은 레토릭으로서는 훌륭하나, 현실적으로 제국의 공격성과 폭력성을 비판하는 내러티브와 제국의 문명적 기여를 주장하는 내러티브가 화해하기는 어려울 것이다. 덧붙이자면 인간의 관념은 일종의 불투과성의 특징을 갖는다. 딱딱한 껍질 같은 것이다. 그렇기 때문에 관념들은 잘 섞이지 않는 특징이 있다.

여기서 영국사의 한 단편을 언급하는 것은 의미가 있다. 명예혁명 이전 휘그파와 토리파는 서로 대립했다. 토리파는 왕에 대한 절대적 복종을 강령으로 채택했고 휘그파는 조건적 복종을 주의로 삼았다. 그러나 제임스 2세의 자의적 통치에 맞서 토리파와 휘그파는 연합하여 명예혁명을 성공시켰다. 혁명 이후 두 정파는 스튜어트 가문을 왕위계승에서 배제하고 한층 강화된 대중정부의 원칙을 수립했다. 이 과정에서 토리파는 자신들이 그토록 소중하게 여겼던 절대적 복종의 관념을 뒤집는 심각한 모순에 빠졌다. 이러한 모순은 관념적으로는 결코 화해될 수 없는 것이었다. 그렇지만 인간의 마음은 관념적 모순들을 품을 수 있는 것이 아닐까. 이전 상태와의 단절을 의미하는 혁명이란 말보다는 이전 상태를 복원했다고 읊조리며 말이다. 이성은 정념의 노예이고 또 그래야만 한다는[3] 흄의 말은 이러한 삶의 현상을 잘 지적한 것이 아닐까 생각된다.

일본의 근대 내러티브는 서구 제국주의 역사보다 훨씬 복잡하고 굴곡이 많다. 서구 제국에 필적하는 근대 국가를 수립하기 위해 서구의 근대화를 모방하고 제국주의 침략 전쟁에 몰두한 역사와 원폭의 피해자라는 역사가 서로 얽히고 충돌하기 때문이다. 가공할 원폭 피해의 기억은 제국의 공격성에 대한 기억보다 더 생생하게 다가온다. 피해의 기억은 의식 속에 더 깊이 각인되고 오래 남기 마련이다. 그래서 애초에 균형잡힌 시각을 요구하는 것은 개인의 기억에 불가능한 요구일지도 모른다. 게다가 개인의 경험은 제한된 시공간에서 가능한 것이기에, 개인의 기억에 균형을 요구하는 것은 무리한 일이다. 제한적이고 편협한 개인의 경험과 기억을 교정할 객관적인 정답은 존재하지 않는다. 객관적 역사의 꿈이 무너진 것을 다시 환기하자. 그렇기 때문에 빈 공간으로 남은 전반적인 상을 채우기 위한 내러티브 경쟁이 생긴다. 세계라는 허구를 써 내려가려는 싸움이 시작되는 것이다. 일본도 서구 제국들의 역사 내러티브 논쟁과 같은 궤적을 따를 가능성이 농후하다. 더 나아가 일본은 서구와는 다른 근대화의 굴곡 때문에 더 복잡한 논쟁 구도가 형성될 것으로 예상된다.

20세기를 지나면서 영국의 경우와 마찬가지로 일본인들도 과거사에 대한 사죄나 반성적 역사에 불편함을 느끼고 있다. 이러한 내러티브를 국가적인 모독이나 불명예, 심지어 국익의 침해로 간주하는 경향이 강해진 것이다. 일종의 심리적 반동현상이다. 현재 삶에 대한 불만족은 이러한 심

---

3   Hume, D, 1978, *A Treatise of Human Nature* (L. A. Selby-Bigge & P. H. Nidditch, Eds.; 2nd edition), Oxford University Press.

리를 부추기고, 대중의 포퓰리즘은 원인과 무관한 혹은 만만한 대상에게 책임을 전가한다. 원인을 떠나서 이러한 현상은 역사적 분위기의 반전으로 보인다. 특정한 분위기가 과도해지면 반발이 생기기 마련이다. 엄숙주의가 과도해지면 사회의 발랄함을 추구하는 흐름이 생기듯 말이다. 반면 해방 이후 한국에서는 역사 사죄론이 꾸준히 지배적이었다. 그러다 일본과의 경쟁 구도가 가시화되자 정의 중심의 과거 청산론이 득세했다. 과거와 비교해서 한 가지 달라진 점은 민족주의 내러티브에 인권 내러티브가 덧붙여졌다는 것이다. 그러나 역사를 정의의 시각에서 독해해야 하는 것인지도 의문이지만, "의로운 나라"라는 딱지표가 딱히 반길만한 것인지도 의문이다.

한국이 근대로 가는 데 있어 가장 큰 장애는 중화 내러티브에 갇힌 인식론적 난관이었다. 한국인들은 유독 문명적 보편주의의 눈으로 타자를 인식하는 경향이 강하다. 일본인들과 쉽사리 비교 대상이 된다. 이러한 인식론적 습관은 어디에서 왔을까? 이 습관은 조선 소중화라는 자부심의 근거를 끝까지 찾는 과정에서 생긴 것이라 보인다. 병자호란 이후 오랑캐에 짓밟힌 소중화의 자존심을 회복하기 위해 조선의 지식인들은 중화와의 유사성을 보다 가시화하고자 했다. 그 일환으로 조선의 지리적 특성, 곧 조선이 중화 대륙의 한자락이란 점을 제시했다. 그러나 서양의 지리 지식이 전해지면서 중화의 일부라는 지리적 근거는 뿌리가 흔들렸다. 지구가 둥근데 가운데가 있을 수 없기 때문이다. 서양의 지리 지식에 대응하기 위해 행위자의 윤리적 실천 역량에서 문화적 자긍심을 찾는 문화적 중화관이 등장했다. 그러나 문화적 중화관에는 아이러니가 생긴다. 다름 아닌 오랑캐인 청도 윤리적 실천 역량을 갖춘다면 더 이상 오랑캐가 아닌 것이다. 곧 소중화로서의 조선의 자긍심은 설 자리가 없어지는 것이다. 소중화 전략의 전복이라 말할 수 있겠다. 다른 한편 윤리적 실천 역량이라는 보편성에 대한 방점은 타자를 이해하고 수용하는 틀로 변모되었다. 이로 인해 오랜 중화주의 습속에도 불구하고 뒤늦게나마 한국인들은 비교적 쉽게 서구문명으로 전환할 수 있었던 것은 아닐까.

한국인의 문화적 보편주의는 장점이 있는 반면 그 단점도 명백한 것 같다. 헤게모니 전환기의 미숙한 대응과 미약한 독자적 목소리가 그것이다. 문화적 보편주의 전략은 독자성과 보편성을 결합하는 데 따르는 어려움을 회피하는 손쉬운 해법의 하나이다. 가령 휘튼(Henry Wheaton)의 근대 국제법 저서인 『만국공법』의 한국적 독해 방식은 국제법의 도덕적 독해에 가까웠다. 대체로 문화적 보편주의는 약소민이 취할 수 있는 손쉬운 방편이기도 하다. 그러나 그러한 말이 충분한 변명이 될까? 다른 한편 『만국공법』에 대한 중국인의 독해는 우리와 비슷한 도덕적 특징을 갖지만 중국역사의 춘추시대 제후국들이 교류하는 원칙에 유비해서 생각했다.[4] 일본의 『만국공법』 번역은 마틴(William Martin)의 『만국공법』 번역과 사뭇 다르다. 일본의 번역본에는 인간의 의지적 면을 강조하는 조약이 부각되고 있다. 한국이나 중국과 달리 조약에 방점을 두는 일본의 근대법 독해는 일본인의 지적 전통에서 나온 것이리라. 이러한 세 나라의 특징은 오늘날까지 여전히 지속되고 있는 것으로 생각된다.

근대에 진입하는 것이 어려웠던 나라가 비단 한국만은 아니었다. 오랜 제국의 기억만 가지고 있던 중국은 더 큰 홍역을 치렀다. 중국은 서구와의 전쟁에서 패배했다. 근대화에서 일본에 뒤처졌고 전쟁에서도 패배했다. 제국의 내러티브에 갇힌 시효가 지난 울타리를 벗어나야 했지만 그

---

4   헨리 휘튼 지음, 윌리엄 마틴 한역, 김현주 옮김, 2021, 『만국공법』, 고양, 역자 서문 참조.

길은 평탄하지 않았다. 한국과 마찬가지로 중국의 지식인들 중에서도 근대화에 앞선 일본의 근대화 모델을 본받으려 한 사람들이 있었다. 중화의 자긍심을 헛된 것으로 버리거나 최소한 타협해야만 했을 것이다. 서구식 근대화를 이루지 못하고 중국은 결국 서구의 다른 버전인 공산주의를 모방하는 길을 택했다. 중화의 문화적 예외주의와 마르크스의 공산주의 내러티브가 대립 없이 섞일 수 있는 것인지 여전히 불투명해 보인다. 중국의 근대성 수용은 늘 수수께끼처럼 다가온다.

오늘날 중국의 적대적 대외관계 인식의 뿌리는 마오쩌둥을 빼놓고는 말할 수 없다. 마오쩌둥의 사상에서 두드러지는 개념은 "계속혁명"과 "적"이다. 일본에 비해 중국과 한국은 혁명이란 말을 무척 좋아한다. 일본은 "유신" 이상을 언급하지 않는데 말이다. 혁명은 과거와의 급진적 단절을 의미하는 것이기에 보수적 역사가에게는 금기어였다. 그들에게 혁명은 역사를 무의미하게 만드는 것이기 때문이다. 현재와 단절된 과거는 거저 과거에 있었던 일이 된다. 그런데 중국과 한국에서 혁명이란 말은 역사의 연속성에 대한 심각한 고민 없이 사용된다고 보인다. 마치 혁명이란 것을 중국 고전에 적힌 "日新又日新(일신우일신)" 정도의 의미로 해석하는 듯하다. 이러한 모습은 천황제의 연속성에서 일본 역사의 연속성을 찾고자 한 일본과 사뭇 대비된다. 더 이해하기 힘든 것은 중국과 한국은 혁명을 강조하면서도 오랜 과거에 대해 무척이나 집착한다는 점이다. 이러한 태도가 지적인 느슨함을 의미하는 것인지 아니면 허세의 증세인지는 두고 볼 일이다. 어쨌거나 "영구혁명"이나 "계속혁명"과 같은 발상은 지적 오만이나 극도로 과열된 사변적 허풍이라 생각된다. 문화혁명에서 나타나듯이 마오쩌둥의 계속혁명이 가져온 결과는 기존 사회관계의 해체나 전복에 가까웠다. 전근대 사회관계의 폭력적 해체가 반드시 부정적인 것만은 아닐 것이다. 그러나 폭력적 방식의 해체나 전복이 거듭된다면 사회가 유지될 수 있을지 의문이다.

우리(我)와 그들(敵)의 구분을 정치적인 것의 핵심으로 본 법학자는 독일의 칼 슈미트였다. 근대의 배타적 주체철학은 칸트의 영향을 받은 피히테의 실천철학에 잘 드러나있다. 피히테의 영향인지 신채호는『조선상고사』에서 조선의 역사를 "아와 비아의 투쟁(我와 非我의 鬪爭)"의 시각에서 정리하기도 했다. 슈미트의 법학은 오늘날에도 여전히 열렬한 추종자을 갖고 있다. 중국에서의 근대법에 대한 이해는 대체로 슈미트에서 큰 영향을 받은 것처럼 보인다. 하지만 중국의 근대법 활용은 대단히 독특하다. 대외적으로는 중국의 주권을 강조한다. 홍콩이나 대만의 귀속 문제는 중국의 배타적 주권 사항이 된다. 그러나 중국 내의 소수민족 자결권은 간단히 무시된다. 이러한 문제에서 근대법적 사고는 고대 봉건법적 사고로 대체된다. 근대법과 봉건법의 편의적 뒤바꿈에 따른 혼란은 근대 중국이 풀어야 할 가장 큰 숙제가 아닐까 생각된다. 마오쩌둥은 서구 마르크스주의를 중국식 내러티브로 풀어낸 것으로 높이 평가되었다. 곧 토착화 문제를 해결했다는 것이다. 그런데 그 실제가 무엇이었는지 오늘날 되돌아보면 무척 회의가 밀려든다. 이러한 의문은 중국식 사회주의의 실제가 무엇인가에 대한 질문으로 이어진다. 중국을 긴 안목으로 이해하기 위해서는 외래 문화와 사상의 중국식 전유방식에 대한 전반적인 연구가 필요한 것으로 생각된다.

위에서 동아시아를 중심으로 근대 세계를 지배한 몇몇 내러티브들을 대략적으로 살펴보았다. 몇 가지 잠정 결론을 내려보자.

첫째, 동일한 내러티브를 가진다고 해서 화해가 더 수월한 것이 아니다. 랑케의 영향하에 구성된 일본, 한국, 중국의 민족주의 내러티브는 동일한 인식론적 기반을 갖고 있지만 서로의 화해에 도움이 되기보다는 갈등의 이유로 작동한다. 민족 내러티브는 민족 간의 차이를 강화하는 방향으로 진행되기 때문이다. 이러한 결말은 근대의 주체 중심 실천철학의 운명이 아닌가 생각된다. 아(我)와 비아(非我)의 구분이 내러티브의 전제가 되고, 아(我)를 확대 혹은 비아(非我)의 흡수를 위한 투쟁과 아(我)의 수호를 위한 저항이 플롯의 기본틀이 된다. 민족 간의 역사적 차이는 정체와 발전의 구분에 포섭되어 침략의 명분이 되기도 한다. 여기에 차이의 상호 존중은 들어설 자리가 없다. 근대의 계몽주의가 배타적 성격을 가졌듯이 근대의 민족주의 내러티브도 배타적 성격을 가진다.

둘째, 제국주의 보편 내러티브에 대한 저항에서 시작된 민족주의 내러티브는 나름의 긍정적 측면을 가진다. 독자성의 목소리가 그것이다. 보편 내러티브의 가부장적 목소리에 맞서 개별 민족국가는 그 집단의 목소리를 표출한 것이다. 이러한 의미에서 근대 민족국가는 제국의 침략에 맞서 구성된 근대의 허구이다. 그러나 민족을 근대 이전에서 찾는 시도는 민족의 허구에 현혹된 것이다. 시대를 거슬러 올라가면 동등한 정치적 지위를 갖는 민족 구성원의 모습은 없어지기 때문이다. 민족국가의 구성원리는 근대 정치원리에 기초한다. 따라서 근대 제국의 영향을 배제한다면 민족은 사라진다는 역설이 있는 것이다. 선조와 나를 묶는 세대계승의 동일화 관념이 정치적 의미를 갖는 민족의 허구에 현실감을 불어넣는다. 그러나 민족(국민)은 성격상 근대 정치의 산물이다. 따라서 민족과 역사적 종족성은 구별되어야 한다. "한국인", "일본인", "중국인"이란 말은 많은 경우에서 민족이 아니라 역사적 종족성을 지시하는 것으로 이해되어야 한다. 그리고 앤더슨(Benedict Anderson)의 민족주의 연구인 "상상의 공동체" 제목이 시사하듯이, 민족은 "존재" 혹은 "본질"의 형이상학적 개념으로 파악될 수 없다. 민족은 상상 혹은 허구의 영역에 속한다.

셋째, 과거사 청산은 성격상 법정에 호출된 자아(forensic self)에 초점을 둔다. 곧 법정은 어떠한 사람이 과거에 한 행위로 그 사람의 정체를 구성한다. 그리고 그 사람의 행위로 초래된 피해에 대해 책임을 묻는다. 그러나 사건과 행위를 기술하는 것 자체가 어떠한 내러티브의 형식을 가질 수밖에 없다. 내러티브를 통해 사건은 설명되고 책임의 소재가 드러난다. 앞서 언급했듯이 책임의 범위는 인간사회의 발전과 그에 따른 상상력에 의해 정해진다. 역사는 책임 확대의 경향성을 목도했다. 특히 근대 자연권이나 인권 내러티브는 권리 요구의 폭을 확장시키는 데 큰 기여를 했다. 제1차 세계대전 이후 윌슨이 선언한 민족자결권은 형식적으로 식민지 독립의 원칙을 수립하는 데 도움을 주었고, 근대 민주주의 정치과정은 권리 의식을 강화시켰다. 그리고 제2차 세계대전 이후 진행된 전범재판은 신성한 것으로 간주되었던 국가행위에 일정한 한계를 부과하였다.

다른 한편 위에서 열거된 내러티브에 대한 반론도 만만치 않다는 점을 의식할 필요가 있다. 대표적으로 전범재판을 "승자의 정의"로 바라보는 비판도 만만치 않다. 도쿄 재판 당시 재판관의 한 사람으로 참가했던 인도의 라다비노드 팔의 비판을 따르는 사람들은 여전하다.[5] 그리고 인권을 일종의 레토릭으로 간주하는 견해도 있다. 나라 없는 개인은 인권을 실질적으로 가질 수 없고, 인권 내러티브는 적대국가를 비난하는 데 사용

---

5 Radhabinod Pal, 1999, *Dissent Judgment of Justice Pal*, Tokyo: Kokusho-Kankokai, Inc., 그의 논의는 하나의 중요한 전제를 깔고 있다. 그것은 곧 "한 나라가 다른 나라를 지배하는 것이 국제관계에서 범죄였다고 누구도 진지하게 주장하지 못할 것이다"는 믿음이다. p. 107.

되는 도구에 지나지 않는다는 비판도 있다. 또한 재산에 대한 자연권은 근대 부르조아 계급의 이익을 대변하는 것이라는 해석도 여전히 한켠에 존재한다. 한마디로 신들의 전쟁이라 할만하다. 서로 대립하는 주장들 간에 화해는 불가능한 것으로 보이고 타협마저도 쉽지 않은 듯하다.

넷째, 인간은 본성상 화해보다는 복수에 압도적으로 치우쳐 있다. 고대의 이야기에서 현대에 이르기까지 대다수의 내러티브는 복수의 정념에 기초한 것이다. 바로 이러한 이유로 인간 사회는 복수의 정념을 평화적인 방식으로 해소하지 않을 수 없었다. 안정을 바라는 정념이 복수의 정념을 제어하는 것이다. 복수의 정념을 최고의 형태로 승화시키는 문학이 위대성을 갖는 이유도 복수의 정념에 새로운 탈출구를 마련하는 일이 대단히 힘든 것임을 증명한다. 역사화해는 법적인 처벌 이후에도 찾아오지 않는다. "앙금"은 오래 간다. 심지어 대를 이어 지속되기도 한다. 정념에 새로운 방향을 제시하는 반향이 없다면 앙금은 끈질기게 그 자리에서 존재성을 드러낼 것이다. 비극의 위대성은 정념을 새로운 방향으로 이끄는 반향을 만들어 내기 때문이다. 비극의 반향에 의해 일깨워진 안정과 평화의 정념이 복수의 정념을 잠재운다. 개인 스스로 부정적 정념을 해소하는 것은 쉽지 않은 일이다. 정념이 새로운 방향으로 흐를 수 있는 정치적 장치가 필요한 이유이다. 그래서 국가의 수립이나 국제질서의 수립에서 핵심적 사항은 통합의 계획이었다. 국가나 국제질서는 고정된 것이 아니라 계속 생성되는 것이다. 이러한 논리에서 역사화해는 국가 통합과 국제질서의 구성적 원리 위에서 진행되는 것이다.

끝으로 역사화해를 위해서는 역사 내러티브와 믿음체계의 상관관계를 이해하는 것이 중요하다. 역사 내러티브는 대체로 그 시대의 믿음체계에서 비롯한다. 이 점은 랑케나 시라토리의 사례에서 명백하게 드러난다.

랑케의 역사 내러티브는 프로테스탄트(루터)에 대한 그의 믿음과 독일 민족국가에 대한 그의 열망을 떠나서는 이해될 수 없는 것이다. 시라토리의 천황제 내러티브는 일본의 근대국가 건설과 안정에 대한 그 당시 통용되던 믿음에서 비롯된 것으로 봐야 할 것이다. 다시 말해 연구의 주제와 내러티브의 구상은 믿음체계에 큰 영향을 받는다. 여기서 연구의 과학성에 대한 논점을 주시할 필요가 있다. 통상 경험주의자가 말하는 과학은 자연주의적 특성을 갖는다. 따라서 경험적 과학은 기후의 차이, 진화의 차이 등 자연과학에서 영향을 받은 변수들로 사회현상을 설명하고자 한다. 근대 경험과학에 맞서 랑케의 역사 연구는 사료 비판을 "과학성"의 도구로 삼았다. 그는 공적인 아카이브 연구가 "객관성"을 담보한다고 여겼다. 공적 성격의 문서가 객관적이라 본 것이다. 경험과학과 역사학은 과학을 두고 서로 다른 견해를 가진 것이다. 철학자에게 과학성은 대체로 무전제에서 출발하는 것을 의미한다. 전제 곧 시작의 비판인 것이다. 가령 이런 점을 고려해 보자. 랑케에게 세계는 종교와 세속권력으로 구성되어 있다. 기독교의 보편성은 가톨릭과 프로테스탄트로 나뉘고, 근대는 프로테스탄트의 깊은 신앙심이 승리할 것으로 믿었다. 과학성과 관련해서 그의 믿음체계를 비판하는 것보다 더 깊은 차원이 있다. 랑케는 근대가 종교에 대한 거리두기 혹은 무관심으로 향하고 있고 장차 종교를 넘어선 과학문명으로 특징지어질 것이란 점을 전혀 고려하지 않은 듯하다. 이러한 점에서 그는 근대성에 대해 심각한 오해를 하지 않았나 생각된다. 세계의 흐름은 문서고를 뒤진다고 해서 알 수 있는 것이 아니다. 물론 경험주의 과학도 자신의 약속에도 불구하고 예측에 성공한 적은 거의 없을 것이다. 실패의 경우 경험과학은 새로운 인과관계를 구성하는 방향으로 연구를 지속할 것이다. 그렇다면 믿음에 근거한 이념적 요소를 가진 연구는 어떻게 되는가? 랑케의 역사 연구에서 이념적 요소를 폐기한다면 무엇이 남을 수 있을까? 여기서 이념사는 경험 연구와 큰 차이가 있다. 경험 연구는 하나의 가설을 설정하고 최종적으로는 이론이나 법칙을 추구한다. 그리고 결과를 보면서 가설의 문제점을 지적하게 된다. 그러나 사건들 뒤에 숨어 있는 실제를 찾는다고 주장하는 이념사는 문제제기 자체를 과학적으로 검증할 수 있는 기회 자체를 제공하지 못한다. 검증할 가설이 없기 때문이다. 여기에 오늘날 역사논쟁의 가장 큰 문제가 도사리고 있다고 생각된다. 역사적 현상에 대한 하나의 가설을 제시한다기보다는 사료를 통해 사실을 입증하려는 경향은 건전한 토론을 방해하는 요소이다. 특히 이념사는 검증되지 않은 믿음에 확증편향을 준다고 생각된다. 철학이 추구한 무전제의 시작이 가능할지는 모르겠다. 그럼에도 검증되지 않은 믿음의 사실성에 대한 판단중지는 최소한의 과학성을 확보하기 위해 필요한 것이라 생각된다. 검증되지 않은 믿음의 사실성에 대한 유보는 역사화해의 첫걸음을 떼기 위한 몸짓이다. 따라서 근대의 역사 내러티브를 극복하기 위해서는 당연한 것으로 간주되는 주위세계에 대한 믿음체계를 철저하게 검토할 필요가 있다.

2024년 12월
공동연구자를 대표하여
이병택

차례

책머리에 · 4

1. 랑케와 일본 '동양사' 내러티브
역사화해를 중심으로 _ 이병택

I. 머리말 · 25
II. 일본의 근대 역사학에 대한 두 가지 견해 · 27
III. 랑케의 이념사 · 32
IV. 랑케 역사 연구의 예시 · 38
V. 맺음말: 화해의 내러티브를 향해 · 47

2. 근대 초 네덜란드의 대외전쟁과 화해전략
스페인, 영국, 프랑스와의 전쟁을 중심으로 _ 이동수

I. 머리말 · 53
II. 국가 독립과 자유를 향한 여정 : 스페인과의 전쟁 · 57
III. 국권과 국익 수호를 위한 여정 1 : 영국과의 전쟁 · 70
IV. 국권과 국익 수호를 위한 여정 2 : 프랑스와의 전쟁 · 82
V. 맺음말 · 96

3. 영국인의 영제국 인식과 교육, 제국의 악함과 선함의 '균형'? _ 강선주

I. 머리말 · 103
II. 영국인의 제국 인식과 제국 옹호론의 도전 · 104
III. 식민주의 제국 옹호론과 반식민주의 제국 비판론의 논쟁 · 113
IV. '도덕적으로 균형 있는 시각(moral balanced approach)'? · 125
V. 영국에서의 영제국 교육 · 128
VI. 맺음말 · 143

4. 홍대용의 '역외춘추론'이 보여 주는 독자성과 보편성의 화해
'편벽'한 조선은 어떻게 '중화'가 될 수 있는가? _ 이송희

   I.   머리말 · 151

   II. 문화와 '풍기' · 153

   III. 조선 후기 중화관'들'의 충돌 · 161

   IV. 독자적 문화와 보편적 지향 · 172

   V.   맺음말 · 178

5. 일본의 전쟁 기억과 역사 내러티브의 문학적 특질
패전의 기억을 중심으로 _ 신현선

   I.   머리말 · 183

   II. 패전 일본을 기록하는 관찰자의 시선 · 187

   III. 재난의 묘사와 희생성 부각 · 195

   IV. 역사적 감수성을 배제한 성찰의 기억 · 203

   V.   맺음말 · 211

6. 오이라드의 역사를 둘러싼 중국과 몽골의 내러티브 경쟁 _ 심호성

   I.   머리말 · 215

   II. 중국-오이라드 관계 서술 방식 · 219

   III. 러시아-오이라드 관계 서술 방식 · 235

   IV. 개별 사건 및 인물에 대한 평가 · 251

   V.   맺음말 · 272

7. 근대 중국 지식인의 대일 협력론과 그 내러티브들 _ 이동욱

  I. 머리말 · 277
  II. 근대 중국인의 대일 인식의 기원 · 280
  III. 청일전쟁 직후의 국치(國恥) 서사와 중일 협력 주장 · 286
  IV. 중일전쟁 시기의 항전(抗戰) 서사와 협력의 스펙트럼 · 291
  V. 맺음말 · 298

8. 마오쩌둥 사상과 적대적 대외 인식의 기원 _ 이재준

  I. 머리말 · 305
  II. 마오쩌둥 국제정치 사상의 기원과 전개 · 310
  III. 계속혁명론과 내부의 적 개념 · 328
  IV. 맺음말: 마오쩌둥의 유산 · 332

찾아보기 · 336

1
랑케와 일본 '동양사' 내러티브
역사화해를 중심으로

이병택 동북아역사재단 연구위원

I. 머리말

이 연구는 정치공동체의 정체성을 구성하는 역사 내러티브 속에 역사화해의 가능성을 살펴보는 데 목적이 있다. 개인의 삶과 마찬가지로, 정치공동체도 집단적 삶의 의미를 구성하는 내러티브가 중요한 역할을 한다. 내러티브는 사람들이 사건의 의미를 이해하는 가장 친근하면서도 쉬운 방식이다. 화이트(Hayden White)는 역사기술(historiography)에 녹아 있는 내러티브를 연구했다(White 2014). 그는 19세기 역사기술에서 4가지 유형, 즉 해피엔딩을 갖는 희극, 그 반대의 비극, 로맨스, 풍자의 내러티브를 발견한다. 여러 유형의 역사 내러티브는 정치공동체의 과거, 현재, 그리고 미래를 엮어 유의미한 이야기를 만드는 틀이라 할 수 있다. 가령 랑케(Leopold von Ranke, 1795~1886)는 각 민족이 근대 국가를 완성하는 행복한 결말을 설정했고 그러한 구조로 근대 독일과 유럽의 역사를 서술했다. 시라토리 구라키치(白鳥庫吉, 1865~1942, 이하 시라토리로 약칭)는 일본적 맥락에서 랑케를 수용해 '동양사'를 창안했고, 그 영향은 한국과 중국에도 상당히 영향을 미쳤다.

역사 내러티브가 집단적인 삶의 의미를 구성하는 데 큰 영향을 미친다면, 화해의 전략은 역사 내러티브 속에 유의미한 부분이 될 때만이 효과를 낼 수 있을 것이다. 과거사에 대한 법적인 해결 방식이나 도덕적인 사과는 역사화해의 일련의 과정에 포함된다. 그러나 역사의 전반적 흐름에 대한 공감대가 형성되지 않는다면 과거사의 응어리는 잠재적인 갈등의 불씨로 남을 것이다. 집단 간에는 자긍심에 의해 생기는 질투가 있다. 질투는 긍정적 경쟁의 방향으로도 타자를 배제하는 부정적 방향으로도 나갈 수 있다. 정념의 제어에 핵심적인 사항은 사건들의 흐름을 의미있게 들려줄 수 있는 내러티브가 아닐까 생각된다. 내부적으로 민족사 내러티브는 일정 정도 그 역할을 했다. 그러나 화해를 위한 시대를 말하기 위해서라면 민족사의 시효는 이제 만기가 되었다고 보인다. 오늘날 배타적 민족주의를 벗어나 역사화해의 길로 가기 위해서는 새로운 역사 내러티브가 필요해 보인다. 이를 위한 서론 격으로 근대 민족사의 주요 인물인 랑케와 그의 영향을 받은 시라토리의 역사 내러티브를 비판적으로 고찰하고자 한다.

II. 일본의 근대 역사학에 대한 두 가지 견해

근대 일본 역사 내러티브에 대한 서로 다른 견해가 존재한다. 메흘(Margaret Mehl)은 민족 내러티브가 부재했다고 주장하지만, 다나카(Stefan Tanaka)는 역사 연구에 전제된 역사철학을 파헤친다. 먼저 메흘은 중국이나 일본에는 역사 내러티브의 전통이 없었다고 주장한다. 다만 행위를 승인하거나 비난하는 도덕적 함의를 가진 연대기 정도가 존재했다. 역사 내러티브의 부재 문제는 일본의 근대 역사 서술에도 지속되었다. 그 결과 일본의 역사가들은 특정하고 협소한 주제에 대해 무미건조한 논문 형식의 글을 생산하는 데 그쳤다. 때문에 그들은 일반인을 교육시키는 역할을 제대로 수행하지 못했다.[1] 일본의 역사가들은 랑케와 달리 "민족의 해석자", 곧 민족역사의 이야기꾼이 되는 데 실패했다. 그 결과 그들은 일본제국의 형체를 만드는 데 주요한 역할을 하지 못했다. 그들은 공식적 역사를 산출하기 위해 고용되었으면서도 그 임무를 완수하지 못했다.[2] 그 빈틈을 비집고 천황 중심의 신화적 역사 내러티브가 사료에 기초한 과학적 역사를 압도하게 되었다. 메흘은 이것을 "역사재현(representation of history)"의 문제라 부른다.

메흘은 19세기 "과학"으로서의 역사와 민족사로서의 역사가 등장한 것을 역설로 간주한다. "과학적"이고 따라서 "객관적"인 역사 연구는 민

---

1   역사재현의 문제를 메흘은 "형식의 문제"라 부르기도 한다(Mehl 2017, 188).
2   메흘과 다나카의 주요한 차이는 랑케의 해석에 있는 것 같다. 메흘은 랑케의 과학적 역사학과 위대한 역사 내레이터로서의 역할에 대해서 의심없이 받아들인다. 랑케의 역사학에 대한 문제의식의 부재는 "과학적" 역사학의 문제에 대한 자각을 막는 것이 아닌가 생각된다.

족국가의 필요에 부응하는 역사 서술과 조응하기 힘든 것처럼 보이기 때문이다. 그러나 독일의 경우에는 역사 내러티브의 전통이 있었다. 이 전통에 힘입어 랑케는 근대의 과학적 역사학의 선구자로, 다른 한편으로는 새롭게 형성된 독일 민족의 역사를 서술한 작가로 기억된다. 그러나 일본에서는 민족국가에 대한 내러티브를 쓴 역사가를 떠올릴 수 없다.

메흘에 따르면 일본이 수입한 독일의 역사학은 "실증주의(positivism)"라는 협소한 의미의 역사주의였다. 실증주의란 사실적 지식의 생산을 목표로 설정한다. 사실적 지식의 추구에 침몰함으로써 일본의 역사학은 역사적 사고, 동시대의 경험 그리고 방향 설정 간의 상호 연관성 문제를 볼 수 없었다. 랑케의 제자로 도쿄대학에 초빙된 라이스(Ludwig Reiss)가 방법론 문제에 특별한 관심을 기울였던 점도 일본 근대역사학의 발전 방향에 영향을 미쳤다. 그래서 유사 실증주의자로서의 랑케의 모습만이 부각되었고, 역사의 이면에 담긴 신의 계획을 보려 했던 랑케의 시도는 주목받지 못했다. 메흘이 지적하듯이 "과학적" 역사는 이야기 형식으로 지식을 재현하는 문제와 사회를 교육시키는 역사 지식의 기능을 등한시했다. 그 결과 역사의 의미에 대한 사색을 비역사가에게 던져 버렸다. 이 문제는 비단 일본뿐 아니라 독일에서도 비슷하게 일어났다. 이러한 역사학은 객관이라는 외면을 유지하면서도, 충분히 검토되지 않은 정치적 가치들을 선전하는 데 이용될 수 있었다.

메흘은 역사 서술의 문제와 역사의 의미에 대한 문제는 떨어질 수 없는 것이라고 본다. 비록 이야기 형식의 역사가 "실제로 일어난 일을 그대로(wie es eigentlich gewesen)" 들려주는 것이라고 하더라도 그 속에는 역사에 대한 해석과 철학이 포함되는 것이다. 독일 역사주의 학파의 경우, 이야기의 전형적 형식은 "서사적 이야기(epic narrative)"였다. 역사주의 학파의 대표자인 랑케, 지벨(Sybel), 몸젠(Mommsen), 그리고 드로이젠(Droysen)은 특정 시대의 민족, 제도 그리고 사건들의 역사적 전개를 세세하게 묘사했다. 메흘에 따르면 이것은 역사가 과학이자 동시에 기예(art)란 점을 받아들이는 이상의 의미가 있다. 역사주의의 개념은 과거를 통일성 있는 존재로 간주하고 그 존재를 이야기로 표현하고자 했다. 이에 그 당시 영감을 제공한 것은 민족주의였고, 역사가들도 그 사실을 의식하고 있었다. 그들에게 독일 민족의 창설은 "새로운 출발"이나 "과거와의 단절"을 의미했다. 그럼에도 사건들을 역사적으로 유의미하게 해석할 수 있게 하는 "연속성"은 충분히 존재했다. 이러한 해석의 틀 속에서 1866~1871년간의 사건들은 새로운 민족국가를 "향해 가는" 과정상의 최고점으로 묘사될 수 있었다. 다시 말하면 암묵적인 목적론적 해석의 틀이 있었던 것이다.

메흘에 따르면 "일본의 몇몇 주요한 역사가들은 민족사를 쓰는 올바른 형식을 발견해야 할 필요를 느꼈지만, 실증주의적 논문 형식의 글이 지배했다"라고 했다. 그러나 논리적 연관성이 부족한 사실 나열식 텍스트 비판, 억측이나 추측으로 가득 찬 역사논쟁 혹은 일상적인 사실들의 나열 정도에 그친 교과서 같은 작품들은 일반인들에게 매력을 줄 수 없었다. 그들은 그러한 글쓰기 형식을 찾는 데 "실패"했다.

한편 다나카는 메흘과 다소 다른 견해를 제시한다. 그는 일본에서는 "동양학"의 수립에서 일본의 근대 국가에 대한 지배적 내러티브가 있다고 주장한다. 특히 그는 동양학의 수립에서 도쿄제국대학의 시라토리 가라쿠치의 중요성을 강조하면서, 시라토리의 역사철학에서 랑케 역사학의 영향을 찾는다. 그러나 그의 제자들은 객관성(objectivity)을 추구하는 실증주의의 허구에 매몰되어 버렸다. 제2차 세계대전 이후에도 그들은 사실을 추구한다는 환상에 빠져 역사의 의미와 연구 방법이나 시각을 반성하지 못했다.

다나카는 동양학 수립의 배경과 그 속에 함의된 내러티브적 요소들을 다음과 같이 정리한다.

'동양'은 학자들이 만든 것은 아니었다. 그러나 이 '새로운' 실체는 이 시기에 등장한 '동양사'라는 학문 분야를 통해 그 역사적·과학적 확실성을 획득했다. '동양사'의 주된 건설자로서 도쿄대학의 역사학 교수였던 시라토리 구라키치와 같은 일본 학자들은 '동양'이라는 관념에 '초계급적이고 불변하는 성질을 부여하기 위해' 아시아와 유럽, 그리고 일본의 다양한 과거들을 이용하였다 '동양'은 일본인들에게 중국의 몰락, 온갖 기술적·문화적 문물을 지닌 서양의 도래, 인간사의 보편성이라는 새로운 문제, 문화적 정체성의 문제와 같은 도쿠가와 시대(1600~1886년) 후반기 이후의 변화들을 포괄적인 이념체계, 즉 단일 어조에 맞춰 넣을 수 있게 해주었다. 이 체계의 중요성은 그것이 통일된, 혹은 단일화된 언어를 통해 일본이 자율적으로 행동할 수 있는 질서와 능력을 만들었다는 데 있다. 그것은 그들의 역사를 규정했다(Tanaka 2002, 30-31).

다나카의 강조점을 따라 시라토리의 역사철학을 간단하게 요약해 보자. 시라토리가 당면한 딜레마는 다음과 같다. 서구 근대성의 압도적 존재성 앞에서 서구의 보편주의를 추종할 수도, 그와 반대로 일본의 고유성에만 호소할 수도 없었다. 다나카에 따르면, 이러한 딜레마를 탈출하기 위해 시라토리는 랑케로부터의 영감을 찾았다. 방법론적인 측면에서 랑케로부터의 영감은 어떻게 보면 자연스러운 것이었다. 독일은 유럽에서 뒤늦게 근대화를 추구한 나라였다. 그래서 계몽주의의 발전 도식을 인정하면 독일은 근대성의 위계질서가 부과한 종속적 지위를 받아들여야 할 처지였다. 이러한 처지에 대항해 유럽 내에서 일어난 저항운동을 가리켜 혹자는 "문화적 민족주의"라고 부르기도 한다 (Chatterjee 1986). 따라서 랑케가 경험과학의 지향이 강한 연구 방법을 그대로 수용하지 않았다는 점은 쉽게 이해된다. 그는 경험과학으로 정당화하고자 한 역사의 발전 도식과 세계에 대한 이해를 받아들일 수 없었을 것이다. 어쨌거나 시라토리는 랑케의 연구 방법으로부터 서구의 계몽주의가 부과한 일본의 종속적 지위를 탈피할 수 있는 열쇠를 찾았다.

그 주요한 열쇠는 "정신(Geist)"과 "이념(Idee)"이었다. 랑케의 역사에는 역사적 개별자들을 이해하는 데 빛을 던져주는 보편적 정신으로서의 신의 개념이 있다. 개별자(국가)들이 일반적으로 이해되고 해석될 수 있기 위해서는 보편자가 필요하다. 랑케는 라틴족과 게르만족을 아우르는 보편사(universal history)를 추구하면서 그 두 세력을 묶는 보편정신으로 기독교를 도입한다. 그러나 이 보편정신을 역사 연구에 적합하게 만들기 위해서는 시대와 장소에 특정한 규정이 필요하다. 기독교의 보편적 이념의 하위범주로 가톨릭의 요소와 프로테스탄트의 요소가 배치된다. 서구 세계에서는 가톨릭의 타락에 대항해서 프로테스탄트가 등장했다. 랑케는 자유와 진보를 표방하는 프로테스탄트를 시대의 "큰 흐름" 혹은 "대세(大勢: dominant tendencies)"로 보았다. 특히 시라토리의 관심을 끈 것은 랑케의 "흐름", "세(勢)" 혹은 "경향"으로 번역할 수 있는 tendency란 개념이다. 이 개념은 보편자와 개별자의 통일을 손쉽게 하는 "적당히 모호한" 개념이다(Tanaka 2002, 105). 시라토리는 종교성을 인류의 보편성으로 받아들였다. 이 정신은 실증주의가 내세우는 보편자에 선행하는 것이고 또한 그보다 훨씬 모호하다. 이러한 보편자는 개별 국가들의 역사를 연결하고 이해할 수 있게 한다. 그래서 시라토리는 일본, 아시아 그리고 유럽의 문화가 종교정신을 가진다는 점에서 본질적으로 동등한 것이라고 지적할 수가 있었다. "그들은 모두 정신을 소유했다. 그러나 그 경향은 특수한 지리적 조건에 따라서 서로 달리 발전했기 때문에 서로 다른 본질과 기원도 수용했다"(Tanaka 2002, 106).[3] 이러한 이론적 전제를 바탕으로 시라토리는 천황제의 수립을 일본 민족의 기원으로 간주할 수 있었다. 따라서 천황제의 수립을 일본 민족의 기원으로 규정하는 것은 일본에 고유한 특수 규정이 아니라 보편 규정이 될 수 있었다.

메흘은 일본의 관학이 "역사의 재현" 문제를 풀지 못했고, 그 결과 신화적 역사가 민족경험을 해석하는 자리를 차지했다는 점을 지적한다. 그러나 다나카는 메흘과 달리 시라토리가 만든 역사 이야기가 있다는 점을 지적한다. 메흘은 "천황제"를 신화로, 다나카는 동양학의 수립에서 이미 전제된 내러티브로 간주한다.

III. 랑케의 이념사

프랑스 혁명과 나폴레옹의 침공에 대한 경험은 독일인들에게 민족주의 정서를 일으켰다. 이성에 의거해서 정의롭고 행복한 사회를 계획하려던

---

[3] 번역은 약간 수정했다. 번역에서 가장 큰 실수는 idea의 번역이다. 번역자는 idea를 "사상"으로 번역했으나, 이념사의 관점에서 보면 독일어 Idee의 영어식 표현이라 보는 것이 맞을 것이다.

프랑스 혁명이 내건 계몽주의의 구호는 독일인들에게는 의심스러운 것으로 생각되었다. 특히 혁명은 과거와의 단절을 의미하기에 역사학의 존립 자체를 불가능하게 하는 것으로 생각되었다. 독일인들은 혁명의 구호보다는 오랜 전통에 의거한 안정된 통치를 선호했다. 그리고 여러 제후국으로 갈라져 있던 독일인들은 프랑스에 종속된 경험 때문에 1800년대 독일민족의 통일과 정체성 수립에 대한 열망이 컸다. 프로이센을 중심으로 한 독일 통일이 진행되었고, 비스마르크는 1864년 덴마크와의 전쟁, 1866년 오스트리아와의 전쟁, 그리고 1870년 프랑스와의 전쟁에서 승리를 거둠으로써 1871년 1월 18일 마침내 프랑스 베르사유 궁전에서 통일 독일제국을 선포한다. 전통에 대한 존중과 민족주의적 열망은 민족주의 역사학이 번창할 수 있는 풍부한 토양을 제공했다.

계몽주의 역사관은 일직선적인 단계들로 인간사회의 발전을 바라본다. 이러한 계몽주의의 이론적 전제는 과거를 열등한 것으로 간주하지 않을 수 없다. 그 결과 과거는 존경의 대상이 아니라 부정의 대상이 되는 것이다. 가장 최신의 제품이 그 이전의 것보다 더 우월한 것으로 간주되듯이, 그 이전의 사물들은 부정적인 것으로 비치거나 최소한 현재보다 못한 것으로 나타난다. "혁명"은 과거와의 단절을 표방한다. 과거와의 단절을 표방하는 혁명은 과거의 존재를 의심스럽게 만들고 역사학의 존립을 위태롭게 한다. 계몽 이전의 과거로부터 무엇을 배울 수 있을 것인지 의문부호가 생기기 때문이다.

그러나 혁명에 대한 반감에도 불구하고 형이상학적 범주로는 파악할 수 없는 현실 세계의 변화를 이해할 필요성이 있었다. 랑케는 불변의 본질을 찾는 과거의 형이상학적 연구 방식으로는 변화의 세계를 이해할 수도, 설명할 수도 없다고 생각했다. 변화하는 존재는 "유전(流轉)", "다양한 형태성" 그리고 "사실성"의 특징을 가진다. 변화하는 존재를 포착하는 일이 역사학에 부과된 것이다. 그래서 본질을 포착하기 위한 기존의 형이상학적 개념을 대신해서 변화의 존재를 파악하기 위한 개념을 창안해야 했다. 앞서 언급한 "경향(tendency)"은 좋은 예가 된다. 특정한 시기의 흐름은 본질로 규정될 수 없고 사실성에 기초해서 과정의 존재로 포착되어야 한다. 독일의 역사학파에서 가장 중시했던 개념은 "전통"이다. 전통은 변화를 포용하면서도 과거와의 연속성을 담보해 내는 개념이다. 여기서 우리는 영국인의 보수성과는 다른 독일인의 독특한 보수적 성격을 읽어 낼 수 있다. 영국은 정치혁명에 성공해 민주화로의 완만한 흐름을 타고 갔다. 그러면서도 과거와 급격하게 단절하지는 않았다. 반면 독일은 민주화의 전환을 이루지 못하고 국가주의로 귀결되었다.

랑케의 역사 연구를 실증주의라고 이름 붙일 이유는 딱히 찾기 힘들다. 그의 역사 연구를 실증주의란 이름으로 부르는 이유는 독일의 사변적 철학 전통과 달리 그가 문서고에 있는 사료들을 연구했다는 의미 정도라고 생각된다. 아이러니하지만 이것은 흔히 그의 역사 연구를 "경험주의(empiricism)"로 이름 붙이는 까닭이기도 하다. 그러한 맥락에서 유명한 구절인 "wie es eigentlich gewesen"의 모토는 "본질적으로 있던 과거"가 아니라 "실제 있던 그대로의 과거"를 기술하는 사실 중심의 역사학을 태동시켰다. 랑케의 역사학이 미국으로 소개될 때 그 주안점은 그의 사료비평 방법론이었다. 그 당시 미국적 학문 풍토에서 랑케를 과학적 연구 방법이나 실증주의의 이름으로 소개하는 것은 일견 당연해 보인다. 이것은 독일어 'Wissenschaft'를 과학(science)으로 번역하는 데서도 드러난다. 그러나 내용적으로 랑케의 역사학을 그 당시 통용되던 경험과학으로 간주할 근거는 희박하다.

계몽주의 역사가에게 전통은 큰 의미가 없다. 과거는 그 자체로 의미 있는 대상이 아니라 극복되어야 할 어떤 것이었다. 과거를 탐구하는 역사 연구는 과학으로 들어설 자리가 없다. 역사 연구가 성립되기 위해서는 최소한 과거와의 연속성이 있어야 한다. 따라서 낭만주의 역사는 연구의 자료가 되는 과거와의 단절을 의미하는 혁명을 거부한다. 혁명은 그들의 존재 이유를 사라지게 하는 것이기 때문이다. 전통과 관련해서 가장 빈번하게 언급되는 것이 서구문명의 근원으로 간주되는 고대 그리스의 고전이다. 그리스 문화는 과학적 대상이 될 수 없는 "고유하고(unique)", "반복될 수 없는 것(unrepeatable)"이다. 그것은 우리에게 "모범(exemplar)"으로서 존재한다. 이성에 대한 신념에 기초한 계몽주의 역사 연구에 대항해서 낭만주의 역사 연구는 고유한 개체성(individuality)을 강조한다.

사료와 고유한 개체성을 강조하는 랑케는 헤겔의 선험적 세계사 구성으로부터 거리를 두고자 했다. 그는 사료를 통한 역사 연구만이 역사에 대한 보편적 시각에 이를 수 있다고 주장했다. 하지만 그 둘 사이에 분간할 수 있는 차이가 존재하는지는 여전히 논쟁적이다. 크리거(Leonard Krieger)에 따르면 랑케는 헤겔과 달리 사물들을 개념의 그림자로 만드는 것에 반대하면서 묘사의 성격이 강한 "경향"을 사용했고, 계몽주의자와 달리 선형적 진보의 개념 대신 형태적 규정이 없는 "인류의 과정과 운동"과 같은 개념을 활용했다(Krieger 1977, 17).

낭만주의 역사학은 고유한 개체성을 강조한다. 따라서 각각의 시대는 그 자체의 존재 권리를 가진 것으로 상정된다. 이 언명은 듣기에 따라서 의미심장한 것으로 비칠 수 있다. 암흑의 시대 또한 신의 뜻에 따른 것으로 그 자체의 의미를 가진다고 보기 때문이다. 중세의 종교적 형이상학의 용어를 빌면 "실존(existence)"은 신의 의지로부터 나온 것이다. 그렇기 때문에 신으로부터 실존을 부여받은 창조물은 그 나름의 존재 의미가 있는 것이다. 다른 한편으로 모든 시대가 동등한 것이라면 역사 과정 자체가 사소한 것이 될 수 있다. "각각의 시대는 신에게 동등하게 가깝다"라는 랑케의 언명은 모든 시대가 의미 있는 것임과 동시에 그 어느 시대도 특별한 의미가 없다는 뜻으로 읽히기 때문이다(Wolin 1990, 47). 이것은 사건들의 배후에 있는 신을 읽는 대단히 독특한 방법의 하나라고 할 수 있다. 랑케에게서는 "숨은 신(deus absconditus)"을 열망하는 파스칼의 고뇌 같은 것이 잘 느껴지지 않는다. 오히려 그에게 역사의 과정은 신의 뜻이고 역사 연구는 그 뜻을 추적하는 것이기에 전반적인 낙관주의가 흐른다고 말해야 할 것이다. 이러한 랑케의 낙관주의를 화이트는 '희곡(Comedy)'이라는 메타역사의 틀로 분석한다.

 종교는 랑케 역사철학의 한 축을 담당한다. 그는 종교적으로 루터의 영향을 받았다고 한다. 가다머(Hans Georg Gadamer)는 "신과의 친근함(closeness to God)"이 랑케의 역사 해석에 어떠한 영향을 미쳤는지 분석한다. 랑케는 낭만주의적 형식으로 역사의 시원적 시작에 "신과 인간의 직접성(immediacy to God)"을 세팅했다. 인간이 타락한 이후에도 신과의 친근함은 완전히 상실되지 않았다. 인간과 신의 친근함을 다시 세우는 일은 성직자의 역할에 한정되지 않는다. 역사가는 "역사 속으로 타락한" 인간을 연구의 대상으로 삼는다는 점에서 구원의 일에 참여하고 있는 것이다. 그렇기 때문에 랑케의 "보편사(universal history)"는 이러저러한 과정을 형식적으로 묶어 놓은 집합체가 아니다. 신의 피조물로서의 우주를 사고하는 것이 역사적 사고에 포함된다. 이런 점에서 역사적 사고는 개념적 사고와 구별된다. 역사적 사고는 우주와 교감하는 데 있다. 이러한 범신론적 배경에서 스스로를 절멸하고 싶다는 랑케의 유명한 언급이 이해될 수 있다.

가다머의 해석에 따르면, "모든 역사적 현상은 보편적 삶의 표출이기 때문에 그 현상에 참여하는 것은 삶에 참여하는 것이다"(Gadamer 1960, 215; 1982, 186).[4] 역사적 삶의 현상은 보편적 삶, 곧 신성(divinity)의 표출인 것이다. 여기서 역사학자 랑케는 "시인"의 이미지에 근접한다. 그리고 여기에서 가다머는 역사학자 랑케와 절대정신의 철학자 헤겔의 공통성을 본다.

가다머가 랑케의 역사 연구를 해석학의 입장에서 이해하는 것에 주목하자. 랑케의 역사 연구는 역사적 사건들을 과학적으로 설명하는 일이라기보다는 신의 관점에서 해석하는 데 초점이 있는 것이다. "해석"과 "설명"은 결을 달리한다. 역사를 해석할 것인지 역사를 설명할 것인지의 차이는 해석학과 과학의 차이에 해당한다. 랑케의 역사 해석과 관련해서 한 가지 지적할 만한 가치가 있는 것은 역사적 발전의 "내적 연관 (zusammenhang)"이다. 부연하면 내적 연관은 과학의 인과관계를 대신하는 용어이다. 내적 연관에 대한 의식은 역사를 역사로 만드는 것이다. 이미 생성된 것은 앞으로 올 것과 내적인 연관성을 갖는다. 이 연관은 자의적인 것이 아니라 특정한 방식으로 생성된다. 일련의 사건들은 특정한 방식으로 서로 연결되어 한 시대를 구성한다. 이러한 사건들의 구성방식으로 랑케는 "역사적 실재(historical reality)"를 표현하려 했다. 역사적 존재의 본질을 드러내기 위해 랑케는 "작용력(kraft)", "힘 (macht)", "대세(bestimmende tendenz)"와 같은 개념들을 사용했다. 따라서 생성되는 것(사건)의 의미는 인간행위의 계획이나 의도에 있는 것이 아니라 역사적 작용력을 인식할 수 있게 하는 역사적 영향력(wirkung)에 있다. 이와 같이 사건들 간의 관계

4　영문번역본(1982)을 중심으로 참조했지만 중요 용어는 독일어(1960) 판본을 참조함.

를 묘사하는 랑케식의 조직화는 분명 헤겔이 말한 "이성의 간계"를 떠올리기에 충분하다.

인과관계는 서구 형이상학에서 가장 중요한 원리 중 하나였다. 아리스토텔레스는 네 가지 원인, 곧 으뜸 원칙으로 사물들 간의 관계를 설명하고자 했다. 물질인, 형상인, 작용인, 그리고 목적인이 그것이다. 이중 경험과학은 작용인만을 수용하고 나머지를 폐기했다. 특히 목적론의 폐기는 철학에 큰 타격을 준 것이었다. 중세철학은 기독교의 영향으로 신을 정점에 두었다. 그리고 근대의 과학은 신을 제거하고서 새롭게 사물들 간의 관계를 설명하고자 했다. 인과관계에 내포된 큰 어려움에 대해서는 논외로 하더라도, 한 가지 확실한 것은 랑케의 인과관계의 묘사는 오늘날의 과학적 관행과는 거리가 먼 것이다. 랑케가 인과관계를 표현하기 위해서 제시하는 개념들은 설명력을 가진 개념이라기보다는 시각화를 위한 묘사적 성격의 것이라 생각된다. 고유한 것들 간의 내적인 관계를 설명하는 데는 영향력 개념 외에 다른 것을 떠올리기 힘들 것이다. 어떠한 것의 고유한 힘을 확인하는 길은 그 영향 혹은 결과의 승패를 추적하는 수밖에 달리 방법이 없을 것이기 때문이다.

IV. 랑케 역사 연구의 예시

랑케는 1824년 처녀작 『라틴과 게르만 민족들의 역사』를 출간했다(Ranke 1909). 그 책의 도입부에서 그는 두 민족들의 통일성(unity)에 대한 개요를 설명한다. 이 개요는 그의 세계사 혹은 보편사의 가장 기초적인 아이디어를 품고 있다. 그에 있어서 "세계사"는 두 민족들 간의 섞임 혹은 혼합에서 형성된 서구를 의미한다. 라틴족의 요소(element)는 종교, 법, 언어이고, 반면에 게르만족의 요소는 제국의 성립을 가능하게 한 무력이었다. 라틴족의 요소는 기독교, 로마법, 로마의 행정기구, 언어 등으로 표현된다. 그러나 게르만의 요소는 무엇인지 그다지 명확하게 드러나지는 않는다. "케사르의 붉은 망토를 전수받음", "무력(the arms)" 혹은 "제국" 등으로 게르만족의 삶이 묘사된다(Ranke 1909, 1-4). 특히 기사도와 십자군이 도시에서 자유가 싹트는 데 영향을 미쳤다고 주장한다(Ranke 1909, 12). 두 민족의 혼합에서 프랑스인, 스페인인, 이탈리아인은 라틴족의 요소가 더 우세하고, 독일인, 영국인, 스칸디나비아인은 게르만족의 요소가 두드러진다.

그런데 이 민족들은 다시 분열되었고, 끊임없이 서로 싸웠는데 그들 사이의 통일성을 어떻게 말할 수 있을까? 그 스스로 제기한 질문에 랑케는 아래와 같이 대답한다. 그들은 가까운 "조상(stalk)"으로부터 발생했고, 매너와 제도가 비슷하며, 그들 내부의 역사가 서로 일치하며, 그들은 위대한 모험에 함께 참가했다. 랑케는 그들이 서로 섞이는 과정을 "민족의 이주", "십자군전쟁" 그리고 "다른 나라의 식민지화" 세 가지로 설명한다. 민족들 간의 섞임이 충분히 마무리되었다고 생각한 대목에서 랑케는 "우리 민족들의 통일성(unity of our nations)"을 언급한다(Ranke 1909, 6).[5] 말을 바꾸면 이것은 역사 연구에서 개별 민족들에게 공통적으로 적용될 수 있는 요소를 확보했다는 의미이다. 라틴-게르만 민족들은 헝가리, 아랍, 슬라브 민족들과 대조되어 논의되고 있다. 그들에 비해서 "우리 민족들"은 고상한 제도와 도시의 자유에서 뛰어난 것으로 묘사된다.

---

[5] "우리 민족들"이란 표현에서 독일과 폴란드의 공동역사교과서 제목(Europa-Unsere Geschichte)이 연상된다.

위의 해석적 틀은 1830년대의 작품 『교황들의 역사』에서 더 정제된 형태로 나타난다(Ranke 1901). 이 저작의 주요 주제는 가톨릭과 프로테스탄트 진영에서 종교와 정치의 관계이다. 여기서 랑케는 종교적 신념과 정치적 이해관계의 상호 비율을 변수로 잡고서 사건들을 설명한다. 가톨릭 진영은 정치적 이해관계에 대한 고려가 점점 더 우선순위를 차지했고, 반면에 프로테스탄트 진영은 종교적 신념이 우선순위로 강조되었다. 다나카가 지적하듯이 이 작품은 시라토리에게 큰 영감을 주었다. 시라토리는 종교와 정치의 통일에 대한 랑케의 생각을 모방해서 제사(祭)와 정치(政)의 일체를 주장하였다. 그는 종교적 정치를 "마쓰리고토(祭り事)"라 부른다. 여기서 까다로운 점은 이 해석의 틀이 경험의 일반화를 뜻하는 것인지 아니면 경험을 넘어선 "이념적"인 성격의 것인지를 아는 데 있다. 이념은 경험적 사실과 관련될 수도 있지만 경험적 연구로는 접근할 수 없는 어떤 것을 전제한다. 그 해석틀이 단지 역사적인 특징(characteristics)을 말하는 것이라면 어려움을 야기하지 않을 것이다. 그러나 그것이 절대적 가치의 영역을 지시하는 것이라면 역사를 초월하는 문제가 발생한다. 이념은 역사를 지도하는 당위의 지위를 갖는 것이기 때문이다.

위의 작품에서 랑케는 역사의 관찰을 넘어서는 주장을 하곤 한다. "유일한 진정한 신 안의 공동체", "세계통치에 있어서의 신의 계획" 등의 표현이나, 아니면 인간 본성에 대한 주장이나 초시간적인 금언은 역사 연구의 영역을 넘어서는 것이다(Ranke 1901, 5, 24). 위와 같은 주장에 깔려 있는 전제를 철저히 반성하지 않는다는 점에서 랑케 또한 다나카가 지적한 전(前) 과학적 역사철학을 무비판으로 수용했다는 비판을 받을 수 있다. 랑케는 개념의 틀 속으로 역사적 개별자를 포섭하려 했던 철학으로부터 역사를 분리하려 했다. 하지만 그 스스로도 철학의 개념을 무비판적으로 사용했다는 비난을 벗어나기 힘들다. 다시 말해 그는 역사를 기술하는 근거 자체를 철저하게 비판하지 않은 채 역사를 서술하고 있는 것이다. 이런 점은 그가 근대과학의 정신을 충분하게 이해했느냐의 문제와 관련된다. 나아가 이것은 과거에 대해 평가를 하지 말아야 한다는 그가 정한 역사가의 임무와 모순되는 것처럼 보인다.

크리거(Krieger 1977, 130-146)의 지적에 따르면 랑케는 역사주의에 빠지지 않았다. 역사주의는 개체를 강조함으로써 세계사의 보편적 맥락보다는 개별 민족국가의 역사를 강조했다. 때때로 랑케 또한 고국 독일에 대한 애정으로 개별사에 방점을 둔 작품을 썼다. 그러나 랑케의 목표는 "보편사"에 있었다. 더 정확하게 말하면 보편사의 맥락과 개별 민족국가의 맥락을 통합하는 데 있었다. 앞서 언급한 것처럼 랑케가 보편사의 맥락으로 삼은 것은 기독교였다. 연구 방법상 민족적 원칙을 강조하는 구심적인 역사 연구가 있을 수도 있다. 이러한 연구는 정치적으로 보수적 성격을 가진다. 반면에 개별 국가들을 지배하면서 동질화시키는 민주주의 운동의 틀을 기준으로 한 연구는 보편사의 성격을 가지게 될 것이다.

결국 크리거에 따르면 랑케의 역사 연구 방법의 핵심적 문제는 다음과 같이 정리할 수 있다. 역사 연구의 구체적 단위는 "특수한 것(particulars)"이다. 이것은 일반적 맥락 혹은 연관과 상관없이 역사가가 그 자체로 지각하는 "개별적 현상(singular phenomena)"이다. 그러나 이것은 역사 연구에 필수적인 것이긴 하지만 역사적 지식을 수립하기에는 불충분하다. 다른 한편 일반적인 것(generalities)은 추상적, 분류적 혹은 형식적인 원리로서 역사에 외적인 것이다. 그러나 역사적 과정에서 특수한 것은 실제로 일반적 연관 속으로 빨려 들어간다. 가령 엘리자베스 1세는 가톨릭과 프로테스탄트의 세계적 대립의 연관 속에서 다루어진다. 이때 특수한 것은 역사 속에서 일반적 연관의 시각에서 포착된다. 그러면 특수한 것은 역사가에게 "개체(individuals)"가 된다. 역사주의는 일반적 연관이 결여된 채 개체에 대한 지나친 강조로 흘러 버렸다. 그러나 사변철학으로부터 역사학을 구별하는 핵심 쟁점은 개체를 규정하는 데 필요한 일반적 연관이 특정한 일반적 원리 자체로부터 도출되는 것이 아니라는 데 있다. 왜냐하면 그러한 일반적 원리는 역사학에 존재하지 않기 때문이다. 역사학은 "특수한 현상들을 [일반적 원리 속에] 포섭하거나 혹은 지워버리지 않고 조직하는 데(organizing particular phenomena without subsuming or canceling them)" 핵심이 있다(Krieger 1977, 143).

이것은 일종의 하이브리드 일반성이라고 할 수 있다. 랑케에서 이러한 일반성의 출처를 크리거는 두 가지로 분류한다. 첫째는 "신의 정신적 통일성의 절대적 실재"이다. 특수한 실존(existence)은 신의 정신적 통일성의 표출이다. 따라서 이것은 일자(the One)와의 수직적 연관 덕분에 개체적 통일성이 된다. 간단히 말해서 신과의 수직적인 일반적 연관으로 인해서 특수한 것은 개체성을 부여받는다. 두 번째 일반성의 출처는 특수한 실존들 간의 상호작용에서 나오는 보편적 패턴이다. 특수한 실존들은 이 패턴에 적극 참여함으로써 개체가 된다. 이러한 특징은 신플라톤주의에서 받은 영향이라고 볼 수도 있겠다.

랑케의 역사방법론을 한편으로는 경험주의라고 부르는 이유가 있다. 헤겔식의 사변철학에 맞서서 그는 특수한 것을 포기하지 않고 일반화의 방법을 고민하기 때문이다. 그러나 일반화의 문제는 경험과학뿐 아니라 랑케의 역사 연구에도 여전히 해결되지 않는 문제로 남아 있다. "지식(knowledge)"은 일반적 성격을 가져야 하기 때문에 특수한 사건의 나열은 지식이 될 수 없다. 과학은 패턴이나 법칙을 발견하는 데 있기 때문이다.

랑케는 『교황들의 역사』에서 개별 교황들을 묘사한다. 그러나 개별 교황은 역사의 일반적 연관에 참여함으로써 개체가 된다. 이러한 식으로 개체는 시대흐름 혹은 "시대정신"을 대표하는 것으로 묘사될 수 있는 것이다. 이것이 헤겔의 역사철학과 어떠한 차이가 있는지는 여전히 불투명하다. 한 가지 확실한 점은 랑케에게는 역사의 목표점(telos)이 없다는 점이다. 역사의 끝이 없는 목적론을 제시한 것이라 말해진다. 그렇기 때문에 랑케는 계몽주의 역사처럼 역사의 발전단계를 말하기보다는 역사의 흐름이나 진로를 스케치하고, 그 흐름에 참여하고 있는 개체들을 묘사한다. 그럼에도 랑케에게 민족국가의 완성은 역사의 목표로 상정하고 있다고 말해진다. 또한 헤겔이 역사이성의 간계를 설명하기 위해 나폴레옹을 언급하는 것과는 달리, 애매하지만 랑케는 여러 교황들의 묘사로부터 가톨릭의 일반적인 흐름을 드러내려 노력했다. 위와 같은 맥락에서 부분과 전체에 대한 랑케식의 해법을 세바인(George H. Sabine)은 사회유기체론의 시각에서 해석하기도 한다(Sabine 1906).[6]

『영국의 역사』는 랑케가 완숙기에 쓴 작품이었다(Ranke 2010). 크리거에 따르면 이 작품은 개별 민족사의 시각에서 세계사를 해석하는 대표작 중 하나이다. 완숙이란 뜻은 특수와 일반을 결합하려는 랑케의 시도가 완성 단계에 들어섰다는 말이다(Krieger 1977, 11장[7] 참조). 이 작품에서 랑케는 기독교 이념과 게르만 이념을 영국사 구성의 두 축으로 삼는다. 앞서 말했듯이 라틴 민족의 요소와 게르만 민족의 요소가 서로 섞이면서 영국

---

[6] 세바인이 말하는 근대 역사학은 주요하게 랑케의 그것을 의미한다. 한편 정치사상사의 저자로 잘 알려진 세바인이 역사 연구의 출발점으로 흄에 주목한 점은 흥미롭다.

[7] "The Mature Historian: World History in National Perspective (1852-1868)".

의 역사가 진행되는 것이다. 이 작품의 큰 특징은 덩어리 단위의 서술이라고 생각된다. 여기서 덩어리는 파악할 수 있는 특징적 혹은 일반적 흐름의 단위이다. 덩어리 단위의 서술은 연대기 순서를 대체로 따르지만, 반드시 그런 것은 아니다. 한 흐름의 시작과 끝은 다른 흐름의 시작과 연대기적으로 맞물리지 못할 수도 있기 때문이다. 그리고 흐름의 지속을 추적하는 데 목적이 있기 때문에 그 흐름과 관련이 없다고 간주되는 사건들은 배제된다. 한편 일반적 흐름의 단위를 나타내는 표제어가 때로는 개별적 사건 이상을 넘어서지 못하기도 한다. 아래에서는 데이빗 흄(David Hume)의 영국사 서술과 랑케의 역사 서술을 비교함으로써 두 역사가의 차이를 간략히 분석한다.

1017년 덴마크의 크누트(Canute)가 영국의 왕관을 손에 쥐려 했을 때, 랑케에 따르면 앵글로색슨 귀족들은 덴마크의 주요 우두머리들과 조약을 맺고 크누트를 그들의 왕으로 선출했다. 이 일을 랑케는 "몇 세기를 함께 연결하는 대단히 중요한 사건"으로 강조한다. 앵글로색슨 귀족들과 덴마크의 주요 우두머리들은 기존의 왕가에 대한 충성을 거두고 자진해서 새로운 왕을 "선출(election)"했기 때문이다. "출생(birth)"이 부여한 권리가 없었던 크누트를 새로운 주권자로 선출한 일은 "영국의 미래 운명을 결정했다"(Ranke 2010, 25). 여기서 랑케는 특정한 사건에 함의된 보편적 의미를 밝히고 있으며, 나아가 몇 세기를 연결하는 그 사건의 지속적 영향력을 지적하는 것이다. 영국식으로 말하면 그 사건은 대단히 중요한 선례가 된 것이다.

이 사건에 대해 흄은 다른 견해를 제시한다. 그에 따르면 첫째, 크누트가 영국의 왕관을 차지하려 했을 때 처음에 그는 영국의 귀족들에게 큰 양보를 할 수밖에 없었다. 그리고 왕위가 공고해지자 그들을 추방하거나 죽였다. 크누트는 그들의 충성을 신뢰하지 않았고, 자신들의 토착 왕에 대해 불충했던 그들을 미워했다(Hume 1983, 121-126). 흄은 그 당시의 앵글로색슨인에게는 권리의 관념이 그다지 강하지 않았다고 본다. 이것은 야만상태의 문제점을 지적하는 것이다. 권리에 대한 관념이 희박했다는 점은 규칙성이 떨어지는 왕위계승 사례들을 통해서도 추론할 수 있다. 둘째, 왕권이 안정된 후 크누트의 폭력행위를 고려할 때 생기는 그의 행위의 일관성에 대한 추론의 문제이다. 흄의 견해와 비교할 때 랑케의 역사 조직화는 보편적인 해석의 틀을 전제한 채 특정한 관계를 부과한다는 인상을 준다.

또한 특정한 사건이 선례가 되기 위해서는 그 이후의 사람들이 그 사건을 선례로 간주해야 한다. 하지만 영국인이 위의 사건을 국왕의 선출을 정당화하기 위한 선례로 간주한 증거는 없다. 역사 연구에서 흔히 범해지는 오류는 유사성에 의거해서 사물을 동일화시키려는 것이다. 랑케에서 이런 식의 오류는 두드러진다. "관념(idea)"이 "이념(Idee)"으로 뒤바뀐다고 말할 수 있다. 랑케는 게르만인의 관습 속에 배어 있던 관념을 이념으로 전환시켜, 그 이념의 시각에서 역사를 해석하곤 한다. 예를 들어 게르만인의 관습에 붙어 있던 "개인적 자유(personal freedom)"는 게르만족의 '요소(element)'가 되어 초역사적 존재로 상승한다(Ranke 2010, 53-54). 역사적 존재성을 넘어서 초월적 존재성을 획득하는 것이다. 반면에 흄은 대륙의 북쪽에 위치한 숲속에서 전쟁에 훈련된 전사들이 누렸던 자유의 양상, 그들이 광대한 영토를 정복한 이후의 생활방식의 변화에 따른 자유의 양상, 그리고 시민적 자유로 전환되기까지의 그들이 부딪혔던 정치적 문제들을 다룬다.[8] 따라서 그는 각 단계에서의 자유를 동일한 것으로 간

---

8 전체 과정은 흄의 영국사 6권의 주요 주제 중 하나이다. 전반적 서술 패턴을 파악하기

주하지 않는다. 나아가 그는 자유가 인간 사회에 주어진 최고의 선물이라 생각하지만, 이를 잘 지켜내는 일이 결코 쉽지 않음을 지적한다. 이러한 흄의 입장은 문명의 선형적 발전 도식을 주장했던 계몽주의 역사와 구별된다. 계몽주의의 문명론을 거부한 랑케는 각 시대를 동등하게 간주하는 신의 눈으로 세상을 보고자 했다. 그러나 그 때문에 사건의 의의를 판단하는 기준이 모호해지는 경향이 있다. 그런 가운데 랑케는 특정한 요소를 과도하게 추상해서 일반화시키곤 한다. 때문에 그의 역사적 감각에 대한 깊은 의심이 생기지 않을 수 없다.

덧붙여 랑케는 영국왕 헨리 7세의 왕위 정통성을 확증하고 싶어한다. 헨리 7세는 리처드 3세의 패륜에 대항해서 요크 가문과 랭커스터 가문이 합의해서 우두머리로 세운 사람으로, 랭커스터 가문의 적통으로 보기 힘들었다. 그러나 두 가문 간의 오랜 전쟁으로 적통상속인에 해당하는 사람들이 모두 죽었기 때문에 왕위에 등극한 것이었다. 랑케는 헨리 7세의 왕위 정통성에 대해서 그 당시 사람들이 가진 의문을 제쳐두고 헨리 7세의 적통성을 스스로 증명이라도 하고 싶은 모양이다. 그것을 사실로 증명이라도 하려는 듯 그는 대단히 논란거리가 될 수 있는 사안을 증거로 제시한다(Ranke 2010, 97). 헨리 7세 스스로도 평생 동안 적통 문제에 대단히 민감하게 반응했는데도 말이다. 반면에 흄은 헨리 7세가 직면한 적통성 관련 전반적 고민거리를 풀어내고, 그 가운데 헨리 7세가 어떠한 정치적 노선을 선택하는지 그려낸다. 헨리 7세는 적통성 결핍을 보완하기 위해 약속한 요크 가문의 엘리자베스와 결혼하지만 왕위의 실제 권위를 점하는 명민한 정치적 노선을 택한다. 안정과 통치주도권의 양립하기 힘든 긴

위해서는 1권 Appendix II를 참조.

장을 끝까지 붙잡고 가는 전략이었다. 그의 노력 덕분에 아들 헨리 8세는 적통성의 의심에서 벗어나 강력한 왕권을 행사할 수 있었다.[9] 여기서 랑케와 달리 흄의 역사는 정치학적 문제의식과 역사 서술이 탁월하게 결합되어 있다.

끝으로 랑케는 보편사의 맥락을 강조하기 때문에 영국정치사에 외부적 요인이 미친 영향을 강조하는 경향이 있다. 그래서 그의 영국사 서술은 외교사 혹은 국제관계사의 느낌이 짙다. 이것은 접근법의 차이에 따른 결과이다. 랑케는 라틴과 게르만 제도의 보편에서 영국의 정치를 읽어내려 한다. 그에 반해 흄은 유럽 봉건제도의 일반적 패턴 혹은 운동으로부터 영국이 이룬 독특한 정치적 성취를 읽어내려 한다. 그러나 무엇보다도 문제가 되는 것은 랑케의 역사에는 사회상의 분석이 거의 전무하다는 점이다. 봉건제도에 대한 기초적인 분석조차 없기 때문에 사람들의 정치적 행위의 동기를 이해하는 데 한계를 가질 수밖에 없다. 한 가지 쉬운 예를 들면, 랑케는 막대한 재산을 가진 대귀족들이 일으킨 사회적·정치적 문제를 언급할 필요성을 느끼지 않는 듯하다.

V. 맺음말: 화해의 내러티브를 향해

랑케의 역사 서술은 앞서 메흘의 주장처럼 일본의 역사 서술에는 빠져 있는 서사적 성격을 갖고 있다. 민족의 형성을 연구하는 역사가 대중을 교

---

[9] 핵심적 논의를 이해하기 위해서는 Hume(1983, 3-11)의 *The History of England*, Vol. 3을 참조.

육하고 지도하기 위한 설득적인 내러티브를 창안하는 역사재현의 문제를 고민해야 할 필요가 있다는 점은 공감이 가는 주장이다. 관학사가들은 그들을 고용한 국가의 요구에 부응하지 못한다는 것이다. '어용학자'라는 비난이 갖는 무게를 생각하면 연구자로서는 힘든 선택이 될 것이지만 말이다. 그러나 대중에 쉽게 다가가면서 그들을 현혹하는 신화적 역사 내러티브가 존재한다는 사실을 고려한다면 관학사가들은 그 임무를 다하지 못한 것이다. 이 주장에 동의하진 못할지라도 적어도 역사재현이 갖는 중요성에 대해서는 공감할 수 있다고 생각된다.

다른 한편 다나카가 지적한 것처럼 랑케는 역사 연구 이전에 1차 사료를 해석하는 전제 혹은 '프레임'을 갖고 있기도 하다. 근대 민족국가의 형성과 종교에 대한 관심이 이미 그의 역사 연구의 틀을 놓은 것이다. 기묘한 방식이긴 하지만 시라토리의 역사 연구는 랑케의 관심 주제에서 영감을 받았다는 다나카의 주장을 받아들일 수 있을 것 같다. 따라서 사실을 연구한다는 손쉬운 변명을 하기보다는 연구의 방법론이나 시각에 대해 깊은 반성이 요구된다. 다시 말해 실증주의라는 표면 아래에서 이미 연구 주제를 규정하는 이념성에 대한 반성이 필요하다.

랑케의 "세계사" 혹은 "보편사"는 사실상 유럽사였다. 그에게 유럽은 세계였다. 그의 시선은 개별 국가의 역사에서 유럽사를 본다. 랑케에 비해 시라토리의 동양사는 훨씬 일본 중심사였다는 점을 알 수 있다. 그 점은 그가 일본 민족의 기원을 천황제에 두고 있다는 것에서 명백해진다. 그럼에도 시라토리의 시선은 일본 중심의 동양 구성에 있었다는 것을 알 수 있다. 그러나 시라토리의 제자들이나 그의 영향을 직간접적으로 받은 한국 역사 연구에는 시라토리의 동양사 문제 의식이 사라져 버렸다. 이러한 이유로 다나카가 파헤친 실증주의적 역사 연구 밑에 깔려 있는 이념사적 틀을 이해하는 것이 왜 중요한 것인지를 알 수 있다. 역사화해를 위해서는 상대방의 역사 내러티브에 깔린 이념사적 문제의식에 대한 이해가 전제되어야 한다. 그래야만 최소한의 소통이 가능할 것이기 때문이다.

어떻게 보면 랑케는 독일 민족국가가 형성되는 행복한 시대에 살았기 때문에 '해피엔딩'의 희극적 역사를 쓴 것일 수 있다. 여러 세력 간의 갈등이 통합 독일로 포섭되는 화해의 국면이 상상되기 때문이다. 여기서 랑케의 나이브한 정치에 대한 견해가 드러난다. 그의 예상과 달리 물질보다 정신을 강조한 프로테스탄트는 물질적 측면에 기운 가톨릭을 이기고 최종 승리를 얻지 못했다. 역사의 대세에 밀려 가톨릭은 몰락할 것으로 예상했으나 그러한 결말은 없었다. 그의 바람과 달리 독일 민족도 전통적 군주정하에서 온건한 정치체제를 유지하지 못했다. 역사를 신의 뜻으로 받아들인다면 그는 신의 뜻을 제대로 이해하지 못한 것이 된다.

오늘날 역사 수정이나 역사 부정의 담론이 기존의 통념적 역사인식과 부딪히고 있다. 이로 인해 역사화해는 점차 어려워지는 형국이다. 객관적인 역사를 성취하려는 고상한 꿈(noble dream)이 깨졌다는 진단이 내려졌기 때문에(Novick 1999) 객관성을 기준으로 대립하는 시각들의 시시비비를 가리려는 일은 헛된 꿈이 되었다. 랑케의 학문적 신조가 된 "wie es eigentlich gewesen"에서 '사실(eigentlich)'에 기초한 객관성의 꿈은 사라졌다. 그렇다면 역사를 '본질적인(eigentlich)' 시각에서 조망하는 이념사만 남은 것이 될 것이다. 이러한 학술적인 정황과 더불어 타자를 배제하고 특정 집단의 정체성을 강조하는 정치의 그림자가 아른거린다. 정체성의 정치가 역사 연구에서 기인한 것이라 말할 수는 없어도 최소한 역사 연구와 밀접한 관련성을 갖는 것으로 보인다.

덧붙여 오늘날에도 이른바 경험 연구와 역사 연구 간에는 상당한 견해 차이가 존재한다. 근대 계몽주의 역사와 사료 중심의 역사가 갈등하는 것이다. 서로 "과학"을 부르짖기는 하지만 그 내용은 사뭇 다르다. 다수의 사례를 비교하는 현행 경험 연구는 계량화 가능한 지표와 통계화에 초점을 두었다. 그리고 경험적으로 검증 가능한 연구 가설을 수립해야 한다. 따라서 원칙적으로 대상은 반복 가능해야 한다. 이에 반해 역사 연구는 여전히 사료에 초점을 두고 사물의 고유성을 기술하는 데 치우쳐 있다. 두 종류의 연구가 서로 결합될 수는 없을까? 오늘날에도 과거와 비슷한 이유에서 그 질문에 대한 결론은 여전히 부정적이다(Elman and Elman 2001). 그럼에도 사례를 비교하려면 대상을 깊이 이해해야 하며, 의미 있는 연구를 위해서는 문제의식이 사회과학적 성격을 가져야 할 것이다.

참고문헌

Chatterjee, Partha, 1986, *Nationalist Thought and the Colonial World: A Derivative Discourse?*, Oxford: Oxford University Press.

Elman, Colin and Miriam Fendius Elman, 2001, *Bridges and Boundaries: Historians, Political Scientists, and the Study of International Relations*, Cambridge, Massachusetts: The MIT Press.

Gadamer, Hans Georg, 1960, *Wahrheit und Methode,* Tübingen: Mohr.

Gadamer, Hans Georg, 1982, *Truth and Method* (2nd ed,), New York: The Crossroad Publishing Company.

Hume, David, 1983, *The History of England, from the Invasion of Julius Caesar to the Revolution in 1688*, Vols, 6, Indianapolis: LibertyClassics

Krieger, Leonard, 1977, *Ranke: The Meaning of History*, Chicago: The University of Chicago Press.

Mehl, Margaret, 2017, *History and the State in Nineteenth-Century Japan: The World, the Nation and the Search for a Modern Past*, Copenhagen: The Sound Book Press.

Novick, Peter, 1999, *That Noble Dream: The "Objectivity Question" and the American Historical Profession*, Cambridge, New York, Melbourne: Cambridge University Press.

Ranke, Leopold Von, 1901, *History of the Popes: Their Church and State* (revised ed,), New York: The Colonial Press.

Ranke, Leopold Von, 1909, *History of the Latin and Teutonic Nations (1494 to 1514)*, London: George Bell & Sons.

Ranke, Leopold Von, 2010, *A History of England: Pincipally in the Seventeenth Century*, Vol, 1, Cambridge: Cambridge University Press.

Sabine, George H, 1906, "Hume's Contribution to the Historical Method," *The Philosophical Review* 15(1): 17-38.

Tanaka, Stefan 저, 박영재·함동주 역, 2002, 『일본 동양학의 구조』, 서울: 문학과지성사.

Tanaka, Stefan, 1993, *Japan's Orient: Rendering Pasts into History*, Berkeley, Los Angeles, London: University of California Press.

White, Hayden, 2014, *Metahistory: The Historical Imagination in 19th- Century Europe* (40th Anniversary Ed.), Baltimore: Johns Hopkins University Press.

Wolin, Richard, 1990, "Utopia, Mimesis, and Reconciliation: A Redemptive Critique of Adorno's Aesthetic Theory," *Representations* 32: 33-49.

2

근대 초 네덜란드의 대외전쟁과 화해전략

스페인, 영국, 프랑스와의 전쟁을 중심으로

이동수 경희대학교 공공대학원 교수

I. 머리말

오늘날 네덜란드는 타협과 협상에 근거한 '합의민주주의(consensual democracy)'와 노사정이 서로 협력하는 '조합주의(corporatism)'가 성립되어, '통합의 정치(politics of integration)'를 잘 실행하고 있는 국가로 알려져 있다(이동수 2022, 107). 16세기 건국 때부터 네덜란드는 연합국가제(confederation)를 채택해 각자 자치권을 갖는 지역들의 협력과 합의를 통한 통치를 기초로 삼았는데, 이는 고대에 형성된 '간척지 모델(polder model)', 즉 토지가 해수면보다 낮아 생존을 위해 간척지를 개발하고 바닷물을 막기

---

* 이 글은 「근대 초 네덜란드의 대외전쟁과 화해전략: 스페인, 영국, 프랑스와의 전쟁을 중심으로」(『한국과 국제사회』 제7권 1호, 2023)를 수정·보완한 것이다.

위해 서로 협력해야 했던 전통을 이어받은 것이기도 하다(Andeweg 2000, 698).

전통적으로 네덜란드를 포함한 저지대[1]는 토지가 척박해 주로 어업이나 간척지에서의 상업적 농업을 생존 수단으로 삼았으며, 근대에 접어들면서 조선업과 직물업을 기초로 해운업과 무역업이 발달하면서 국가발전의 기틀을 놓았다. 이 지역은 BC 51년 로마의 속주로 편입된 이래 16세기까지 정치적으로는 늘 종속된 지역이었다. 하지만 경제적으로는 13세기부터 전국에 제방을 쌓아 바닷물과 강물의 범람을 막았으며 연안에는 상업적 도시들이 발달하였다. 특히 저지대 남부 플랑드르(Flandre) 지역은 영국과 스페인에서 수입한 양모를 직물로 가공해 수출하였고, 북독일의 한자동맹과 경쟁할 정도로 무역이 크게 성장하였다.

그러나 가톨릭 국가인 스페인이 칼뱅교도가 많은 저지대 지역에 종교탄압과 폭정을 가하자 저지대 북부는 장기간에 걸친 독립전쟁[2]을 통해 네덜란드로 독립하고, 이후 국권과 국익 수호를 위해 주변 강대국인 영국 및 프랑스와 수차례에 걸쳐 전쟁을 치렀다. 그러나 독립전쟁 때나 그 이후에도 지배층인 레헨트들(regents)[3]과 상인들(merchants)은 상업과 무역에

---

[1] 저지대는 오늘날 네덜란드, 벨기에, 룩셈부르크 지역을 통칭할 때 사용하는 용어이다. 이 글에서 저지대 지역은 네덜란드가 독립하기 이전의 전 지역을 의미하며, 저지대 남부는 벨기에 지역을, 저지대 북부는 네덜란드 지역을 지칭할 때 사용할 것이다.

[2] 네덜란드 독립전쟁은 흔히 1566년 가톨릭 성상을 훼손시킨 '성상파괴운동'이 시작된 후 저항이 본격화된 1567년을 기점으로 삼으며, 1648년 '뮌스터조약'에서 스페인과의 전쟁이 종식되고 '베스트팔렌조약'에서 독립이 국제적으로 승인되었다. 이 전쟁은 기간에 주목해 '80년 전쟁'이라고도 부른다.

[3] 네덜란드어 레헨트(regent)는 원래 통치자(ruler)라는 뜻으로 사용된다. 그런데 영어로는 regent로 번역하기 때문에, 한국에서는 영어번역을 따라 흔히 '섭정'으로 번역되기도 한다. 하지만 레헨트에는 다른 사람을 대신해 섭정한다는 의미는 전혀 없다. 이 글

필요한 평화를 선호했기 때문에, 네덜란드가 근대 초 치렀던 대부분의 전쟁은 완전한 끝장을 보기보다는 적당한 선에서 타협하는 평화조약을 맺는 것으로 결말이 났다.

이러한 평화조약 체결은 네덜란드의 화해 전략의 일환이었다. 네덜란드 지배층은 정치적 독립뿐만 아니라 무역으로 경제적 이익을 얻는 것을 중시했기 때문에 가능한 한 전쟁을 피하고자 했으며, 한참 전쟁이 유리한 때에도 경제적으로 손해라고 판단되면 적당히 타협하고 전쟁을 끝내고자 하였다. 이러한 공화국주의자들(Staatsgezindheid)의 태도는 총독으로서 독립운동의 구심점 역할을 했던 빌렘 오란예(Willem Oranje)공이나 그를 지지하면서 강경한 입장을 취했던 오란예주의자들(Prinsgezindheid)의 노선과는 달랐다.

전쟁에서는 오란예주의자들의 영향력이 컸지만 국정 운영에서는 공직을 담당한 레헨트들과 재정에 크게 기여한 홀란트(Holland)주 상인들의 영향력이 컸다. 따라서 독립전쟁이 끝나자 네덜란드는 해군 전함들을 상선으로 개조하고 해외무역을 통한 이익 증진에 전념하였다. 그러나 북해와 발트해에서 네덜란드와 경쟁하던 영국이 네덜란드 상선들을 괴롭히고 1651년 '항해법(Navigation Act)'을 제정해 네덜란드의 상품 거래와 수입을 제한하자, 네덜란드는 17세기 후반 국권과 국익 수호를 위해 영국과 세 차례 전쟁을 벌였다. 하지만 네덜란드는 항상 무역 재개를 위해 적당한 선에서 영국과 평화조약을 체결하였고, 전쟁을 계속하자는 오란예주의자들을 억제하기 위해 총독직 자체를 없애기도 하였다.

에서는 이러한 오해를 피해 그냥 네덜란드어 '레헨트'로 사용하고자 한다. 이에 대한 자세한 설명은, 주경철(2008, 110, 주 57)을 참조.

네덜란드는 겉으로는 영국과 어느 정도 화해에 성공했지만, 영토 확장과 유럽 패권을 추구하는 프랑스가 새로운 위협으로 떠올랐다. 1672년, 프랑스는 영국, 뮌스터, 쾰른과 동맹을 맺어 네덜란드를 공격했는데, 네덜란드는 가까스로 이들을 물리쳤다. 또한 저지대 남부를 호시탐탐 노리는 프랑스를 견제하기 위해 17세기 후반 빌렘 3세가 영국 왕에 오른 후 영국, 신성로마제국, 스페인 등과 동맹을 맺고 프랑스와 대결했는데, 결론은 평화조약을 맺으면서 현상을 유지하는 데 그쳤다. 이런 일련의 전쟁에서 영국과 프랑스는 해상에서의 주도권과 영토적 이익을 얻어 18세기를 주도하는 강대국이 되었다. 반면 네덜란드는 패배하지는 않았으나 승리한 것도 아닌 상태에서 별다른 소득 없이 평화조약으로 전쟁을 끝내 이류 국가로 전락하고 말았다.

이러한 네덜란드의 대외전쟁 과정은 전쟁과 화해에 대해 다시 숙고하게 만든다. 무역 국가인 네덜란드는 거래를 지속하기 위해 전략적으로 전쟁보다는 평화를 선호했다. 불가피하게 자유로운 무역이 침해될 때에만 제한적으로 전쟁을 치렀으며, 전쟁이 끝난 후에는 군사력을 다시 축소하고 강력한 리더십의 등장을 억제했다. 이러한 화해 전략은 단기적으로 무역 손실을 최소화하고 경제 성장을 촉진하는 데 기여했으나, 장기적으로는 영국과 프랑스 같은 주변 강대국들의 발전을 막지 못했다. 그 결과 네덜란드는 점차 이류 국가로 전락했다. 이는 전쟁을 피하고 화해에만 의존하는 전략이 국가 운영에 한계가 있음을 보여 준다.

이 글은 이러한 문제의식 아래 근대 초 약 130년에 걸친 네덜란드의 대외전쟁 수행과 평화조약 체결 과정을 전략적 관점에서 숙고해 보는 것을 목적으로 삼는다. 이를 위해 서론에 이어 2장에서는 네덜란드가 스페인과 벌인 독립전쟁에 대해 살펴보고, 3장에서는 네덜란드가 영국과 벌인 전쟁의 의미와 결과에 대해 분석하며, 4장에서는 네덜란드와 프랑스의 군사적 충돌의 성격과 결과에 대해 알아본 후, 마지막에 결론을 내리고자 한다.

II. 국가 독립과 자유를 향한 여정: 스페인과의 전쟁

1. 저지대의 역사

네덜란드라는 국명은 네덜란드어로 저지대를 의미하는 네덜란트(Nederland)에서 비롯되었다. 저지대란 현재 네덜란드, 벨기에, 룩셈부르크 지역을 통칭하는 말로서 해수면보다 낮은 지역을 의미한다. 이 지역은 원래 바닷물의 침범이 잦고 토지가 소금기를 머금고 있어 농경지로는 부적합해, 주민들은 둑을 쌓고 간척지를 개척해 겨우 생활을 유지하였다. 따라서 저지대인들의 삶은 매우 척박하였다.

    이 지역이 역사에 알려진 것은 BC 51년 로마에 정복당해 속주로 편입되었을 때이다. 이후 주로 게르만 일족인 바타비(Batavi)족이 들어와 살았으며, 하위 행정구역은 모두 17개 주로 네덜란드 독립기까지 대체로 기준이 되었다. 476년 로마 멸망 후엔 프랑크왕국에 편입되었는데, 843년 '베르됭조약'에서 삼분될 때 이 지역은 샤를마뉴대제의 장손 로타르(Lothar)가 차지해 로타링기아(중프랑크)로 불리다가 로타르 2세 사후 870년 '메르센조약'으로 서프랑크와 동프랑크에 나뉘어 편입되었다. 이후 자치권을 얻기 위한 지역 반란이 계속되었지만, 955년 오토대제에게 최종 진압되어 독일왕국 및 신성로마제국의 일원이 되었다.

저지대 지역이 발전하기 시작한 것은 13세기부터다. 그 이전까지는 부분적으로만 간척이 이루어졌고, 중심은 농경이 가능한 내륙지역에 있었다. 하지만 이때 전국적으로 제방을 쌓아 바닷물과 강물의 범람을 막을 수 있게 되었다(Israel 1995. 9). 또한 저지대 남부와 북부 연안을 중심으로 상업도시들이 발달하기 시작하였다. 당시 헨트, 브뤼헤, 안트베르펜을 중심으로 하는 저지대 남부 플랑드르 지역은 영국과 스페인에서 수입한 양모를 직물로 가공해 수출했으며, 이를 바탕으로 도시화가 진행되고 도시의 상업적 기능이 성장하였다(Abu-Lughod 2006, 103). 13~14세기엔 북독일의 한자동맹과 경쟁할 정도로 상업도시들이 크게 발전하였고, 이에 따라 지역의 자치권이 점차 확대되었다.

그러나 14~15세기엔 부르고뉴(Bourgogne)공국이 혼인과 정복을 통해 저지대 지역을 지배하게 되었다. 부르고뉴공국은 예전 로타르왕국의 재건을 목표로 삼아 저지대인들의 자치를 억제하고 프랑스식 중앙집권화를 시도하였다. 이에 1453년 저지대인들은 헨트 시민군의 무력 봉기를 필두로 자치를 위해 폭동과 반란을 계속 일으켰다. 부르고뉴공국은 1477년 전쟁에서 패해 프랑스에 병합되었는데, 이때 저지대에서는 부르고뉴공의 딸 마리(Marie)가 가문과 지역의 지배권을 유지하기 위해 헨트에서 의회를 소집해 주민들에게 권한을 대폭 이양하는 '대칙령(이름 없는 헌장)'을 발표하고, 그들의 특권과 자치권을 인정하였다. 그러나 그녀가 합스부르크가의 막시밀리안(Maximilian)과 결혼함으로써 이 지역은 결국 합스부르크가의 영역이 되었다. 특히 헨트에서 태어난 막시밀리안의 손자 카를 5세는 성장 후 스페인 왕이 되고 최종적으로 신성로마제국 황제에까지 올라 16세기 저지대 지역은 스페인 왕의 통치하에 놓이게 되었다.

1530년대부터 저지대 상업도시엔 개신교도인 칼뱅주의자들이 많이 거주하고 상공업 발달로 경제가 성장했는데, 스페인의 카를 5세와 그 뒤를 이은 펠리페 2세는 전비 마련을 위해 식민지의 세금을 올리고 충실한 가톨릭교도로서 개신교에 대한 종교 탄압을 시도하였다. 이에 저지대인들의 불만이 쌓여 종종 반란이 발생하였다. 하지만 당시 스페인은 이슬람 국가들의 맹주인 오스만투르크가 신성로마제국 영토와 지중해 패권을 위협하고 있어서 이에 대한 대응이 먼저였다. 또한 16세기 후반엔 영국과 프랑스의 국력이 신장해 스페인을 위협했는데, 이에 집중하느라 펠리페 2세는 이복 누이 마르가레타(Margaretha)를 저지대 총독으로 임명해 통치를 맡겼다.

그녀는 스페인 전통에 따라 '국가위원회(Council of State)'의 자문을 얻어 국정을 수행했는데, 처음엔 펠리페 2세의 총신이자 강경파인 흐란벨러(Granvelle)가 자문을 맡았다. 그런데 그가 저지대 수석 대주교에 취임하고 주민들의 반감을 사는 강경책을 펴자, 마르가레타는 자문위원을 토착 귀족인 빌렘 오란예(Willem Oranje), 판 에흐몬트(Van Egmont), 판 호른(Van Horn)으로 교체하였다. 하지만 경제가 악화되고 칼뱅교도들이 점차 늘어나면서 종교적 불만이 커지자, 저지대인들은 1566년 '청원서'를 제출하고 종교적 자유와 시민들의 '전국의회(Staten Generaal)' 참여와 같은 개혁을 요구하였다(김영중·장붕익 1994, 95-97).

종교 문제와 사회경제적 문제가 합쳐지자 사태는 더욱 악화되었다. 먼저 가톨릭의 종교 탄압이 심해지자 칼뱅교도들은 대응책으로 '성상파괴운동'을 벌였으며, 사회경제적으로는 덴마크와 스웨덴의 '북방 7년전쟁(1563~1570년)'이 발생해 주민들은 극심한 기근에 시달렸다. 저지대는 척박한 농토 때문에 식량을 수입해야 했는데, 이 전쟁으로 인해 동유럽으로부터 곡물을 수입하는 루트인 손트(Sont)해협이 봉쇄되었기 때문이다. 또한 통치권자인 펠리페 2세는 오스만투르크, 영국, 프랑스 등과의 전쟁으로 재정이 어려워지자 저지대인들에게 예전보다 훨씬 무거운 세금을 부과해 그들의 생활은 더욱 어려워졌다.

요컨대 저지대인들의 저항과 봉기가 본격화되는 1567년엔 스페인의 강력한 중앙집권적 통치에 대한 불만, 가톨릭의 종교 탄압에 대한 칼뱅교도들의 불만, 무거운 세금을 부담해야 하는 중산층 상인들과 허기와 추위에 시달리며 폭발 직전에 이른 빈민층들의 불만이 더해져 칼뱅교도들이 시작한 '성상파괴운동'이 전국적인 반란과 봉기로 확대되었다. 마르가레타 총독이 이에 굴하지 않고 모든 귀족에게 왕에 대한 무조건적 충성을 강요하자, '국가위원회' 위원인 에흐몬트, 호른, 오란예는 이를 거부하고 독일로 망명했다. 이로써 저지대인들은 독립에 대한 여정을 시작하게 되었다(김영중·장붕익 1994, 102).

2. 1차 독립전쟁(1567~1609년)

이런 상황을 마르가레타 총독이 더 이상 통제하지 못하자, 스페인의 펠리페 2세는 알바(Alba)공을 파견해 반란자들을 진압하게 하였다. 현지에 도착한 알바공은 '폭동재판소'를 설치해 반란자 1만여 명을 처형하고, 독일에 망명했던 에흐몬트와 호른을 추적하여 체포하였다. 또한 이듬해 빌렘 오란예의 아들 필립스를 체포해 스페인으로 보냈는데, 독일에 망명 중이던 빌렘은 이에 격분해 용병을 고용하고 알바공을 공격했으나 실패하였다. 일단 사태를 수습한 알바공은 총독부의 중앙집권 강화와 증세를 결정하였는데, 이에 반발한 저지대 상인들은 아예 이민을 가버렸다.

그러나 저지대인들의 저항은 멈추지 않았다. 1572년 '해상거지들'이라는 해적 떼가 스페인군에게 타격을 입히면서 반격을 시작한 후, 저항군은 몇 차례 전투에서 승리하고 교통의 중심지인 도르드레흐트를 함락했다. 북부의 중심인 홀란트주는 주의 '자치의회'를 열어 전투를 지휘한 빌렘을 총독(Stadhouder)[4]으로 추대했다. 이때부터 저항운동은 빌렘이 구심점이 되어 보다 체계적으로 진행되었다. 빌렘은 가톨릭교도이지만 독립을 위한 저항군을 이끌면서 칼뱅교로 개종하였다. 이런 종교적 태도는 저항운동의 중심인 칼뱅교도들뿐만 아니라 여전히 다수를 차지하고 있는 가톨릭교도들의 마음을 움직여 전체 저지대인들로부터 전폭적인 지지를 받았다(김영중·장붕익 1994, 106).

1573년 펠리페 2세는 저항운동에 대한 대응책으로 알바공 대신 온건한 레케센스(Requesens)공을 총독으로 파견했지만 1576년 총독이 갑자기 사망하였다. 당시 재정이 파산상태에 이른 스페인이 파견군에게 봉급을 주지 못하는 상황이 발생하자 이에 격분한 파견군은 폭동을 일으켜 저지대 남부의 핵심 도시 안트베르펜을 점령해 노략질하고 8천여 명의 시민을 학살하였다. 이런 사태를 안정시키기 위해 각 주 대표들이 모여 '헨트 평화회의'를 열었다. 여기서 빌렘 오란예를 홀란트와 제일란트(Zeeland)주 총독으로 승인하고 그곳에서는 칼뱅교도들의 예배를 허용하는 유화책을 채택하였다.

하지만 펠리페 2세는 이를 무시하고 자신의 이복형제인 돈 후앙(Don Juan)을 후임 총독으로 부임시켜 '전국의회'와 격돌하면서 공세를 강화하

---

[4] 저항군이 임명한 총독의 성격은 스페인이 파견한 식민지 총독의 그것과는 다소 차이가 있다. 후자는 식민지의 최종 통치권자 역할을 했지만, 전자는 군사적 지도자의 성격이 강하며 정치는 주로 의회에서 이루어졌다(Secretan 2010, 83).

였다. 이에 '전국의회'는 1577년 펠리페 2세의 사촌이자 신성로마제국 황제인 막시밀리안 2세의 아들 마티아스(Matthias)를 자신들의 총독으로 추대하고 스페인군과 대결하였다. 이에 펠리페 2세는 다시 마르가레타의 아들 파르마(Parma)공을 새 총독으로 임명해 대응하였다. 그는 저지대인들의 분열을 이용하기 위해 1579년 가톨릭교도가 많은 저지대 남부에서 가톨릭 중심의 '아트레흐트동맹(Union of Atrecht)'을 결성하고 지지 세력을 구축하였다. 그러자 빌렘의 형인 나사우(Nassau)가 북부 지역의 홀란트, 제일란트, 위트레흐트(Utrecht)주와 남부의 몇몇 도시를 중심으로 '위트레흐트동맹(Union of Utrecht)'[5]을 결성하고 대치상태를 이어 갔다(Boogman 1979, 377).

1581년 펠리페 2세가 저항세력의 수장인 빌렘을 파괴자로 규정하자 '위트레흐트동맹'은 그를 더 이상 자신들의 군주로 인정할 수 없다는 '결별선언문'을 채택하고, 프랑스의 지원을 기대하면서 새 군주로 앙주(Anjou)공을 추대하였다. 저항군은 원래 영국의 엘리자베스 1세를 새 군주로 추대하려 했으나, 그녀가 스페인을 두려워해 거절하자 대신 프랑스의 앙주공을 택한 것이다. 하지만 외국 군주인 앙주는 오히려 저지대 지역을 노략질하다가 1583년 다시 프랑스로 돌아가 버렸다(김영중·장붕익 1994, 111).

한편 1584년 빌렘이 스페인의 사주로 암살되자 저항군은 구심점을 잃게 되었다. 그래서 영국의 엘리자베스 1세에게 다시 그들의 군주가 되어 줄 것을 제안했으나 그녀는 이번에도 거절하고 자신의 총신인 레이세스터(Leicester)공을 지역 총사령관으로 임명해 '전국의회'와 협력해 통치

---

[5] '위트레흐트동맹'은 1580년대 후반 남부 도시인 안트베르펜, 헨트, 브뤼허가 탈퇴함으로써 북부 저지대 지역(오늘날의 네덜란드)의 연합과 같은 성격을 갖게 되었다.

하는 대안을 택하였다. 그러는 사이 1585년 '아트레흐트동맹'을 이끄는 파르마공은 남부 최대도시 안트베르펜을 함락시켰다. 이는 저항군에게는 큰 손실이었고, 이를 계기로 10~15만 명에 이르는 남부의 많은 학자와 상인, 유대인들이 북부의 암스테르담 등지로 이주하였다. 이를 계기로 독립운동의 중심은 남부에서 북부로 완전히 옮겨졌으며, 북부 저항군에게는 남부에서 온 이주민들이 인력과 자본 측면에서 큰 도움이 되었다. 당시 북부는 홀란트주 법률고문(Raadpensionaris)[6]인 올덴바르네벨트(Oldenbarnevelt)와 주 총독인 빌렘의 차남 마우리츠(Maurits)가 쌍두체제를 이루고 있었는데, 영국의 레이세스터공이 이들과 권력투쟁을 벌여 둘을 모두 체포하려다 실패하고 영국으로 돌아가 버렸다.

이제 저항운동은 더 이상 외세에 기댈 수 없는 상태가 되었다. 그리하여 1588년 북부의 홀란트, 제일란트, 위트레흐트, 헬더란트(Gelderland), 프리슬란트(Friesland), 오버레이설(Overijsserl), 흐로닝언(Groningen) 등 7개 주 대표들이 모여 독립을 선언하고, 각자 자치권을 갖는 독립주들이 '전국의회'에 모여 합의를 통해 의사를 결정하는 연합국가 체제를 출범시켰다.[7] 이로써 북부 7개 주는 네덜란드공화국으로 독립되었고, 남부 지역은 여전히 스페인 치하에 남게 되었다. 이때 파르마공은 북부의 독립을

---

6 각 주에 행정 최고위직으로 법률고문을 두었는데, 당시 홀란트주가 다른 주들에 비해 영향력이 가장 컸기 때문에 홀란트주 법률고문은 실질적으로 네덜란드 행정직에서 최고의 실력자였다.

7 네덜란드 연합국가제는 자치적인 7개 주의 만장일치에 따라 결정하는 체제이다. 그러나 홀란트주 인구는 전체의 45%이고 홀란트와 비슷한 성격을 지닌 제일란트주는 7% 정도로 2개 주의 인구가 전체 인구의 과반을 넘었다. 경제적인 비중에서도 홀란트주는 전체 재정의 58%를 차지함에 따라 자연스럽게 7개 주 대표들이 모이는 '전국의회'에서 가장 큰 영향력을 갖고 있었다(De Jong 2006, 151).

초기에 진압하려 하였다. 하지만 당시 스페인 본국 정부는 영국 원정이 최대 관심사여서 파르마공에게 남부의 됭케르크에서 대기하다 스페인 무적함대의 영국 침공에 합류하라는 명령을 내렸는데, 이는 네덜란드공화국이 무사히 탄생하는 데 크게 공헌하였다(김영중·장붕익 1994, 112-114).

스페인에 비해 군사력이 열세임에도 불구하고 네덜란드가 독립을 성취할 수 있었던 것은 당시 상황이 네덜란드에 유리했기 때문이다. 저지대 저항운동 초기엔 스페인이 강한 군사력을 앞세워 진압할 수 있었지만, 1580년대 이후엔 영국과 프랑스의 국력이 강해지면서 스페인에게는 경쟁국인 이들을 견제하는 것이 더 중요한 관심사가 되었다. 따라서 스페인군 주력은 1588년 영국 원정을 추진하였고 1590년부터는 세 차례에 걸쳐 프랑스 침공을 시도하였다. 이런 상황에서 네덜란드 독립운동에 대한 진압의 강도는 상대적으로 약해졌다.

이런 국제정치적 상황에서 네덜란드의 움직임도 기민하였다. 스페인의 영국 원정 때 네덜란드는 스페인군의 후방보급로를 차단함으로써 영국을 도와주었고, 스페인과 경쟁관계에 있는 영국의 엘리자베스 1세를 자신들의 군주로 옹립하고자 시도하였다. 이는 프랑스의 경우에도 마찬가지였다. 네덜란드는 스페인이 프랑스를 침공하자 프랑스의 앙리 4세와 동맹을 맺고 지원함으로써 프랑스와 우호적인 관계를 수립하였다. 특히 저지대 남부 지역은 프랑스 북부와 맞닿아 있기 때문에 전통적으로 프랑스 문화권에 속했으며, 앞서 말한 바와 같이 프랑스 앙주가를 자신들의 군주로 옹립하기도 하였다.

한편 스페인은 네덜란드뿐 아니라 영국과 프랑스와도 전쟁을 벌이게 되자 재정적 부담이 가중되었다. 이미 카를 5세가 신성로마제국 황제에 등극해 기독교 세계를 대표하며 이슬람 세력인 오스만투르크의 서진을 막는 데 주도적인 역할을 했으나, 이로 인해 그의 재위 동안 스페인 재정은 파탄에 이르렀다. 카를 5세는 재정문제를 해결하기 위해 외국은행에서 대출을 받거나 국가공채를 발행했는데, 1556년 펠리페 2세가 왕위를 물려받자마자 스페인은 파산선고를 해야 할 정도였다(Elliott 2001, 227). 또한 스페인은 1571년 오스만투르크와 지중해 제해권을 놓고 벌인 '레판토해전'에서 승리했지만, 여기서 얻은 실익은 별로 없어서 1575년 2차 파산을 선언해야 했다. 이어 1588년 영국과의 '칼레해전'과 1590년대 프랑스와의 전쟁에서 패배하면서 재정 상황은 더욱 악화되었고, 결국 1596년 3차 파산을 맞았다(Fukuyama 2011, 361). 결국 스페인의 악화된 재정상태가 네덜란드에게 독립을 위한 절호의 기회를 제공한 것이다.

당시 국제정세도 네덜란드에 유리하게 돌아갔다. 1598년 네덜란드 독립을 적극적으로 저지하던 펠리페 2세가 사망하고 나약한 성격을 가진 펠리페 3세가 뒤를 이었다. 그는 저지대 남부의 통치는 사위인 오스텐레이크(Ostenrijk)에게, 군대는 용병인 제노아 출신 스피놀라(Spinola)에게 맡겼으나, 스피놀라는 스페인 본국에 금전적 지원을 요구하면서 네덜란드 정벌에 미온적인 태도를 보였다. 또한 영국에서는 엘리자베스 1세가 후사 없이 죽자 스코틀랜드왕 제임스 1세가 즉위해 스튜어트 왕조를 새로 열었으며, 프랑스의 앙리 4세는 개신교와 네덜란드에 우호적이었다. 이런 분위기는 1609년 스페인과 네덜란드 사이에 잠정적인 평화, 즉 휴전 상태를 이끌어 냈다.

3. 2차 독립전쟁(1621~1648년)

스페인과 네덜란드의 휴전은 1609~1621년까지 12년간 지속되었다. 네덜란드 내부에서는 독립전쟁을 계속할 것인가 혹은 휴전할 것인가를 두고 논쟁이 벌어졌다. 오란예주의자들과 반가톨릭주의를 내세운 정통 칼뱅주의자들은 저지대 남부 지역도 가톨릭 국가인 스페인의 압제로부터 해방시키기 위해 전쟁을 이어가야 한다고 주장했다. 그러나 홀란트와 제일란트 주민 대부분은 경제적 이익을 위해 평화를 원했고, 가톨릭 신자가 많은 남부 지역을 이미 외국으로 간주하며 더는 전쟁을 지속할 필요가 없다고 생각하였다(김영중·장붕익 1994, 119-120).

결국 논쟁 끝에 공화국 재정의 과반을 담당해 영향력이 제일 큰 홀란트주의 의견이 반영되어 휴전이 성사되었다. 처음엔 평화조약을 체결하려 했으나, 펠리페 3세가 무리한 요구를 함에 따라 잠정적인 휴전협정으로 대체되었다. 네덜란드는 1602년 기존의 선구회사들(voor-compagnien)을 통합해 설립한 '통합 동인도회사(VOC)' 덕분에 인도양 무역이 활성화되었고, 홀란트 법률고문 올덴바르네벨트는 교역의 안정성을 확보하기 위해 평화를 지향하며 휴전협정을 받아들였다. 하지만 총독 마우리츠는 휴전을 거부하고 전쟁을 계속해 완전한 독립을 쟁취하기를 원했다. 따라서 둘 사이에는 휴전 이전부터 반목이 지속되었다. 마침내 1618년 마우리츠와 오란예주의자들이 쿠데타를 일으켜 올덴바르네벨트와 공화국주의자들을 제거하고 실권을 장악하며 전쟁 재개를 준비했다.

1618년은 주지하다시피 독일에서 벌어진 '30년 전쟁'으로 인해 전운이 감돌 때이다. 이 전쟁의 원인은 외형적으로는 신교와 구교의 갈등 때문이었으나, 실제로는 신성로마제국 황제와 독일 선제후들 간의 갈등 때문이었다. 남서부 팔츠 선제후인 프레데릭 4세가 신교 진영을 이끌었는데, 그는 구교 세력의 황제군에게 패하자 네덜란드로 망명하였다. 스페인은 합스부르크가 신성로마제국에서 승리를 거두자 크게 고무되었다. 특히 1621년 펠리페 3세와 저지대 남부 총독 오스텐레이크가 죽고 펠리페 4세가 왕위에 올라 구즈만(Guzman)공을 새 총독으로 임명했다. 구즈만공은 네덜란드와 전쟁을 재개해야 한다고 주장하며 휴전을 깨고 정벌을 시작하였다. 1625년엔 저항하던 네덜란드의 마우리츠가 사망하고 브레다가 함락되었다(김영중·장붕익 1994, 131-132).

그러나 펠리페 4세는 재정적 어려움을 겪어 1627년 다시 파산을 선고했다. 경제적 곤란으로 인해 공격 대신 방어에만 전념하라는 명령이 내려지자, 구즈만공은 더 이상 진격할 수 없었다. 특히 1628년 '30년 전쟁'에서 가톨릭 연합이 약화되는 가운데 스페인이 이탈리아 북부에서 발생한 '만토바 계승전쟁'(1628~1631년)에서 개신교 국가인 스웨덴과 충돌하자, 네덜란드에게는 새로운 기회가 찾아왔다. 그동안 네덜란드의 전략은 저지대 북부에 대한 방어 전쟁의 성격을 지녔는데, 스페인이 위기에 처하자 남부에 공세를 취할 수 있게 된 것이다. 네덜란드에서는 마우리츠의 이복동생 프레데릭 헨드릭(Frederik Hendrik)이 홀란트를 비롯해 5개 주의 총독이 되었다. 그는 1629년 남부에 공격을 가해 대승을 거두고 플랑드르 지역까지 진출함으로써 스페인에 비해 전략적으로 우세한 상태가 되었다(Israel 1995, 506-507).

이후 전투에서도 스페인군이 계속 밀리는 상황이 되자, 스페인은 1632년부터 네덜란드와 평화협상을 시작하였다. 이 평화협상에서 중요한 의제는 대략 세 가지였다. 먼저 네덜란드군이 점령한 스페인령 저지대 남부 브라반트주의 영토 문제, 네덜란드와 남부 지역과의 관세 문제,

1630년 네덜란드 서인도회사(WIC)가 획득한 브라질 지역을 스페인이 승인하는 문제가 그것이다. 그런데 프레데릭 헨드릭의 최대 관심사는 저지대 남부를 얻는 것이었다. 그의 계획은 안트베르펜을 비롯해 남부를 점령한 후 가톨릭을 용인하는 관용 정책을 펼쳐 남부 주민들로부터 지지를 얻어 네덜란드의 실질적인 권력자로 군림하는 것이었다. 하지만 홀란트주는 남부의 안트베르펜을 얻는 것을 좋아하지 않았다. 그 경우 프레데릭 헨드릭의 권력이 너무 강해질 뿐만 아니라, 북부의 핵심도시인 암스테르담의 중추적 기능을 예전 저지대 중심지였던 안트베르펜에게 도로 빼앗길지 모른다는 우려가 있었기 때문이다. 그리하여 네덜란드는 마치 예전에 홀란트 공화국주의자인 올덴바르네펠트와 오란예 가문의 마우리츠 총독이 반목한 것과 같이, 프레데릭 헨드릭과 상업도시인 홀란트주가 서로 분열되는 양상을 보였다(Israel 1995, 527).

1630년대 네덜란드 경제는 호황이었다. 서아프리카와 브라질에서 식민지를 개척해 커다란 부가 창출되었으며, 1638년엔 '통합 동인도회사'가 인도양의 실론섬을 공격해 승리를 거두고 인도양 무역에서 우위를 차지했기 때문이다. 따라서 홀란트주는 전쟁보다 평화를 원했으며, 더 이상 군사적인 총독에 의존할 필요가 없다고 생각하였다. 그러나 프레데릭 헨드릭은 전쟁에서의 성공을 바탕으로 네덜란드 국내에서 권한을 확대해 나갔다. 네덜란드 전국의회 내에는 필요에 따라 홀란트주 대표 2~3인과 나머지 주 대표 각 1인 등 총 8~9인으로 구성된 '비밀위원회(secret committee)'를 둘 수 있었는데, 프레데릭 헨드릭은 이를 설치하고 통제하면서 홀란트주 레헨트 및 상인들과 대치하였다.

또한 네덜란드와 스페인 사이에 평화협상이 시작되자, 프랑스 루이 13세는 네덜란드에 보조금을 지급해 동맹을 맺고 스페인을 함께 공격하자고 제안하였다. 유럽 대륙 강국인 프랑스는 스페인과 국경을 마주하며 경쟁관계에 있었는데, 합스부르크가의 세력이 약화된 틈을 타 스페인을 공격하고자 했던 것이다. 프랑스는 가톨릭 국가이면서도 '30년 전쟁'에서는 개신교인 스웨덴을 지원함으로써 스페인을 간접적으로 견제하기도 했는데, 스웨덴이 위기에 처하자 자신이 직접 개입하고자 한 것이다. 프레데릭 헨드릭은 이 제안을 받아들이고 스페인과의 전쟁을 지속하려 하였고, 프랑스는 1635년 스페인과의 전쟁을 개시하였다(Israel 1995, 524).[8]

그런데 스페인은 프랑스에 대해서는 방어에 치중한 반면, 네덜란드에 대해서는 공격을 퍼부었다. 스페인으로서는 프랑스에 패해 빼앗기는 지역보다 네덜란드와 전투를 벌이고 있는 플랑드르의 안트베르펜, 헨트, 브뤼헤 등이 더욱 중요한 지역이었기 때문이다. 결국 스페인은 악전고투 끝에 프랑스의 공격을 방어하는 한편, 잃어버린 저지대 남부 지역을 되찾고 한 걸음 더 나아가 네덜란드 지역까지 쳐들어가는 데 성공하였다.

상황이 이렇게 되자 프레데릭 헨드릭도 평화협상을 지지하는 쪽으로 선회하였다. 전투에서의 패배가 그의 위신과 권력을 약화시켰기 때문이다. 대신 그는 외교전을 강화하였다. 우선 그는 프랑스와 동맹을 맺고 우호관계를 유지하면서, 프랑스로부터 자신의 칭호를 '귀하(Excellence)' 대신 '전하(Altesse)'를 사용케 하여 위상을 높였다. 또한 1641년엔 영국 왕 찰스 1세의 딸 메리(Mary)와 자신의 아들 빌렘 2세를 결혼시켰는데, 이는

---

8 프랑스-스페인 전쟁은 1635년 시작해 장기간 지속되다 1659년 '피레네조약'을 맺으면서 끝났다. 또한 스페인 내부에서는 1640년에 북동부 카탈루냐(Catalonia) 지역과 1580년부터 스페인의 식민지가 된 포르투갈이 봉기해 동시다발적인 위기에 처하였다. 스페인은 카탈루냐 반란은 겨우 진압했지만, 포르투갈의 독립은 막을 수가 없었다.

오란예 가문의 위상을 더욱 드높였다(Israel 1995, 537).

이런 상황 속에서 1642년 스페인군은 네덜란드 내 점령 지역에서 철수하였다. 그리고 네덜란드군은 1646년 남부 요충지 됭케르크를 공격해 네덜란드 선박들을 괴롭히던 해적들의 활동을 무력화시켰다. 프레데릭 헨드릭은 평화조약이 체결되면 자신의 위치가 흔들릴 것으로 생각해 여전히 전쟁 지속을 주장하였고, 정통 칼뱅주의자들은 스페인과 끝까지 싸워 저지대 남부에서 가톨릭을 몰아내야 한다고 생각했으며, 제일란트주는 많은 부를 가져다주던 해상 약탈행위가 전쟁이 끝나면 더 이상 불가능해진다는 이유로 평화조약 체결 자체엔 반대하였다(김영중·장붕익 1994, 131-132). 그러나 홀란트주 레헨트들과 상인들은 해외무역의 안정을 위해 전쟁의 종식을 강력히 원했고 장기간 이어진 유럽의 '30년 전쟁'도 마무리 단계에 접어들었다. 결국 1648년 양국은 '뮌스터조약'을 맺어 전쟁을 종식시켰고, '30년 전쟁'의 결말인 '베스트팔렌조약'에서는 네덜란드의 독립이 국제적으로 공인되었다.

III. 국권과 국익 수호를 위한 여정 1: 영국과의 전쟁

1. 영국과의 관계

저지대 남부 플랑드르 지역은 로마 시대부터 직물업으로 유명하였다. 이 지역은 양을 사육하기에 적합한 지형과 토양, 대륙과 해양의 경계에 놓인 유리한 입지 조건, 높은 인구밀도에 따른 노동력의 확보, 그리고 수공업자들의 장인정신이 높아 직물업에서 최고의 중심지가 되었다(Abu-Lughod 2006, 106). 플랑드르는 직물업이 발달하자 점차 대량의 질 좋은 양모를 필요로 했는데, 이런 원료는 영국과 스페인에서 수입하였다. 농업생산에 어려움을 겪는 영국과 스페인이 양을 키워 양모를 플랑드르에 수출했기 때문이다.

특히 영국은 14세기 중반 흑사병 창궐 이후 노동력이 부족해지자 소규모 토지를 몰수해 대규모 농장으로 구획하는 인클로저(enclosure) 운동을 시작했는데, 16세기엔 양모를 대량 생산하고자 대규모 목초지 인클로저 운동이 전국적으로 진행되었다(Tracy 1989, 36). 영국은 처음엔 원료인 양모를 플랑드르로 수출했는데, 점차 자본가들이 대규모 목초지를 장기 임대하고 신기술과 자본을 투입해 양모를 직접 가공하는 직물업을 발달시켰다.[9] 국내 직물업이 양모를 충분히 활용할 수 있는 수준에 이르자 영국은 더 이상 해외 경쟁자들에게 양모를 공급하지 않았는데, 이는 플랑드르에는 큰 타격이 되었다(Abu-Lughod 2006, 125).[10] 이로써 영국과 저지대 지역은 해외무역에서 경쟁관계에 돌입하였다.

그런데 영국과 네덜란드 관계에서 흥미로운 점은 네덜란드가 스페인과의 독립전쟁 중에 엘리자베스 1세에게 스페인의 펠리페 2세 대신해 자신들의 군주가 되어 달라고 요청한 적이 있다는 사실이다. 엘리자베스

---

9 영국의 경우 대토지 소유자와 자본가 간의 동반자적 관계가 성립되어 상업적 농업이 발전했는데, 이것이 소규모 자영농 위주의 농업에만 힘쓴 프랑스나 소농과 융커(Junker) 때문에 상업적 농업으로 발전하지 못한 독일과 달리 영국이 자본주의적 발전에서 앞섰던 이유이다(임수환 2022, 80-81).

10 영국과 달리 스페인은 16세기 '대항해시대'에 신대륙의 금과 은 덕분에 부를 획득했지만, 상공업 발전엔 힘을 쏟지 않아 직물업이 발달하지 못했고 따라서 여전히 플랑드르에 양모를 수출하였다.

1세는 국교회 교도로서 가톨릭 국가인 스페인을 견제하고자 개신교 국가인 네덜란드를 지지하고 있었다. 마침 1581년 '위트레흐트동맹'이 스페인의 펠리페 2세를 자신들의 군주로 인정할 수 없다는 '결별선언문'을 채택하고 새 군주를 찾을 때, 영국의 지원을 기대하면서 엘리자베스 1세에게 군주를 먼저 제안했었다. 하지만 그녀는 당시 강대국인 스페인의 보복이 두려워 이를 거절하였고, '위트레흐트동맹'은 차선책으로 프랑스의 앙주공을 자신들의 군주로 추대한 바 있다. 또한 1584년 저항군의 중심인 빌렘이 암살당했을 때 엘리자베스 1세에게 다시 그들의 군주가 되어 달라고 제안했으나, 이번에도 그녀는 스페인 때문에 거절하고 자신의 총신 레이세스터공을 지역 총사령관으로 임명해 독립운동을 도운 적이 있다.

그런데 당시 경제적인 측면에서는 영국이 해외무역과 운송업을 선도하고 있는 네덜란드를 추격하는 입장이었다. 예컨대 영국이 1600년 '동인도회사(EIC)'를 설립한 것은 네덜란드의 여러 선구회사들이 동인도 무역을 선도하자 이를 따라잡기 위한 전략이었다. 그러나 네덜란드도 개별적인 선구회사들이 난립해 서로 경쟁하는 바람에 무역에서 큰 이익을 얻지 못하자 1602년 '통합 동인도회사'를 만들었으며, 이 회사와 영국 '동인도회사' 간의 경쟁에서는 네덜란드가 크게 압도하였다(이동수 2022, 129). 또한 발트해에서 오랫동안 러시아와 무역을 하던 영국의 '머스코비회사(Muscovy Company)'는 네덜란드와의 경쟁에서 패함에 따라 큰 손해를 보고 러시아에서 물러나야 했으며, 1623년 네덜란드령 동인도(인도네시아) 암본섬에선 네덜란드가 영국인들을 처참히 죽여 내쫓고 향신료 무역을 장악하였다(Palmer 2007, 39-40).

1603년 엘리자베스 1세가 후사 없이 죽자 스코틀랜드왕 제임스 1세가 영국 왕위에 올라 새로이 스튜어트 왕조를 열었다. 제임스 1세와 뒤이은 찰스 1세는 국교회를 강화하고 왕권신수설을 주장하며 내부 통치에 전념하느라, 대외관계에 있어서 스페인이나 네덜란드와는 평화관계를 지속하였다. 특히 찰스 1세는 1628년 왕권수호를 위해 강력한 상비군 설치와 증세를 추진하다가 의회와 충돌해 의회를 해산시켰고, 1642년에는 장로교 신자가 다수인 스코틀랜드를 진압하기 위해 내전을 시작하였다. 이런 영국의 내부 사정으로 네덜란드와의 경쟁은 뒷전으로 밀려났다.

해외무역에 있어서 영국은 네덜란드와 일종의 분업상태를 이루고 있었다. 17세기 전반 유럽 무역에서는 네덜란드가 발트해와 러시아, 스칸디나비아 등지에서 우세하였다. 반면 영국은 지중해와 레반트 무역을 주도했는데, 그 이유는 네덜란드가 스페인과 독립전쟁을 하면서 이 지역에서의 무역이 방해받았기 때문이다. 인도 무역에서도 상황은 비슷했다. 주 수입품인 후추와 향신료를 네덜란드는 북유럽에서 영국은 남유럽에서 팔았다. 그러나 네덜란드는 선박 수와 화물 운송량이 많고 금융 시스템도 앞서 있었기 때문에 전체적으로 해외 무역에서 영국을 능가했다. 다만 영국이 남유럽과 지중해 등에서 무역할 수 있었던 이유는 스페인이 전쟁 중인 네덜란드 선박들의 이베리아반도 항구 출입을 금지하는 '통상금지령(embargo)'을 내렸기 때문이다(Israel 1995, 713).

그러나 1648년 네덜란드와 스페인의 전쟁이 종식되자, 포르투갈에서 시리아 알레포에 이르기까지 네덜란드 무역이 영국 무역을 급속도로 대체하기 시작하였다. 특히 스페인의 양모 수출과 신대륙 상품 교역을 네덜란드가 장악하였다. 이는 영국 양모산업에 큰 타격을 주었으며, 심지어 값싼 네덜란드 상품이 영국에까지 밀려 들어오게 되었다. 영국은 내전이 끝나고 국정이 안정되었지만 무역에서 네덜란드에 계속 당하자, 상인, 해운업자, 직물업자들의 불만이 쌓여만 갔다.

이에 영국은 강력히 대처하는 것 외에 다른 방법이 없었다. 먼저 내전에서 승리한 크롬웰(Cromwell)은 1651년 네덜란드에 정치적 복속을 포함하는 연합(union)을 제안했다. 이는 영국이 스코틀랜드를 강제로 병합할 때 제안한 것과 같은 종류의 것이었다.[11] 그러나 네덜란드는 1648년 '베스트팔렌조약' 이후 유럽에 형성된 기류, 즉 주권이 있는 정치체들 사이의 세력균형(balance of power)과 현상유지(status quo)를 국가적 목표로 삼았다. 또한 무역에 있어서 영국과의 경쟁을 줄이는 데만 관심이 있을 뿐 정치적 연합에는 관심이 없었다. 그러자 크롬웰은 경제전쟁으로 '항해법'을 제정해 네덜란드 무역에 대응하였다. 이는 영국에 들어오는 수입품은 생산 당사국 선박이나 영국 선박만 운송하게 한 것으로, 해운업이 발달한 네덜란드가 이탈리아, 오스만투르크, 스페인 등지에서 영국으로 가져오는 물품을 운송하지 못하게 막으려는 것이었다(Israel 1995, 714-715).

2. 1차 영란전쟁(1652~1654년)

이러한 갈등 속에서 1652년 '1차 영란전쟁'이 발발하였다. 영국의 '항해법'은 네덜란드에 대한 명백한 경제제재로서 네덜란드 무역에 손해를 입혔지만, 다른 한편 영국 무역 시스템에도 큰 악영향을 끼쳤다. 네덜란드의 대영국 무역이 스페인, 프랑스, 발트해 무역에 비해 큰 비중을 차지하지 않았기 때문이다. 오히려 네덜란드에 큰 손해를 입힌 것은 공식적인 '항

---

11 한편 피어시(J. Peacey)는 크롬웰이 영국-네덜란드 연합을 제안한 것은 크롬웰이 양국 간의 사이를 더욱 밀접하게 하고 진정한 커먼웰스(commonwealth)를 건설하기 위한 것이었다고 평가한다(Peacey 2018, 52).

해법'이 아니라 비공식적으로 영국 해군과 해적선들이 네덜란드 선박을 노략질한 것이다. 네덜란드 선박은 1640년대에만 140여 척이나 당했으며, 네덜란드의 계속된 항의에도 불구하고 영국은 1652년 1월 네덜란드 선박 30척을 또 나포하였다(Israel 1995, 715).

이에 대한 대응으로 네덜란드도 해군이 북해와 도버(Dover)해협을 항해하는 상선들을 호위하였다. 그러나 해군 주력부대가 당도하기 전에 영국 해군은 네덜란드 본국으로 귀환하는 네덜란드 호송대를 공격하였다. 이에 네덜란드 해군은 영국함대를 쫓아가다가 함정에 빠져 크게 타격을 입었다. 어느 쪽이 먼저 발포했는지는 불분명하나 이를 계기로 영국과 네덜란드는 돌이킬 수 없는 전쟁상태에 진입하게 된 것이다(Palmer 2007, 40).

그러나 네덜란드 군사력은 예전에 비해 크게 약화된 상태였다. 1648년 스페인과의 전쟁이 종식된 후 네덜란드 해군의 많은 전함이 판매되거나 상선으로 전환되었으며, 남아 있는 전함들도 대부분 낡고 수리 중이었다. 따라서 네덜란드 해군은 초기 전투에서 대패하였고, 많은 상선과 어선을 잃어버렸다. 그리고 1630년 네덜란드 '서인도회사'가 획득했던 브라질 북부지역도 다시 포르투갈에 빼앗기고 말았다. 네덜란드는 피해가 심각했으나 전쟁을 포기할 수 없었다. 패전은 네덜란드의 번영과 위대함의 기초인 '사치품 무역'에서의 지배적인 위치를 포기하는 것을 의미하기 때문이다. 따라서 전쟁에서 승리하지는 못하더라도 어느 정도 받아들일 수 있을 만한 결과, 즉 네덜란드의 무역과 운송을 안전하게 보장할 수 있는 결과를 얻기 위해 다시 전투에 임해야 했다(Israel 1995, 716-717).

영국은 초기부터 여러 전투에서 승리했는데도 불구하고 전쟁 자체를 이길 수는 없었다. 네덜란드는 막대한 비용을 들여 해군을 재건하는 한편, 영국의 경제적 이익에 타격을 입히는 전략을 세웠다. 먼저 네덜란드는 덴마크와 손잡고 손트 해협을 봉쇄해 영국의 발트해 무역을 차단시켰는데, 1653년엔 단 한 척의 영국 선박도 이곳을 지나지 못했다. 지중해에서도 영국의 레반트 무역을 방해해 전쟁기간 동안 영국은 이를 아예 포기하였다. 그리고 인도에서는 네덜란드 '통합 동인도회사'가 눈부신 활약을 펼쳐 영국의 동인도 무역에 타격을 입혔다. 결과적으로 전쟁을 통해 영국의 무역과 운송이 네덜란드보다 더 큰 타격을 입게 되었던 것이다(Israel 1995, 721-722).

한편 전투에서의 패배는 네덜란드 국민들로 하여금 기득권층 레헨트들이 운영하는 공화정 정부에 대한 저항을 불러일으켰다. 특히 독립을 선도했던 오란예 가문의 총독직 복귀를 주장하는 오란예주의자들이 저항에 앞장섰다. 하지만 공화국주의자인 드 비트(De Witt)가 홀란트주 법률고문에 위촉되어 실질적인 권력을 행사하였다. 그는 홀란트주 레헨트들과 상인들의 이해관계를 대변했는데, 이는 전쟁에서의 최종적 승리보다 적당한 타협과 협정을 통해 향후 무역의 안전성과 이익을 확보하는 것이었다.

1653년 말이 되자 영국도 전쟁에서 얻을 실익이 없다는 것을 깨닫고 평화에 대해 숙고하기 시작했다. 이후 매달 양국 간 평화협상이 진행되었는데, 영국의 주된 관심사는 물질적 보상이 아닌, 네덜란드에서 오란예 가문이 총독 자리에 오르는 것을 막는 것이었다. 이는 영국의 국내 정치와 관련이 깊었는데, 영국 내란으로 프랑스로 망명한 찰스 2세가 네덜란드에 크롬웰 타도를 제안했고, 오란예 가문이 이에 동조했기 때문이다.(Israel 1995, 722). 영국이 조건으로 내세운 오란예 가문에 대한 견제는 네덜란드 레헨트들의 이해관계와도 맞아떨어져 양국의 평화협상은 급속히 진행되었다.

결국 '1차 영란전쟁'은 1654년 '웨스트민스터조약'을 체결하면서 막을 내렸다. 이 조약은 한편으로는 네덜란드가 영국의 '항해법'을 승인한다고 양보하는 내용을 담았으며, 다른 한편 문서엔 없는 비밀조항으로 영국이 원했던 바인 오란예 가문이 총독에 진출하지 못하게 한다는 내용이 포함되었다. 네덜란드는 조약 체결 후 '배제법(Act of Exclusion)'을 제정해 오란예 가문의 고위직 진출을 영구적으로 배제한다는 내용을 명시하였다. 네덜란드 국내에서는 이 법에 대한 반대가 거셌으나, 드 비트는 먼저 홀란트주의 자치 의회에서 법안을 통과시키고, 이후 반대하는 주와 도시들을 설득하여 최종적으로 관철시켰다. 이때 반대파를 설득한 논리는 피렌체 메디치 가문의 사례였는데, 공화국에서 고위직 세습은 자유에 대한 가장 큰 위협이어서 피렌체 공화정의 몰락은 결국 메디치가의 고위직 세습 때문이었다는 것이다(Israel 1995, 720-726).

3. 2차 영란전쟁(1665~1667년)

'2차 영란전쟁'은 공식적으로는 1665년 3월 발발했지만, 사실상 그 이전부터 시작되었다. 영국은 크롬웰 사후 다시 왕정이 복구되어 1660년 찰스 2세가 즉위해 스페인과의 평화를 회복하고 해외팽창을 재개했는데, 이것이 영국과 네덜란드의 무역경쟁을 더욱 첨예하게 만들었다. 양국 간의 마찰은 지리적으로 전 세계에 걸쳐 이루어졌다. 특히 서아프리카, 카리브해, 인도에서 험악하게 경쟁함으로써 전쟁은 모두에게 예견되는 상황이었다. 1664년에도 영국은 네덜란드의 운송 선박과 식민지를 계속 약탈했다. 찰스 2세가 공식적으로 전쟁을 선포했을 때 이미 200여 척의 네덜란드 선박이 나포되고 뉴네덜란드를 포함한 네덜란드의 해외식민지들을 빼앗긴 상태였다. 뉴네덜란드의 핵심 도시인 뉴암스테르담은 이미 영국이 빼앗아 뉴욕으로 이름을 변경하였고, 영국은 더 큰 이익을 기대하면서 네덜란드와의 전쟁에 미쳐 있었다(Israel 1995, 766).

네덜란드는 '1차 영란전쟁' 이후 거대한 해군을 구축하고 전쟁에 대비하였다. 그러나 예전부터 만성적인 문제인 공화정 정부를 담당하는 레헨트들과 오란예주의자들과의 갈등이 여전해 공화국 전체의 통합을 유지하지 못했다. 예컨대 북해에서 네덜란드의 구다(Gouda)함이 전투에 임했을 때, 선원들은 오란예공의 깃발로 교체하지 않는 한 싸우지 않겠다고 버텼다. 결국 첫 전투에서부터 영국이 대승을 거두었다. 그러자 네덜란드 레헨트들은 독립전쟁의 영웅이었던 마르텐 트롬프(Maarten Tromp)의 아들이자 해군제독인 코르넬리스 트롬프를 비롯한 오란예주의자들에게 비난의 화살을 돌렸다(Israel 1995, 767).[12]

그런데 1666년에 접어들자 네덜란드의 전략적 상황이 개선되었다. 중립적인 상업 중심지들, 예컨대 함부르크, 뤼베크, 베네치아, 제노아 등이 네덜란드 편을 들었다. 그리고 영국의 희망과는 달리 덴마크-노르웨이도 베르겐에서 영국을 내쫓고 싶어해 손트 해협 봉쇄로 네덜란드를 도와주었다. 1666년에 영국 선박은 한 척도 발트해를 건너지 못했다. 또한 '통합 동인도회사'는 인도에서 영국을 내쫓았고, 지중해에서는 양쪽 모두 손해를 보았으며, 제노아와 프랑스가 득세하였다. 1667년엔 오히려 네덜란드가 영국 남동부를 해상봉쇄하고 영국 해군을 공격해 성과를 거두었다. 결국 양국 간에 '브레다조약'이 체결되었다. 여기서 영국은 기왕 얻고자 했

---

[12] 코르넬리스 트롬프는 당시 공화국주의자인 해군 제독 드 뤼이터(De Ruyter)와 첨예하게 대립했다. 그는 결국 대중적 인기가 있음에도 1668년 명령 불복종으로 해군에서 해임되었다가, 1673년 빌렘 3세가 드 뤼이터와 화해한 후 복권되었다.

던 뉴욕을 소유하는 대신 사탕수수 재배지인 수리남을 네덜란드에 양도하였고, '항해법'을 수정해 네덜란드를 독일권역에 포함시키는 방식으로 족쇄를 풀어 주었다.

'브레다조약'은 네덜란드 레헨트 공화국주의자들의 승리였다. 반면에 오란예주의자들은 황당하게 전쟁이 끝난 데 대해 불만을 품었다. 그들은 영국과 프랑스의 지원을 받아 드 비트를 제거하는 쿠데타를 계획했으나, 전쟁이 종결되면서 무산되었다. 음모가 발각나자 극단적인 오란예주의자인 키비트(Kievit)는 영국으로 망명하기까지 하였다. 이 쿠데타 계획은 이후 네덜란드 붕당정치가 패악질로 치닫는 하나의 원인이 되었다(Israel 1995, 775-776).

4. 3차 영란전쟁(1672~1674년)

'3차 영란전쟁'은 프랑스가 시작한 네덜란드 침략 전쟁에 루이 14세와 밀약을 맺은 찰스 2세가 협력하는 형태로 이루어졌다. 즉 영국과의 갈등에서 비롯된 것이 아니라 프랑스와 네덜란드의 전쟁에서 영국이 지원하는 형태로 이루어졌다. 원래 네덜란드는 1667년 프랑스 재무상 콜베르(Colbert)가 네덜란드로에서의 수입품에 과도한 관세를 부과하자, 이를 프랑스로부터의 위협으로 간주하고 영국과 동맹을 체결한 바 있다. 그러나 프랑스는 영국의 찰스 2세를 회유해 대네덜란드 침략 전쟁을 함께 하자고 유혹했다. 그리하여 1670년 영국과 프랑스는 비밀리에 '도버밀약'을 맺어 해상에서는 영국이 공격하고 육지에서는 프랑스가 공격해 네덜란드라는 국가를 없애는 데 뜻을 같이하였다(Palmer 2007, 59).

1672년 3월 영국은 먼저 제해권과 상업패권을 얻기 위해 본국으로 귀환하는 네덜란드 호송대를 기습하였다. 4월에 프랑스가 네덜란드에 전쟁을 선포하고, 5월에 영국이 뒤따랐다. 프랑스군이 저지대 남부를 거쳐 네덜란드의 국경 요충지인 마스트리흐트로 진격하자, 프랑스와 동맹을 맺은 가톨릭 주교령(Hochstift)[13]인 뮌스터와 쾰른도 네덜란드 동부지역에 진출하였다. 그런데 바다에서는 전쟁 초 요크공이 이끄는 영국과 프랑스 연합함대의 공격이 네덜란드 드 뢰이터의 함대에 막혀 실패하였고 요크공이 전사하는 일이 벌어졌다. 이로 인해 영국 해군은 재정비가 필요했다. 하지만 프랑스와 뮌스터, 쾰른의 군대가 네덜란드에 진입해 중심인 홀란트주를 압박하였다.

국가가 위기에 처하고 국민의 불만이 쌓이자, 드 비트는 실각하고 '전국의회'는 '배제법'을 취소해 오란예 가문의 후계자 빌렘 3세를 홀란트주와 제일란트주 총독으로 임명하고 군대를 이끌게 하였다. 빌렘 3세는 밀려오는 적에 직접 대항할 수 없자 홀란트주의 제방들을 터트려 육지를 물로 채우고 프랑스군의 진격을 겨우 막아냈다. 네덜란드인들이 빌렘 3세를 내세운 이유 중 하나는 그가 외삼촌인 영국의 찰스 2세와 평화협상을 할 수 있으리라는 기대 때문이었다. 그러나 영국은 네덜란드가 수용하기 힘든 조건인 제일란트주에 대한 지배권을 요구해 협상이 결렬되었다(김영중·장붕익 1994, 161).

그런데 1673년에 네덜란드군의 전세가 호전되기 시작하였다. 드 뢰이터가 스혼벨트 해전에서 영국 해군을 격파하자 영국이 전쟁에 회의를

---

13 주교령은 일반적인 주교구와 달리 주교(bishop)가 신성로마제국의 제후로서 세속적 권력을 행사하던 지역을 일컬으며, 신성로마제국 내의 하나의 영방국가(territorial state)로서 제국의회(Reichstag) 참석권도 갖고 있었다.

품고 철군해 버렸기 때문이다. 그리고 빌렘 3세는 프랑스군 보급기지인 본을 점령해 심각한 타격을 입혔고, 외교적으로 스페인 왕 카를로스 2세와 군사협약을 체결하였으며, 여기에 덴마크와 브란덴부르크도 함께 하였다. 결국 1674년 영국과 뮌스터, 쾰른은 전쟁을 포기하고 철수하였고, 네덜란드는 영국과 다시 '웨스트민스터조약'을 체결하였다. 이 조약엔 영국이 프랑스와의 동맹에서 이탈하는 대신 배상금 80만 페소를 받고, 전쟁 중 네덜란드가 탈환했던 뉴욕 등 북아메리카 식민지를 영국에 반환한다는 내용을 담고 있다. 이는 네덜란드에겐 불리한 내용이었으나 영국과 프랑스의 동맹을 끊어내기 위해서는 감내할 만한 것이었다. 또한 빌렘 3세는 그동안의 공로로 국내에서 자신의 총독직 세습을 인정받았다(김영중·장붕익 1994, 162-163).

이후 네덜란드와 영국과의 관계는 크게 개선되었고, 1677년 빌렘 3세가 찰스 2세의 동생 요크공 제임스의 딸 메리(Mary)와 결혼함으로써 관계는 더욱 친밀해졌다. 더욱이 1685년 찰스 2세가 죽고 요크공 제임스(2세)가 왕위를 이어받자 빌렘 3세는 영국 왕의 사위라는 위치로 격상했다. 1688년 영국의회와 제임스 2세의 충돌이 격화되자 빌렘 3세는 의회파의 요청으로 네덜란드군을 이끌고 영국에 상륙해 '명예혁명'의 주인공이 되어 영국 왕 윌리엄 3세로 즉위하였다.

IV. 국권과 국익 수호를 위한 여정 2 : 프랑스와의 전쟁

1. 프랑스와의 관계

프랑스는 비옥한 토지와 많은 인구로 인해 자영농 중심의 농업이 발달했으며 전통적으로 유럽의 강대국이었다. 종교적으로는 가톨릭을 신봉하였고 국가 형태는 영국과의 '백년전쟁'(1337~1453년)에서 승리한 후 왕권이 강화되어 중앙집권화를 이루었다. 특히 루이 13세 때 재상 리슐리외(Richelieu)와 루이 14세 때 재무상 콜베르는 국가 이익과 발전을 위해 중상주의(mercantilism)를 채택하고 상업과 무역을 통한 국가경쟁에 뛰어들었다. 그러나 대외무역에서 프랑스는 네덜란드가 생산하거나 운송하는 상품의 주요 수입국이었기 때문에 무역적자 폭이 상당히 컸다. 게다가 루이 14세가 종교적 관용을 허용한 '낭트칙령'을 폐지하자 위그노인 상인들이 탄압을 피해 해외로 탈출하게 되었고 이로 인해 프랑스의 중상주의도 약화되었다(Kindleberger 2004, 177). 더욱이 영토 확장과 유럽패권을 위해 각종 대외전쟁을 치러야 했던 프랑스는 1715년 루이 14세가 죽자 경제가 파산상태에 이르렀다.

루이 14세는 집권 초부터 1668년까지는 합스부르크가 스페인을 가장 강한 적으로 여겨 스페인령인 저지대 남부에서 경쟁하는 데 초점을 두었다. 따라서 저지대 북부, 즉 네덜란드와는 우호적인 관계를 유지했으며, 양국은 1662년 공식적으로 동맹관계가 되었다. 이는 네덜란드에겐 여러 측면에서 이득이 되었다. 당시 영국과 대치하고 있던 네덜란드로서는 프랑스와의 동맹을 통해 영국을 견제할 뿐만 아니라, 영국 스튜어트 왕조와 관련이 있는 네덜란드 내부의 오란예주의자들도 견제할 수 있었기 때문이다. '2차 영란전쟁'이 발발했을 때에도 프랑스와의 동맹으로 인한 효과는 간접적이지만 매우 중요했다. 프랑스군이 영국군과 직접 교전하지는 않았지만, 루이 14세는 네덜란드가 무너지지 않고 영국이 패권을 잡지 못하게 뒤에서 네덜란드를 도와주었기 때문이다(Israel 1995, 776-777).

그런데 네덜란드와 프랑스 사이에 두 가지 커다란 마찰, 즉 전략적-영토적 마찰과 경제적 마찰이 발생하였다. 먼저 전략적-영토적 차원에서 문제가 된 것은 스페인령인 저지대 남부의 미래에 관한 것이었다. 1660년대 후반 스페인은 국력이 쇠퇴하자 저지대 남부에 파견했던 군대를 본국으로 송환했으며, 따라서 서유럽에서 가장 전략적인 지역인 저지대 남부에 힘의 공백이 발생해 불안정한 상태가 초래되었다. 1540년대 이래 저지대 남부는 스페인에 종속되어 프랑스의 대륙팽창을 가로막고 있었는데, 스페인군의 철수가 프랑스에게 절호의 기회를 만들어 준 것이다.

당시 네덜란드의 실권자 드 비트는 독립 전쟁 기간인 1635년에 네덜란드와 프랑스가 협의했던 '분할조약'을 실현하는 방안을 제안했다. 이 조약은 저지대 남부의 대부분을 프랑스가 차지하고, 오스텐더에서 마스트리흐트에 이르는 북쪽 지역(브뤼헤, 헨트, 안트베르펜 포함)을 네덜란드가 갖는다는 내용이었다. 또는 저지대 남부를 프랑스와 네덜란드의 보호 아래 스위스 모델을 따른 자유로운 주들(cantons)로 만들자는 방안도 제시했다. 그러나 홀란트주 암스테르담의 레헨트들은 루이 14세를 믿을 수 없다고 의심했을 뿐만 아니라, 설사 그렇게 되더라도 안트베르펜이 네덜란드에 속하게 되면 다시 옛 영화를 되찾고 암스테르담이 쇠락할까 두려워하였다. 더욱이 1663년 루이 14세가 저지대 남부에 대한 상속권을 가진 합스부르크가 스페인의 공주 마리-테레즈(Marie-Thérèse)를 신부로 맞이하자 그에 대한 의심은 더욱 가중되었다(Israel 1995, 778).

또 다른 마찰은 경제적인 것으로서 무역과 식민지에 관한 문제였다. 1660년대 네덜란드 무역은 프랑스에서 크게 성장하고 있었다. 인구가 많고 시장 규모가 큰 프랑스는 기본적으로 농업국가로서 아직 상공업이 발달하지 않아 네덜란드 수입품에 크게 의존했기 때문이다. 이는 프랑스 상인과 수공업자들에게는 분노의 대상이었고, 따라서 루이 14세는 1664년 콜베르에게 명하여 네덜란드 수입품에 대해 높은 관세를 매기는 품목들을 정하고 네덜란드 상품의 수입을 억제하였다. 또한 루이 14세는 군사력을 영국과 같은 수준으로 강화해 네덜란드를 제치고 해외식민지를 개척하기를 원했다. 결국 그는 1667년 콜베르에게 2차 관세품목을 작성해 네덜란드 상품의 수입을 더욱 억제하게 했으며, 프랑스 군대를 저지대 남부에 진입시켰다.

이러한 상황 전개는 네덜란드를 크게 당혹하게 만들었다. 콜베르의 2차 관세품목 작성은 네달란드 경제에 큰 타격을 주었고, 네덜란드는 1668년 영국, 스웨덴과 삼각동맹을 맺어 프랑스를 노골적으로 견제하였다. 이에 프랑스는 군사조직을 확대하는 한편 1669년 독일 지역의 뮌스터 주교령을 자신의 동맹으로 끌어들이고, 1670년 영국의 찰스 2세와 비밀리에 '도버밀약'을 체결하는 등 차근차근 네덜란드와의 전쟁을 준비하였다. 마침내 1672년 쾰른 주교령과 동맹을 맺어 프랑스, 영국, 뮌스터, 쾰른의 4각 동맹을 완성하고, 네 나라가 함께 네덜란드를 공격해 네덜란드의 본국 영토와 해외식민지를 서로 나누어 갖기로 합의하였다. 쾰른은 네덜란드 동부, 뮌스터는 남서부 마스트리흐트와 네덜란드에 빼앗겼던 라인베르크, 영국은 제일란트와 저지대 남부 플랑드르를 받고, 나머지는 프랑스가 갖기로 합의하였다(Israel 1995, 781-785).

한편 네덜란드는 온건한 드 비트가 실권을 장악한 후, 타협과 관용이 정책의 기조를 이루고 있었다. 드 비트는 1667년 대외적으로는 '2차 영란전쟁'을 종식시키는 타협안인 '브레다조약'을 체결했고, 대내적으로는 같은 해 홀란트주 총독직을 아예 폐지하고 타 주에서는 총독직과 육해군 통수권을 분리하는 내용을 담은 '자유보존을 위한 영원한 포고(영구칙령)'를 발표했다. 그런데 많은 네덜란드인들은 공화정이 왕정보다 낫다는 것은 인정하지만 응집력을 만들기 위해서는 총독직이 필요하다고 생각했으며, 드 비트가 지나치게 타협적이며 관용 정책에만 의존하고 있다고 비판했다. 특히 홀란트와 밀접한 관계를 맺고 있는 제일란트조차 홀란트가 너무 관용적이라고 불만을 토로했다. 이러한 불만이 오란예주의자들의 부활을 도왔는데, 영국과의 관계는 개선되었지만 프랑스와 라인강변의 주교령들(뮌스터, 쾰른)의 위협이 증가했기 때문이다. 그리하여 1668년 제일란트는 '영구칙령'에 반하여 빌렘 3세를 '제일란트의 첫 번째 귀족'으로 임명하고, 그에게 힘을 실어 주었다(Israel 1995, 793-794).[14]

2. 프랑스-네덜란드전쟁(1672~1678년)

네덜란드가 공화국주의자들과 오란예주의자들 간에 갈등이 깊어지고 있을 때, 기회를 엿보던 프랑스는 1672년 영국, 뮌스터, 쾰른과 함께 대네덜란드 전쟁을 실행에 옮겼다. 특히 프랑스군은 남부 국경지대 요충

---

14 또한 1671년 말 프랑스와의 전쟁이 임박하자, 빌렘 3세를 군통수권자이자 총사령관으로 임명하려는 운동이 강력하게 전개되었다. 홀란트는 반오란예주의자들이 다수였으나, 국가 위기 상황에서 1672년 2월 '전국의회'는 오란예공 빌렘을 군통수권자 겸 총사령관으로 임명하였다.

인 마스트리흐트를 공격했는데, 프랑스군 병력은 보병 120,000명, 기병 12,000명 정도로 네덜란드군의 4배에 달했다. 더욱이 네덜란드군은 질적으로도 열세였으며 여기저기 흩어져 있어서 맞서 대응하기가 어려웠다. 마스트리흐트를 비롯해 라인강 하류의 네덜란드군 요새들은 독립전쟁기 장기간에 걸친 스페인의 공격을 견뎌냈지만, 이번 전쟁에서는 단 일주일 사이에 프랑스군에 점령되었다.

이런 상황에서 홀란트주는 열세임을 확인하고 프랑스와의 평화협정을 추진하였다. 그러자 드 비트의 온건책을 비판해 온 시민들이 빌렘 3세를 총독으로 추대하고 계속 싸우자면서 폭동을 일으켰다. 도르드레흐트에서 시작된 폭동은 로테르담과 암스테르담까지 확대되어 걷잡을 수 없게 되었다. 그러자 드 비트는 더 이상 직을 수행할 수 없어 6월에 사직하였고, 홀란트주는 7월에 '영구칙령'을 폐지하고 빌렘 3세를 총독에 추대하였다. 그리고 8월에는 헤이그에서 발생한 시민폭동에서 드 비트가 시민들에게 죽임을 당하였다. 이후 많은 공화국주의자들이 공직에서 물러나고 오란예주의자와 저지대 남부를 가톨릭으로부터 해방시키자는 정통 칼뱅주의자들이 그들을 대신하였다. 이때 물러난 사람들은 '자유주의 파벌(Louvestein faction)', '교회의 적', '브라질을 포기한 자', '조국을 배신한 반역자'라는 비판을 받았다(Israel 1995, 802-804).

빌렘 3세가 총독이 되었음에도 불구하고 전력의 열세로 인해 대부분의 네덜란드 국토는 프랑스와 뮌스터에 점령당했다. 나머지 지역도 폭동과 정치적 혼란으로 또 다른 어려움을 겪었으며, 점령당하지 않고 폭동이 없는 유일한 주는 북쪽의 프리슬란트뿐이었는데, 여기서도 칼뱅교 목사들이 사회개혁을 요구하였다. 국토의 대부분이 프랑스와 뮌스터 치하에 들어갔지만, 관심은 모두 정쟁에만 몰려 있었기 때문에 총독에 대한 반대는 잠잠했다.

그런데 거의 기적적으로 홀란트의 '워터라인(water line)'에서 프랑스군의 진격이 멈췄다. 빌렘 3세가 나라를 구하기 위해 홀란트주 제방을 부수고 국토를 물에 잠기게 하는 전략을 사용해, 프랑스 육군이 물에 잠긴 부분을 더 이상 공격할 수 없었기 때문이다. 또한 바다에서는 드 뢰이터가 이끄는 해군이 세 차례에 걸친 영국과 프랑스 연합함대의 공격을 모두 막아냈다. 또 네덜란드의 해적들이 북아메리카와 카리브해, 스페인 등지에서 영국 선박을 약탈하고 무역을 방해하였다. 그러자 영국은 더 이상 버티지 못하고 앞서 말한 것처럼 1674년 네덜란드와 '웨스트민스터조약'을 맺고 물러났으며, 뮌스터, 쾰른도 곧 뒤를 따랐다.

사태가 이렇게 전개되면서 빌렘 3세의 인기와 위신은 더욱 높아졌고, 그의 총독직을 영구화하고 세습하는 법안도 통과되었다. 그는 또한 영국을 프랑스와의 협상 중재자로 삼으려는 의도로 1676년 이종사촌이자 요크 공 제임스의 딸인 메리를 중재의 통로로 삼았다. 나아가 그는 국내외에서 자신의 입지를 강화할 장기적인 계획의 일환으로 메리와의 결혼을 추진해, 1677년 11월 런던에서 결혼식을 올렸다.

영국 왕실의 일원이 된 빌렘 3세는 처삼촌인 찰스 2세가 네덜란드와 프랑스의 평화협정 체결에 관여하도록 설득했으며, 1678년 헤이그에서 영국-네덜란드 사이에 새로운 협정을 맺어 긴밀한 관계를 형성하였다 (Israel 1995, 819-824).

이러한 국제정세 속에서 1678년 프랑스는 네덜란드와 '네이메헌조약'을 맺었다. 여기서 프랑스는 정치적 승리를 거둔 대신 경제적으로는 네덜란드 상품에 높은 관세를 매겼던 콜베르의 1667년 관세목록을 다시 원래 상태로 되돌렸다. 네덜란드는 이 조약 덕분에 경제가 회복되고 심지어

1680년대엔 경제발전이 이루어졌다. 하지만 이 조약 때문에 네덜란드는 동맹국들로부터 오랫동안 믿지 못할 존재, 즉 '상업적 이익에만 관심 있는 믿지 못할 동맹'이라는 평판을 얻었다. 네덜란드와 동맹을 맺은 스페인이나 브란덴부르크, 스웨덴 모두 아무런 소득 없이 물러나야 했기 때문이다(Israel 1995, 825).

1683년 프랑스는 목표를 바꾸어 네덜란드 대신 스페인령 저지대 남부로 진출하고자 하였다. 이때 빌렘 3세는 스페인을 지지하고 프랑스를 막는 것이 네덜란드 국가이익에 결정적이라고 생각했다. 당시 스페인의 본가인 합스부르크가는 오스만투르크의 '2차 비엔나 공격' 방어에 전념해 저지대 남부엔 여력이 없었으며, 자칫하면 유럽 전체가 루이 14세의 노예가 될 우려가 있었기 때문이다. 빌렘 3세는 네덜란드군을 저지대 남부로 출동시키고자 하였다. 그러나 암스테르담은 상업과 주식시장이 위축된다고 우려해 군대 파견을 반대하였다. 이런 와중에 프랑스는 네덜란드에 21년간 저지대 남부에서의 휴전을 제안했는데, 홀란드주 '자치의회'가 이 제안을 받아들임으로써 일단락되고 빌렘 총독의 위신에 큰 상처를 남겼다(Israel 1995, 835).

그러나 빌렘은 이 경험을 통해 교훈을 얻고, 자신의 권위를 회복하기 위해 대립 전략에서 대화와 타협 전략으로 방향을 전환했다. 1683년의 교훈은 그가 홀란트와 그의 사촌이자 또 다른 경쟁자인 프리슬란트 총독 헨드릭 카시미르(Hendrik Casimir) 때문에, 공화국을 혼자 효과적으로 이끌어 갈 수 없으며 프랑스의 야심에도 효과적으로 대처할 수 없다는 것이었다. 그리하여 빌렘은 오란예주의자, 정통 칼뱅주의자, 공화국주의자, 자유주의자들 사이에서 당파적 균형을 잡고 홀란트주 상업도시들과 우호적인 관계를 수립하였다. 그의 접근법은 경쟁적인 당파들과 균형을 이루고 공직을 나누면서 협상해 '상응계약'을 맺는 것이었다(Israel 1995, 837).

3. 영국 침공과 대동맹전쟁(1688~1697년)

1687년 프랑스는 콜베르의 1667년 관세목록을 다시 끄집어내어 네덜란드에 경제적 공세를 재개하였다. 1685년 루이 14세가 100년 전 공포된 '낭트칙령'을 폐기하고 종교적 박해를 가하자 많은 프랑스 위그노들이 탈출해 네덜란드에 정착했는데, 이들이 네덜란드 경제를 크게 신장시키자 프랑스는 다시 네덜란드를 견제할 필요가 생겼기 때문이다.

프랑스와 긴장관계가 높아짐에 따라 홀란트주와 '전국의회'는 영국의 동향에 신경을 쓰기 시작했다. 영국 왕 제임스 2세는 가톨릭교도로서 국내에서는 반대에 직면했는데 이를 극복하기 위해 같은 가톨릭교도인 프랑스 루이 14세에 의존하는 것처럼 보였기 때문이다. 영국은 강력한 해군과 육군을 모두 보유하고 있었으며, 1672년의 '3차 영란전쟁'과 '프랑스-네덜란드 전쟁'을 생생히 기억하고 있던 네덜란드인들은 영국과 프랑스가 다시 공모할 수 있다는 위기감을 느꼈다. 마침 1688년 제임스 2세가 네덜란드군에 복무하던 영국과 스코틀랜드 연대의 복귀를 요청하자, 그 두려움은 더욱 커졌다. 네덜란드 '전국의회'는 이 요청을 거절했지만, 영국은 그들에게 본국으로 귀환하라는 명령을 내렸다. 이로써 영국과 네덜란드의 마찰은 한층 강화되었다(Israel 1995, 846).

이런 배경 아래 네덜란드는 프랑스와의 경제적 마찰에서 비롯된 전쟁의 위험을 낮추기 위해 영국 침공이라는 전략적 판단을 내렸다. 즉 영국 내에서 제임스 2세에 반대하는 의회파가 빌렘 3세에게 도움을 요청하자, 빌렘은 '전국의회'와 논의 끝에 프랑스가 영국과 공동 전선을 형성해 네덜란드를 침략하기 전에 먼저 영국을 장악하자는 전략을 세웠다. 네덜란드는 영국이 프랑스의 유럽동맹시스템에서 가장 약한 고리라고 인식하고, 제임스 2세가 의회와 대립해 분열되어 있을 때 영국을 공격하면 승산이 있다고 판단하였다. 또한 점령 후 영국의 절대왕정을 무너뜨리고 반가톨릭·반프랑스적인 입헌군주정을 수립하면, 네덜란드는 영국과 동맹을 맺어 프랑스에 대항할 수 있다고 생각하였다. 마침 프랑스가 자국의 선박을 나포하자 네덜란드는 즉각 프랑스로부터의 수입을 금지시키고 네덜란드 항구에 정박한 프랑스 선박들을 체포하였다. 그리고 빌렘과 '전국의회'는 '비밀위원회'를 결성해 더 이상 주의회나 지방의회들과의 협의 없이 영국 침공을 진행시켰다. 홀란트주의 재정 지원을 받은 빌렘 3세는 14,000명의 브란덴부르크 병력을 비롯한 독일 지역 공국들의 군대를 네덜란드군에 고용하고 영국에 상륙하였다(Israel 1995, 847-849).

빌렘의 군대가 런던에 입성하자, 영국의 육군, 해군, 의회는 모두 메리와 함께 주권을 행사하는 조건으로 빌렘이 영국 왕이 되는 데 동의하였다. 영국 왕이 된 빌렘은 1689년 영국군 주력부대를 저지대 남부 플랑드르에 파견해 프랑스군의 진입을 막고 네덜란드의 방어벽 역할을 하게 명하였다. 그러나 빌렘은 자신의 네덜란드 군대를 1691년까지 본국에 돌려보내지 않았다. 왜냐하면 영국 내에서뿐만 아니라 스코틀랜드와 아일랜드에서 제임스의 지지자들이 반란을 일으켜 이를 충성스럽게 진압할 군대가 필요했기 때문이다.

당시 프랑스는 합스부르크가를 기독교 세계의 가장 큰 경쟁자로 생각하고 있었다. 그런데 1683년 오스트리아가 오스만투르크의 '2차 비엔나 공격'을 격퇴하고 방어전을 도와준 폴란드, 러시아 등과 '신성동맹'을 맺어 오스만투르크를 추격해 연승을 거듭하자, 합스부르크가가 프랑스를 넘어서는 강대국이 될까 두려워하였다. 그래서 프랑스는 이슬람국가인 오스만투르크와 동맹을 맺고 1688년부터 각종 분쟁에 뛰어들어 유럽 국가들과 전쟁을 개시하였다. 예컨대 네덜란드의 빌렘 3세가 영국을 침공하자 네덜란드에 전쟁을 선포하고 저지대 남부에 진출했으며, '명예혁명'에 반대하는 아일랜드의 반란을 지원하였다. 이에 네덜란드와 영국을 비롯해 스페인과 신성로마제국 등은 '대동맹(grand alliance)'을 결성하고 프랑스와 '대동맹전쟁(9년 전쟁, 1688~1697)'을 벌였다. 이 전쟁은 '라이스윅 조약'을 체결하면서 끝났는데, 결과적으로 어느 국가도 영토적 이익이나 주도권을 얻지 못하였다(Israel 1995, 859).

17세기 말 빌렘의 영국 침공과 프랑스와의 '대동맹전쟁' 이후 네덜란드는 점차 쇠퇴의 길로 접어든다. 빌렘 3세가 '명예혁명'을 성공시키고 윌리엄 3세로 영국 왕위에 올랐지만, 이는 사실 오란예 가문의 위신만 드높였을 뿐이며 네덜란드 국익에 직접적으로 도움이 된 것은 아니었다. 오히려 빌렘 3세가 영국 왕이 된 후 영국 해군은 예전보다 더 강력해지고 해상에서 주도권도 얻었다. 반면 네덜란드는 프랑스와 전쟁을 벌임으로써 주요 수출시장인 프랑스에서의 관세 변동으로 어려움을 겪었으며, 잦은 전쟁으로 국내에서 증세가 불가피해 경제에 악영향을 주었다.

4. 스페인 왕위계승전쟁(1702~1714년)

18세기 말 유럽 정계에서 가장 큰 화두는 스페인의 카를로스 2세가 후사 없는 상태에서 건강이 악화되어 그 후계자를 정하는 문제였다. 어려서부터 유약하고 건강이 좋지 않았던 카를로스는 처음엔 오를레앙의 마리 루이즈와 결혼했으나 그녀가 죽자 팔츠노이부르크의 마리아 안나와 결혼했는데, 이것이 그가 사망 후 프랑스와 오스트리아가 스페인의 왕위계승권을 놓고 다투는 계기가 되었다. 카를로스가 죽자 일단 루이 14세의 손자 필리프(펠리페 5세)가 경쟁자인 합스부르크가의 카를 대공을 꺾고 왕위를 계승했다. 이는 스페인이 오스트리아의 합스부르크가로부터 프랑스의 부르봉가로 넘어가는 것을 의미했는데, 가뜩이나 야욕이 많은 루이 14세가 유럽 패권에 한 걸음 더 다가가는 결과를 초래하였다. 이에 유럽 열강들, 당사자인 오스트리아를 비롯해 프랑스-스페인 연합을 견제하고자 하는 영국, 네덜란드, 프러시아 등이 동맹을 맺고 프랑스가 지원하는 펠리페 5세 진영과 전쟁을 벌였다.

네덜란드로서는 필리프의 등극이 국가이익에 큰 장애가 되었다. 스페인-프랑스 연합이 네덜란드의 전략적 위치와 해외무역 시스템을 크게 위협했기 때문이다. 프랑스는 이미 1701년부터 스페인령 저지대 남부로 진입했다. 이에 따라 그곳에서 네덜란드의 방벽 역할을 하는 요새들이 국내로 철수하게 되었고, 적대적인 프랑스군은 프랑스 북부에서 저지대 남부를 거쳐 네덜란드 남부를 흐르는 쉘트강(Scheldt)을 이용하는 네덜란드의 쉘트강 무역을 차단하였다. 또한 스페인령 아메리카와 무역을 하던 홀란트주 상인들도 타격을 입었는데, 부르봉가 스페인 왕이 스페인 국내시장뿐만 아니라 스페인령 아메리카의 무역에서도 네덜란드를 통제했기 때문이다. 1701년부터 이미 징후가 보였다. 펠리페 5세는 스페인령 아메리카에 대한 노예무역 독점권인 아시엔토(asiento)를 네덜란드 서인도회사(WIC)가 협력하는 포르투갈 콘소시움으로부터 프랑스 기니 회사(French Guinea Company)로 교체했던 것이다. 따라서 홀란트주 레헨트들과 상인들은 부르봉가 스페인 왕을 제거하고 1700년 이전 상태로 되돌리고자 하였다(Israel 1995, 968-969).

한편 영국은 프랑스를 견제하고 싶어 했지만, 네덜란드만큼 부르봉가 스페인 왕이 자국 무역에 결정적으로 방해가 된다고 보지는 않았다. 영국의 무역이익은 대부분 유럽 밖에서 얻고 있었기 때문이다. 1689년 네덜란드 출신 빌렘 3세가 왕위에 오른 후 영국은 네덜란드와 '해군협정'을 맺어 양국이 5:3 비율로 해군력을 갖게 했는데, 이로 인해 영국은 빠르게 강력한 해양 국가가 되었으며, 인도, 서아프리카, 스페인령 아메리카 등지에서 경쟁국인 네덜란드를 능가하였다(Israel 1995, 969-970).

동맹군의 육군은 네덜란드군이 중심이었는데, 영국군은 4만 명인 반면 네덜란드군은 10만 명으로 두 배가 넘었다. 네덜란드는 이 규모를 유지하기 위해 각 지역으로부터 공채를 발행했고, 독일의 프로테스탄트 공국들로부터 15,000명을 고용했다. 그런데 영국은 전쟁 비용의 상당 부분을 담당했으며, 연합군 총사령관에는 네덜란드의 동의 아래 영국의 말보로(Marlborough)공이 임명되었다. 1650년대 이래 네덜란드는 군 총사령관으로 외국인을 임명하는 것을 선호했는데, 이는 외국인은 네덜란드 내정에 간섭할 수 없었기 때문이다. 하지만 말보로공의 총사령관 임명은 네덜란드의 국력이 어느 정도 영국에 종속되어 있다는 것을 의미하기도 했다(Israel 1995, 972).

1704년 동맹군은 '블레넘전투'에서 프랑스군에 대승을 거두었고, 1706년 육지와 바다에서의 승리는 절정에 달했다. 프로이센의 지원을 받은 영국-네덜란드군이 프랑스군을 무찌르고 저지대 남부를 대부분 획득했는데, 네덜란드는 브뤼셀에 행정중심지를 두고 최대 관심 지역인 플랑드르와 브라반트를 통제하게 되었다. 또한 동맹군은 스페인에서 카탈루냐와 포르투갈의 지원을 받아 대부분의 카스티야 지역과 수도인 마드리드까지 점령하였다. 이때 영국은 포르투갈, 카탈루냐, 지브랄타르, 메노르카와 다른 스페인 점령지에서 정치경제적 영향력을 확대하였다.

네덜란드는 전쟁에 대한 투자와 희생에 대한 보상으로 저지대 남부를 완전히 장악하기를 원했다. 경제적으로는 남부 지역을 네덜란드 무역 시스템에 종속된 '전속시장(captive market)'으로 만들고, 정치적으로는 예전 소유자인 합스부르크가의 정치적 영향력을 제한하려 했다. 그리하여 1709년 네덜란드는 영국과 '장벽 조약'을 체결했다. 이 조약에 따라 네덜란드는 영국의 개신교 왕실의 계승을 지원하고 스페인 왕위계승전쟁을 지속하기로 했으며, 영국은 네덜란드가 스페인령 저지대 남부에 합스부르크가에 대한 방어 장벽을 설치하는 데 동의했다(Israel 1995, 973-974).

그런데 전쟁이 지속될수록 스페인과 스페인령 아메리카에서 동맹군의 전세가 불리해졌다. 카스티야가 펠리페 5세를 지원하기 시작했는데, 그 이유는 합스부르크가 카를 대공과 그의 동맹인 프로테스탄트나 유대인들뿐만 아니라, 스페인 내부의 카탈루냐, 발렌시아, 포르투갈인마저 카스티야인들에게 침략자처럼 굴어 분노했기 때문이다. 덕분에 펠리페 5세는 마드리드를 되찾고 카탈루냐와 포르투갈로 진격해 들어갔다. 결국 1710년경 전쟁은 소강상태에 접어들었고, 영국과 네덜란드는 전쟁에 지쳐 있었다. 이때 루이 14세는 1677년 평화협상을 상기시키면서 네덜란드에게 따로 평화안을 제시해 회유하고 영국과의 동맹을 깨트리려 하였다. 네덜란드는 이 제안에 거의 동의할 뻔했지만, 네덜란드의 레헨트들은 영국과 오스트리아에 대한 반감보다 루이 14세에 대한 의심이 더 커서, 프랑스의 제안을 거절하고 영국과 오스트리아 편에서 계속 싸우기로 하였다(Israel 1995, 974-975).

네덜란드를 회유하는 데 지친 루이 14세는 영국으로 눈길을 돌렸다. 마침 영국은 앤 여왕의 의지가 약해지고 전쟁을 지원하던 휘그당이 권력을 잃고 토리당이 정권을 잡아 평화에 관심을 두고 있던 상태였다. 또한 스페인 왕위 경쟁자였던 합스부르크가의 카를 대공이 1711년 형 요제프 1세의 갑작스러운 죽음으로 신성로마제국 황제(카를 6세)로 즉위하면서, 동맹군이 승리하여 그가 스페인 왕으로까지 추대될 경우 신성로마제국 황제와 스페인 왕을 겸임하게 되는 상황이 되었다. 이는 루이 14세가 유럽패권을 장악하는 것만큼 우려되는 일이었다. 그리하여 영국은 프랑스의 평화 제안에 동의하였다. 영국은 부르봉가 펠리페 5세가 스페인과 스페인령 아메리카의 왕위를 유지하는 데 동의하는 대신, 반대급부로 스페인의 지브랄타르와 메노르카를 할양받았고 서인도제도의 독점 노예무역권도 넘겨받았다. 이런 영국의 배신에 분노한 네덜란드인들은 폭동을 일으켰으며, 또다시 영란전쟁을 일으키자는 의견과 영국 없이 스페인 왕위계승전쟁을 계속하자는 의견 등이 제시되었다. 하지만 다른 동맹들은 전력 소모가 커 전쟁 지속에 반대했으며, 네덜란드는 하는 수 없이 1713년 영국과 프랑스가 주도하는 '위트레흐트 평화조약'을 받아들였다(Israel 1995, 975).[15]

이 조약에 따라 펠리페 5세 가문은 스페인 왕위계승권을 얻는 대신 프랑스 왕위계승권은 제한되었다. 이로 인해 프랑스와 스페인의 왕위가 한 명에게 계승되는 위험은 사라졌다. 프랑스도 약간의 손해를 입었지만, 유럽에서 프랑스 영토의 변동은 없었으며 북아메리카의 몇몇 식민지를 잃는 데 그쳤다. 그리고 합스부르크가는 스페인령 저지대 남부, 나폴리, 밀

---

15 스페인 왕위계승전쟁이 공식적으로 끝난 것은 1714년 9월 카탈루냐가 긴 공성전 끝에 최종적으로 항복한 때이다. 또한 프랑스와 합스부르크가의 적대관계는 '라슈타트조약'과 '바덴조약'이 체결된 1714년까지 계속되었다.

라노, 사르데냐를 스페인으로부터 양도받았으며, 영국은 앞서 말한 것처럼 스페인으로부터 큰 이익을 얻었다. 그리고 네덜란드는 스페인령 저지대 남부의 몇몇 항구들을 손에 넣었으나 영국과 '장벽조약'을 맺으면서 추구한 저지대 남부에 대한 통제권은 합스부르크가에 다시 넘겨야 해서 큰 소득은 없었다.

V. 맺음말

이상의 논의를 요약하면 다음과 같다. 첫째, 자유와 식민 상태로부터의 독립을 원한 네덜란드는 스페인과 80년간의 독립전쟁을 성공리에 끝내고, 협상과 합의를 중시하는 연합국가제 공화국 체제를 확립했다. 둘째, 네덜란드는 1648년 '베스트팔렌조약'으로 독립이 국제적으로 승인되자 군사력을 축소하고 상업과 해외무역을 통해 경제발전을 이루어 강대국으로 발돋움하고자 하였다. 셋째, 16세기부터 네덜란드와 경쟁하던 영국은 무역 경쟁에서 네덜란드에 뒤지자 17세기 3차례에 걸쳐 '영란전쟁'을 일으켜 압박을 가했는데, 네덜란드는 전쟁보다 해외무역의 안정성을 위해 전략적으로 화해를 원했기 때문에 항상 최종적 승리 대신 영국과의 평화조약 체결을 통해 전쟁을 끝내려 하였다. 넷째, 영국과의 전쟁이 소강상태를 이룬 17세기 말엔 영토 팽창과 유럽 패권에 욕심을 가진 프랑스가 네덜란드를 없애려 침공하거나 유럽의 여러 패권 전쟁에서 네덜란드와 계속 충돌했는데, 네덜란드는 항상 큰 소득이 없어도 평화조약을 체결해 대결을 끝내려 하였다. 다섯째, 결국 18세기 초에 이르러 힘의 균형과 현상유지를 목표로 하던 네덜란드는 자신을 침공했던 경쟁국인 영국과 프랑스에 뒤지면서 유럽의 이류 국가로 전락하고 말았다.

16세기 네덜란드 지역은 상업과 무역이 발달했으나 정치적으로는 합스부르크가 스페인에 종속된 식민지 상태로서, 스페인이 종교 탄압과 폭정을 일삼자 네덜란드인들은 무력을 통해 독립을 쟁취하고자 하였다. 당시 스페인은 강대국으로서 국력이 절정에 달한 상태였다. 스페인은 15세기 중반 카스티야 연합왕국과 아라곤 연합왕국이 결합해 스페인 연합왕국을 이루었고, 1492년 남부 이슬람 지역인 그라나다를 점령해 이베리아반도에서의 레콩키스타(reconquista)[16]를 완성했다. 또한 16세기엔 아메리카 각지에 식민지를 건설하고 신대륙의 금과 은을 본국으로 가져와 부의 축적을 가속화시켰다.

이런 강대국인 스페인을 상대로 네덜란드는 약 80년에 이르는 장기간에 걸친 독립전쟁을 성공시켰다. 물론 이 승리는 단순히 네덜란드군이 스페인군을 압도했기 때문이 아니라, 당시 국제정세 예컨대 스페인이 다른 강대국인 영국을 견제하기 위해 1588년 영국과 전쟁을 하거나, 또 다른 강대국인 프랑스를 견제하기 위해 여러 차례 전쟁을 치른 것과 같은 국제정세가 네덜란드에 유리하게 작용했기 때문이다. 하지만 네덜란드는 한편으로는 해외무역을 계속하면서도 다른 한편 독립을 위해 시민들이 힘을 합쳐 전쟁을 치르는 이중 전략을 사용하면서 이런 국제정세를 잘 이용

---

16 스페인들은 711년 이슬람 무어족이 북아프리카에서 지브랄타르 해협을 건너 이베리아반도를 공격해 피레네 산맥 근처로까지 밀려났다. 그 후 장기간에 걸쳐 이베리아반도를 탈환하려고 시도했는데, 이런 군사적 노력을 레콩키스타라고 부른다. 스페인이 1492년 레콩키스타 완료 후 신대륙 개척을 시작한 것은 레콩키스타 기간 중 형성된 군대와 정복정신을 해외로 발산한 결과이다.

했다고 볼 수 있다.[17]

그런데 독립 후 17세기 후반부터 네덜란드는 전쟁 대신 평화를 추구하는 화해 전략을 내세워 군대를 축소하고 해외무역 우선 정책을 펼쳤다. 1648년 '베스트팔렌조약'에서 독립이 국제적으로 공인되자 네덜란드 해군은 많은 함선을 민간에 매각하여 상선으로 개조하였다. 이 중에는 독립 영웅인 마르텐 트롬프 제독의 기함도 포함되었다. 그리하여 1652년 '1차 영란전쟁' 발발 시에 전함은 불과 79척밖에 남아 있지 않았다. 하지만 네덜란드의 평화와 화해 전략은 영국의 세 차례에 걸친 침공으로 인해 무력함이 드러났다. 당시 상공업을 발전시키려던 영국은 네덜란드의 수입품을 견제하고 해외 시장에서 네덜란드와 경쟁할 필요가 있었고, 이에 따라 '영란전쟁'을 일으켜 네덜란드에 타격을 주었다. 한편 또 다른 강대국인 프랑스는 17세기 말 경쟁자인 스페인의 국력이 약해진 틈을 타 네덜란드를 침략해 네덜란드 국토를 분할 점령하려 했다. 네덜란드는 프랑스의 침략에 맞서 홀란트주의 제방을 무너뜨려 지역을 물에 잠기게 하는 자해 전략을 통해 방어에 성공했다. 또한 '통합 동인도회사'를 비롯해 북아메리카, 서아프리카, 인도 등 해외에 건설한 식민지에서 영국과 프랑스를 상대로 거둔 승리도 국가를 지키는 데 큰 힘이 되었다.

이러한 일련의 과정을 살펴보면, 네덜란드는 결국 평화적인 상태에서 무역하던 시기엔 경제적 성취를 거두기는 하였으나 이웃 국가들이 침략

---

[17] 네덜란드의 전쟁과 무역이라는 이중 전략의 구사는 독립운동 당시 적국인 스페인에게도 해당되었다. 당시 스페인은 식량이 부족해 항상 해외로부터의 수입에 의존했는데, 이 식량의 운송은 해운업이 발달한 네덜란드 선박들이 맡고 있었다. 네덜란드 상인들은 신용을 중시했기 때문에, 전쟁 중에도 적국인 스페인으로의 곡물 운송을 거부하지 않았다(Huang 2001, 148).

했을 때에는 군사력의 약화로 큰 어려움을 겪었음을 알 수 있다. 앞서 살펴본 것처럼, 독립 이후 네덜란드에서는 평화와 무역을 중시하는 공화국주의자들과 저지대 남부와의 통일과 강력한 리더십을 주장하는 오란예주의자들 사이에 극심한 정치적 갈등이 지속되었다.

결국 네덜란드는 어렵게 성취한 독립 이후 주변 강대국인 영국과 프랑스의 침략 전쟁을 겪으면서 국력이 약화되어 이류 국가로 전락하고 말았다. 특히 18세기에 접어들면서는 '스페인 왕위계승전쟁'(1702~1714)과 '오스트리아 왕위계승전쟁'(1740~1748)에 연루되었는데 여기서 큰 소득을 얻지 못했다. 또한 네덜란드 무역의 상징인 '통합 동인도회사'는 새로이 국력이 팽창하면서 경쟁력을 갖춘 영국, 프랑스, 프로이센의 무역회사들과의 경쟁에서 뒤져 18세기 말에 이르면 파산상태에 이르렀고 네덜란드공화국 자체도 문을 닫게 되었다.[18]

기본적으로 무역국가인 네덜란드는 독립전쟁을 제외하곤 상업적 거래의 지속을 최고의 목표로 삼았기 때문에 전략적으로 전쟁 대신 항상 평화를 선호했다. 불가피하게 자유로운 무역이 침해당한 경우에만 제한적으로 전쟁을 치렀으며, 전쟁이 끝난 후에는 다시 군사력을 축소하고 강력한 리더십의 등장을 막았다. 단기적 측면에서 화해 전략은 무역 손실을 최소화하고 경제성장의 밑거름이 되었지만, 장기적으로는 주변 강대국인 영국과 프랑스의 상대적 발전을 막지 못했고, 이에 따라 네덜란드 국가의

18　프랑스혁명 이후 1795년 프랑스가 네덜란드를 침공해 네덜란드공화국을 무너뜨리고 괴뢰국인 바타비아공화국을 세웠으며, 1806년 나폴레옹이 동생 루이 보나파르트를 왕으로 임명해 홀란트왕국으로 전환되었다가, 1815년 '비엔나회의' 후 베네룩스를 포함하는 연합왕국으로 재독립되었으며, 1830년 벨기에와 1867년 룩셈부르크가 독립함에 따라 오늘날의 네덜란드가 되었다.

위상이 전락하는 결과를 빚었다.

이러한 네덜란드의 사례는 국가 전략이 평화와 화해에만 집중하고 전쟁이나 대결을 피하고자 하면 국가적 목표를 달성하기 힘들다는 사실을 잘 보여 준다. 흔히 우리는 전쟁은 악덕이고 평화와 화해가 미덕이라고 생각하기 쉽다. 이는 철학적으로는 맞는 말이지만, 정치적 혹은 국가 전략적으로는 꼭 맞는 말이라고 할 수는 없다. 일찍이 마키아벨리는 국가의 안위가 걸린 문제에서는 악덕도 사용할 줄 알아야 한다고 설파했으며(Machiavelli 2003, Ⅲ-41), 추기경으로서 프랑스 재상이 되어 국정을 주도했던 리슐리외는 인간은 내세에서 구원받을 수 있어 선을 행해야 하지만 국가에겐 내세가 없어 현실에서의 생존이 중요하다고 주장했다(Richelieu 1961, 100).

국가경영의 입장에서 화해는 일종의 전략적 선택이지 지고의 선은 아니다. 때로는 전쟁을 피하지 말아야 할 경우가 있으며, 때로는 대결 대신 화해를 택해야 하는 경우도 있다. 이러한 선택의 기준은 국가의 생존과 이익이며, 그런 점에서 화해는 국가 전략의 산물이다. 전략(strategy)이란 그 자체 가치중립적이며 일종의 방법론(methodology)과도 같다. 학문이 진리라는 목표에 도달하기 위해 그 과정으로 적절한 방법론을 찾아야 하듯이, 국가가 생존과 발전이라는 목표에 도달하기 위해서는 그 과정으로 적절한 전략을 선택해야 하는 것이다.

참고문헌

김영중·장붕익, 1994, 『네덜란드사』, 서울: 대한교과서.

이동수, 2022, "네덜란드공화국 건국기의 '통합의 정치': 종교, 정치, 경제를 중심으로," 『OUGHTOPIA』 제37권 1호, 105-139.

임수환, 2022, "서유럽 근대농업의 전개와 정치적 근대화: 15-19세기 영국, 프랑스, 독일 사례의 비교," 『정치와 공론』 제30집, 71-108.

주경철, 2008, 『대항해시대: 해상팽창과 근대세계의 형성』, 서울: 서울대학교 출판문화원.

Abu-Lughod, Janet, 박흥식·이은정 역, 2006, 『유럽패권 이전 13세기 세계체제』, 서울: 까치.

Andeweg, Rudy B, 2000, "From Dutch Disease to Dutch Model?: Consensus Government in Practice," *Parliamentary Affairs* 53, 697-709.

Boogman, J, C, 1979, "The Union of Utrecht: Its Genesis and Consequences," *Bijdragen en mededelingen betreffende de geschiedenis der Nederlanden* 94 (3), 377-407.

De Jong, Joop, 2006, "Visible Power?: Town Halls and Political Values," In *Power and the City in the Netherlandic World*, Eds, Wayne te Brake and Wim Klooster, Leiden: Brill Academic Publishers, 149-175.

Elliott, John, 김원중 역, 2001, 『스페인 제국사 1469-1716』, 서울: 까치.

Fukuyama, Francis, 2011, *The Origins of Political Order: From Prehuman Times to the French Revolution*, NY: Farrar, Straus and Giroux.

Huang, Ray, 이재정 역, 2001, 『자본주의 역사와 중국의 21세기』, 서울: 이산.

Israel, Jonathan, 1995, *The Dutch Republic: Its Rise, Greatness and Fall, 1477-1806*, Oxford: Oxford University Press.

Kindleberger, Charles, 주경철 역, 2004, 『경제강대국 흥망사 1500~1990』, 서울: 까치.

Machiavelli, Niccolo, 강정인·안선재 역, 2003, 『로마사 논고』, 파주: 한길사.

Palmer, Michael A, 2007, *Command at Sea: Naval Command and Control since the Sixteenth Century*, Cambridge: Harvard University Press.

Peacey, Jason, 2018, "Permanent and Inviolable: Oliver Cromwell and the Idea of Anglo-Dutch Union in 1653," *Cromwelliana* III (7), 52-67.

Richelieu, A, J, D, P, 1961, *The Political Testament of Cardinal Richelieu*, Tr, Henry Bertram Hill, Madison: The University of Wisconsin Press.

Secretan, Catherine, 2010, "True Freedom and the Dutch Tradition of Republicanism," *Republics of Letters* 2(1), 82-92.

Tracy, Michael, 1989, *Government and Agriculture in Western Europe 1880-1988*, 3rd ed, New York: Harvester Wheatsheaf.

3

영국인의 영제국 인식과 교육, 제국의 악함과 선함의 '균형'?

강선주 경인교육대학교 교수

I. 머리말

영국의 유명한 공공역사가 닐 퍼거슨(Niall Ferguson)은 영제국은 자본주의의 승리를 주도했고, 북아메리카와 오스트랄라시아를 영국화했으며, 영어를 국제화했고, 프로테스탄트 기독교의 영향력을 증대했으며, 의회제도를 존속시켰기에 '선량한 제국'이라고 했다.[1] 이러한 시각에서 30%가 넘는 영국인이 영제국의 세계사적 공헌을 인식하고 그리워한다. 이러한 시각은 학계의 영제국에 대한 반식민주의적 평가와 심한 괴리를 보인다.

---

* 이 글은 강선주, 「영제국에 대한 식민주의·반식민주의 논쟁과 '균형적 접근'과 탈식민주의 교육」, 『국제문화연구』 17(2), 2024를 수정·보완한 것이다.
1 닐 퍼거슨, 김종원 옮김, 2006, 『제국: 유럽 변방의 작은 섬나라 영국이 어떻게 역사상 가장 큰 제국을 만들었는가』, 민음사, 32쪽.

반식민주의 학자들은 영국 식민주의자들이 저지른 폭력, 민족(종교) 및 계급적 분열, 그 이외에 식민지에 남긴 다양한 정치적·사회적 문제와 장기적 트라우마를 강조하면서 영제국의 부정적 유산을 비판해 왔다. 그런데 2000년대 이후 영제국에 대한 비판적 평가에 도전하는 글들이 학계와 교육계의 지형도를 흔들고 있다. 이들은 반식민주의 시각의 제국 서술을 '자학사관'이며 좌파의 '각성'이라고 비판한다.[2] 이러한 제국 옹호론자의 시각이 영국에서 공공역사를 장악하고 있을 뿐 아니라 학교 역사에도 지대한 영향을 미치고 있다. 이 글에서는 영제국에 대해 최근 식민주의 제국 옹호론자의 주장과 그에 대한 반식민주의 제국 비판론자의 반박과 비판을 고찰하고, 최근 영국의 제국 교육 동향을 살펴본다.

II. 영국인의 제국 인식과 제국 옹호론의 도전

1. 영국인의 제국에 대한 향수

지난 10년간 영국인의 영제국 인식에 대해 조사한 결과를 보면 약 30% 정도의 영국인은 영제국을 자랑스러워하고 향수를 느끼며, 14~19% 정도의 영국인은 영제국을 수치스러운 경험으로 생각한다.

---

[2] Dominic Sandbrook, 2020.10.23, "How dare the National Trust link Wordsworth to slavery because his brother sailed a ship to China?", *The Daily Mail*, https://www.dailymail.co.uk/news/article-8762205/DOMINIC-SANDBROOK-dare-National-Trust-link-Wordsworth-slavery.html; 2023.9.20. 검색. Sanghera, Satjma, 2021. *Empireland. How Imperialism Has Shaped Modern Britain*, Penguin Books.

구체적으로 살펴보면, 브렉시트에 대해 논쟁이 심화되었던 2014년 YouGov는 설문 조사에서 영제국이 "자랑스러워할 만한 것인가"라고 질문했다. 이에 대해 영국 인구의 59%가 자랑스러운 것이고, 19%는 '부끄러운 것'이라고 대답했다.[3] 49%는 영국의 식민 지배를 받았던 국가들이 식민 지배 덕으로 더 나아졌다고 생각했고, 34%는 영국이 여전히 제국을 유지하기를 희망했다. 브렉시트에 대한 열망이 번성했던 과거 제국에 대한 향수를 자극했던 것이다.

그로부터 5년 뒤인 2019년 6월에는 YouGov가 영국, 프랑스, 이탈리아, 스페인, 벨기에, 일본, 네덜란드, 독일(1871~1918년 독일 제국만 언급) 등 8개 국가에서 조사를 실시하여 이 나라들의 제국에 대한 대중의 태도를 비교했다.[4] 이 조사에서 제국을 자랑스러워한다고 말한 사람이 네덜란드 다음으로 영국이 많았다. 1위는 네덜란드인이었고 2위가 영국이었던 것이다.[5] 2019년 조사에서 제국을 '부끄러워'하는 영국인의 수는 2014년과 다르지 않게 19%로 고정적이었다. 그러나 자부심을 느끼는 사람들은 32%로 17% 정도가 감소했다. 37%는 자부심도 부끄러움도 느끼지 않는다고 했다. 이 조사에서는 영국인이 다른 나라 사람보다 제국에 대해

---

3 Will Dahlgreem, July 26, 2014, "The British Empire is 'Somthing to be Proud of'" *YouGov*, https://yougov.co.uk/topics/politics/articles-reports/2014/07/26/britain-proud-its-empire, 2023.9.30 검색.

4 Matthew Smith, March 11, 2020, "Howe Unique are British Attitudes to Empire", YouGov, https://yougov.co.uk/topics/international/articles-reports/2020/03/11/how-unique-are-british-attitudes-empire 2023.9.30 검색.

5 네덜란드인의 50% 정도는 인도네시아와 남아프리카 공화국의 일부가 가장 중요한 영토였던 옛 제국이 부끄럽기보다는 자랑스럽다고 말했으며, 그 외에 37%는 자랑스럽지도 부끄럽지도 않다고 대답했다. 네덜란드인의 6%만이 제국이 자랑스럽기보다는 부끄러운 일이라고 대답했다.

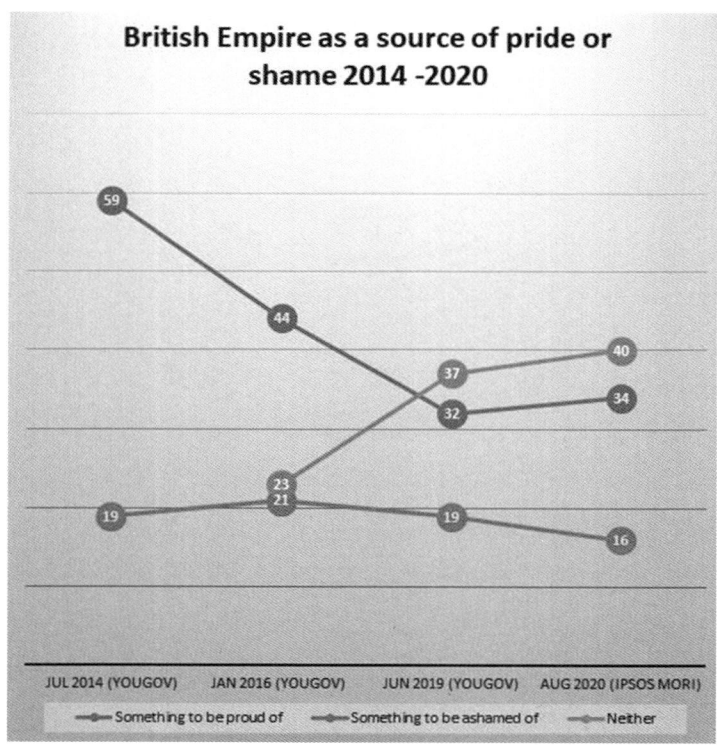

〈그림 1〉 영제국에 대한 영국인의 인식(2014-2020) 출처: Andrew Defty, Personal Blogs, March 8, 2021. (https://whorunsbritain.blogs.lincoln.ac.uk/2021/03/08/are-attitudes-towards-the-empire-changing/

느끼는 향수가 큰 것으로 나타났다.[6] 특히 네덜란드인의 27%만이 네덜란드 제국으로 인해 옛 식민지가 더 나아졌다고 믿었지만, 영국의 경우 33%가 영국 제국 덕으로 식민지가 현재 잘 살고 있다고 믿었다. 영국의

---

6   Robert Booth, March 11, 2020, "UK More Nostalgic for Empire than other Ex-colonial Powers", *The Gauardian*. https://www.theguardian.com/world/2020/mar/11/uk-more-nostalgic-for-empire-than-other-ex-colonial-powers 2023.9.30 검색.

식민 지배를 받았던 국가들이 식민 지배 덕으로 더 나아졌다고 생각한 영국인이 2014년에는 49%였지만, 2019년에는 33%로 줄어들었다. 그러나 영국인의 30% 이상이 여전히 제국 수혜론적 시각에서 영국의 식민 지배를 바라본다.

조지 플로이드 사건 이후 2020년 8월에는 입소스 모리(Ipsos Mori)가 영국에서 인종주의에 대한 영국인의 태도를 조사하면서 영제국에 대한 인식도 조사했다. 이 조사에서 영국인의 34%는 영제국을 자랑스러운 것으로 대답했고, 16%는 부끄러운 것으로 대답했다.[7] 이들은 영국의 식민지였던 국가가 영국의 식민 지배 덕분에 '전반적으로 더 나아졌다'고 믿었다. 이러한 조사 결과는 영제국에 대해 자랑스러워하고 향수를 느끼는 사람들이 수치스럽게 생각하는 사람보다 2배정도 많다는 점도 알려준다.

단순한 통계를 단정적으로 해석하는 것은 매우 주의해야 한다. 그러나 2014년 이후 영제국에 대해 향수를 느끼는 영국인의 수는 거의 변함이 없다는 점을 주목해서 볼 필요가 있다.

'해가 지지 않는 나라'라는 별칭으로 알 수 있듯이 19세기 영국은 전 세계 모든 대륙에 식민지를 보유했던 거대한 제국이었다. 19세기 초 역사가 매콜리(Thomas B. Macaulay)는 당시 하원의원으로서 영국은 "온갖 쇠퇴의 자연적 요인으로부터 자유로운 제국, 우리의 기예와 도덕과 문학과 법률로 이루어진 불멸의 제국"을 건설했으며 영제국은 "야만에 대한 이성의 평화로운 승리"를 의미한다고 자부했다.[8]

---

[7] Ipsos MORI, September 2020, "Attitudes to Racism in Britain, Research for the Economist", Ipsos MORI. https://www.ipsos.com/sites/default/files/ct/news/documents/2020-10/economist-survey-on-racism-2020-slides.pdf 2023.9.30 검색.

[8] Hansard's Palimantaty Debate, 3rd ser., 1833 vol.19, c.536(10 July 1833). 이영석, 『제국

그러한 자부심은 1897년 영국에서 열린 빅토리아 여왕 즉위 60주년 기념행사에서 극명하게 드러났다. 이때 시인 키플링(Rudyard Kipling)은 "우리는 야자나무와 소나무에 대한 지배권을 가지고 있다"라고 선언했다.[9]

저명한 언론인 스티븐스(G. W. Steevens)는 영제국은 "세계를 만드는 최강국(power)"이라고 단언했다.[10] 영국인이 세계를 이해하고 재창조하는 데 핵심적인 역할을 하고 있다고 인식했으며, 1897년은 그러한 영국의 창의성을 기념할 수 있는 기회라고 생각했다. 당시는 철도, 증기선, 전신, 카메라, 자전거, 마취제, 방부제, 전화, 자동차 등이 발명되며, 과학기술을 통해 자연과 환경을 지배할 수 있다는, 인류의 능력에 대한 낙관적인 믿음을 가졌던 시기였다.[11] 1897년에 인기 있는 그림 잡지의 특별판에는 엔지니어, 시인, 예술가, 소설가, 탐험가, 자선가, 산업가 및 기업가의 사진으로 채워졌다. 당시 영국인은 아시아, 아프리카, 카리브해 연안지역으로 진출하여 자신들이 '비문명'을 '문명화'하고 있다고 믿어 의심하지 않았다. 영제국은 19세기 말에서 20세기 초에 제국적 확장의 마지막 단계에 도달하면서 로마제국을 자신의 제국적 운명을 위한 지침으로 삼았다. 로마의 세계 지배를 선량한 제국의 현대적 모범으로 형상화하고 의식적으로 로

의 기억, 제국의 유산: 영연방의 과거와 현재, 1880~2000』, 239쪽에서 인용.

9   Lawrence James, February 4, 2012, "Bengal Lancers parading through London and knees-ups in New Zealand: As our Queen marks her Diamond Jubilee, how Victoria's global subjects celebrated hers", Mail online. https://www.dailymail.co.uk/news/article-2096332/A-glorious-global-Jubilee-As-Queen-marks-Diamond-Jubilee-Victorias-300-million-subjects-celebrated-hers.html 2023.9.30 검색.

10 Lawrence James, "Bengal Lancers parading through London … "

11 Lawrence James, "Bengal Lancers parading through London … "

마제국의 사례를 모방했다. 30% 이상의 영국인이 그리워하는 제국은 바로 19세기 말 낙관의 시기이다.

이러한 영국 대중의 영제국 인식은 학계나 언론의 시각과 배치된다. 주류 학계와 언론의 지배적인 견해는 영국의 제국주의가 폭력적이고 공격적이라는 것이다. 영제국이 식민지에서 자행했던 토지 몰수, 노예제도, 대량학살, 억압 등을 제대로 보지 않고, 영제국이 식민지를 '문명화'했다고 주장하는 것은 오만한 인종주의이다. 이러한 학계의 주류 담론과 상관없이 30%가 넘는 영국인은 제국을 자랑스러워하고 그 시기를 그리워한다. 그리고 이러한 영국인의 인식에 힘입어 식민주의 제국 옹호론자들이 반식민주의·탈식민주의를 공격하고 나섰다.

2. 제국 옹호, 식민주의의 반식민주의 공격

2017년에 급진적 입장으로 유명한 학술지 『제3세계(Third World Quarterly, TWQ)』(계간지)가 미국의 오리건주 포틀랜드 주립대학교 정치학 교수인 브루스 길리(Bruce Gille)의 논문 「식민주의의 사례(The Case for Colonialism)」를 게재했다.[12] 그 글에서 길리는 반식민주의 이론을 비판하고 오늘날 세계가 식민주의로 복귀해야 한다고 주장했다. 그는 식민화가 해로운 영향을 미쳤다는 반식민지주의적 주장이 편향되고 부적절하며 철저하게 검증되지 않았다고 비판했다. 그는 식민주의를 회복하는 세 가지 방법을 다음과 같이 제안했다.

---

12 Bruce Gilley, 2018. "The Case for Colonialism", *Academic Questions* 31, https://www.nas.org/academic-questions/31/2/the_case_for_colonialism 2023.9.15 검색.

첫째, 개발도상국 정부와 국민이 싱가포르, 벨리즈, 보츠와나와 같은 성공적인 국가들이 그랬던 것처럼 과거의 식민통치를 가능한 한 복제하는 것이다. 가난한 나라의 자치 능력에 대해 너무 많은 가정을 담고 있는 '좋은 거버넌스' 의제는 '식민지 거버넌스' 의제로 대체되어야 한다. 두 번째 방법은 일부 지역을 다시 식민지화하는 것이다. 서구 국가들이 약소국에서 지속적인 개혁을 할 수 있게 특정 거버넌스 영역(예: 공공 재정, 형사 사법)에서 권력을 잡도록 장려해야 한다. 주권 공유나 신탁통치 등을 완곡하게 표현하지 말고 직접적으로 식민주의라고 불러야 한다. 셋째, 식민주의는 식민지 주민의 동의가 있어야만 (거버넌스 스타일로든 서구 권위의 확장으로든) 회복할 수 있다. 이제 불운한 식민지 주민에게 갑작스러운 탈식민지화를 강요했던 민족주의 세대는 세상을 떠났으니 회복할 수 있는 때가 무르익었을 것이다.[13]

길리의 논문이 게재되고 1주일 만에 소셜미디어에서는 저자와 학술지에 대한 비난이 쇄도했다. 논문 철회를 촉구하는 청원서에 1만 명이 넘게 서명했으며 수천 명의 학자들이 철회를 요구했고 일부 학자는 지속적인 소셜미디어 캠페인을 통해 논문을 철회하도록 길리와 TWQ를 압박했다. 학술지 편집위원 34명 가운데 15명도 항의하면서 사임했다. 결국 길리는 TWQ에 "그 글이 수많은 사람들에게 고통과 분노를 안겨 준 것을 후회한다"면서 철회 의사를 밝혔고 학술지도 "학술지 편집자에 대한 심각한 폭력 위협으로 인해" 그 글의 게재를 철회했다.[14]

---

[13] Bruce Gilley, "The Case for Colonialism", p.14.
[14] Bruce Gilley, 2022, "The Case for Colonialism: A Response to My Critics" Academic

그런데 2017년 9월 미국의 공립대학들(Public universities)은 길리의 글이 동료심사를 통해 게재된 논문이라는 점을 강조하면서 길리를 옹호하고 나섰다.[15] 또한 저명한 반전운동가이자 MIT 언어학 명예교수이면서 TWQ의 편집위원인 노엄 촘스키(Noam Chomsky)를 비롯하여 여러 학자들도 "논문을 철회한다면 위험한 문이 열린다"면서 철회를 반대했다.[16]

학문의 자유를 위해서는 공개 토론과 지식 및 논쟁의 자유로운 교환이 중요하다는 점을 표방했다. 이들은 식민주의보다는 학문의 자유를 강조한 것이다. 이와 다르게 옥스퍼드 대학교의 신학 석좌교수이면서 성공회 신부인 나이젤 비거(Nigel Biggar)는 제국 옹호론의 시각에서 길리의 식민주의 주장을 칭찬했다. 비거는 길리 글을 "식민지 과거에 대한 균형 잡힌 재평가"라고 하면서 "용기 있는 일"을 했다고 칭찬했다.[17] 나아가 "우리 영국인은 제국주의 이후 죄책감을 완화해야 한다"고 촉구했다.[18] 이러한 과정에서 2018년 길리 글이 전국학자협회(National Association of Scholars)의 『Academic Questions』에 다시 게재되었다.[19] 2021년에는 같은 학술

Questions 35. 1, https://www.nas.org/academic-questions/35/1/the-case-for-colonialism-a-response-to-my-critics 2023.9.23 검색.

[15] Andy Ngo, September 18, 2017, "Public University Stands Behind 'White Supremacist' Professor for Defending Colonialism" *The College Fix*. https://www.thecollegefix.com/noam-chomsky-defends-academic-freedom-pro-colonialism-professor-fire/2023.9.23 검색.

[16] Andy Ngo, "Public university stands behind … "

[17] Kenan Malik, January 26, 2018, The Great British Empire Debate, The New York Review, https://www.nybooks.com/daily/2018/01/26/the-great-british-empire-debate/ 2023.9.1검색.

[18] Kenan Malik, "The Great British Empire Debate."

[19] Bruce Gilley, "The Case for Colonialism."

지에서 길리의 글에 대한 학자와 언론인의 비판에 대한 반비판도 게재했다.[20]

2018년에는 당시 엑스터 대학(University of Exeter)의 역사 교수였던 블랙(Jeremyh Black)이 『제국의 유산(Imperial Legacies: The British Empire Around the World)』[21]을 출간하여 학계의 표준적 견해를 "탈식민지적 분노의 이데올로기"일 뿐이라면서 그러한 시각에서 영국 역사를 획일적 억압의 이야기로 일축할 수 없다고 주장했다.[22] "영제국이 그토록 사악했다면, 왜 그렇게 많은 나라들이 [영연방에] 가입을 신청했겠느냐?"라고 하면서 19세기 말 20세기 초 영제국은 식민지인에게도 환영받았던 선한 제국이었다고 강조했다.[23]

2010년대 후반, 2020년대 길리처럼 극단적으로 식민주의로 돌아가야 한다는 주장에서부터 영제국의 선함과 공헌을 강조하는 주장까지 식민주

---

20 Bruce Gilley, "The Case for Colonialism: A Response to My Critics."

21 Jeremy Black, 2019, *Imperial Legacies: The British Empire Around the World*, Encounter Books.

22 Daniel M. Bring, Summer, 2019, "Britain' Not-So-Evil Empire", *Modern Age, Intercollegiate Sutidies Institute*, August 26, 2019에서 인용함. Robert Tombs, September, 2023, "If the British Empire was so evil, why did so many countries apply to join? Cambridge historian ROBERT TOMBS challenges those who say we should be ashamed of it", *Mail Online*, 30. https://www.dailymail.co.uk/debate/article-12577491/If-British-Empire-evil-did-countries-apply-join-Cambridge-historian-ROBERT-TOMBS-challenges-say-ashamed-it.html 2023.9.1 검색.

23 Robert Tombs, 30 September, 2023, "If the British Empire was so evil, why did so many countries apply to join? Cambridge historian ROBERT TOMBS challenges those who say we should be ashamed of it", *Mail Online*. https://www.dailymail.co.uk/debate/article-12577491/If-British-Empire-evil-did-countries-apply-join-Cambridge-historian-ROBERT-TOMBS-challenges-say-ashamed-it.html 2023.9.1 검색.

의자, 제국 옹호자의 도전이 가열화되고 있다. 이러한 논쟁을 영국 교육에서 제국을 가르치는 데 핵심이 되는 몇 가지 주요 논점을 중심으로 정리하면 다음과 같다.

III. 식민주의 제국 옹호론과 반식민주의 제국 비판론의 논쟁

1. 제국의 시작 17세기 혹은 19세기

영국의 공영방송인 BBC에 의하면 영제국의 역사는 엘리자베스 1세 때인 1500년대 후반에 시작되었다.[24] 그러나 영국인이 향수를 느끼는 제국, 영제국이 긍정적인 영향을 미쳤다고 생각하는 제국은 인도를 식민통치했던 제국이다. 영국의 인도 지배는 18세기 후반에 시작되었다. 대중은 물론 많은 역사가들은 백인 이주민에 기반을 둔 미국의 버지니아 지역, 그리고 캐나다, 오스트레일리아, 뉴질랜드 등을 영제국사의 범위에서 논하지 않는다. 그들에게 영제국은 인도와 남아프리카를 지배했던 시기이다. 백인 이주에 기반을 둔 식민지와 정복에 기초한 식민지를 명확하게 구분하여 후자만을 영제국사에 포함시키는 것이다. 전자는 영국적 가치인 자유 확

---

24 BBC, The British Empire; an Overview, 현재 미국의 버지니아에 영국의 엘리자베스 1세가 식민지 건설을 허가한 것이 1500년대 후반이고, 1607년에 제임스타운이 건설되었다. 이러한 설명에 근거하면 영국의 식민 제국사는 빠르면 16세기, 늦어도 17세기에는 시작되었다고 할 수 있다. https://www.bbc.co.uk/bitesize/topics/z7kvf82/articles/zpjv3j6 2023.9.13 검색.

장으로 영국사의 맥락에서 이해하고, 정복을 통해 형성된 비백인 지역만을 영제국사로 인식한다.[25]

최근 식민주의의 부활을 주장했던 브루스 길리도 식민지주의를 19세기 초부터 20세기 중반까지의 영국, 프랑스, 독일, 벨기에, 네덜란드, 포르투갈 식민지로 정의했다.[26] 15세기 말부터 19세기 초까지 유럽의 제국주의적 침략이 시작되었음에도 1824년 영국-버마 전쟁 전과 후로 구분하여 두 번째 단계에서만 공식적인 정치적 통제가 지배적이었다고 주장하는 것이다.[27] 이러한 주장 배경에는 산업혁명이 제국의 형태와 범위를 첫 번째 단계와 질적으로 다른 것으로 만들었다는 인식이 있다. 즉 식민주의를 산업혁명 이후 근대와 연결하여 설명하는 것이다.

케넌 말릭(Kenan Malik)은 영제국이 17세기 초에 영국이 북미와 카리브해 섬에 정착하고, 동인도회사와 같은 기업을 설립하여 식민지와 해외무역을 관리하면서 구체화되었다고 지적했다. 그는 이로 인해 식민주의의 기원이 영국이 여전히 봉건 왕국이었던 시절, 즉 의회는 존재했지만 민주주의는 시작되지 않았고 공장이 아닌 수공예품 생산이 지배적이었던 시기에 있다고 반박했다.[28]

영국에서 산업혁명이 일어난 배경도 영국의 식민지 지배를 배제하고 설명할 수 없다. 1824년을 기점으로 영국의 식민주의를 단절된 것으로 설명하는 방식은 제국의 역사를 불완전한 내러티브로 만든다.

25　김종원, 2018, 「'새로운 영국사'와 영제국의 형성」, 『세계역사와 문화연구』 48.
26　Bruce Gilley, "The Case for Colonialism: A Response to My Critics."
27　Bruce Gilley, "The Case for Colonialism: A Response to My Critics."
28　Kenan Malik, "The Great British Empire Debate."

2. 문명화 vs 폭력과 분열

제국의 옹호론자는 일반적으로 서구 열강이 식민지에 경제 발전, 법치주의, 자유를 가져왔고 문명화 사명을 수행했다고 주장한다. 비서구 세계에 질서를 도입했다는 것이다. 길리 역시 다른 제국 옹호자들과 마찬가지로, 식민주의가 인간 삶의 우선성, 보편적 가치, 공동의 책임을 강조했다고 주장하며, 제국이 대부분의 제3세계 사람들의 생활 여건을 개선하는 "문명화 사명"을 수행했다고 설파했다. 좀 더 구체적으로는 "식민지가 식민주의하에서 교육 확대, 공중 보건 개선, 노예제 폐지, 고용 기회 확대, 행정 개선, 기본 기반 시설 구축, 여성 권리, 불가촉천민이나 역사적으로 배제되었던 공동체의 포용, 과세와 자본에 대해 공정한 접근, 역사 및 문화적 지식의 생성, 국가 정체성의 형성 등 사회적, 경제적, 정치적으로 상당한 이익을 얻었다는 증거를 발견했다"고 주장했다.[29] 길리는 그러한 사실을 나열하면서 식민통치 아젠다가 자유주의적 평화에 기반한 국가의 표준이 될 수 있다고 주장했다.

이에 대해 말릭은 영국의 식민 지배 때문에 인도나 가나처럼 식민 지배를 받은 국가들이 후진적이고 비민주적인 국가에서 현대 산업 강국으로 변모했다고 가정하는 것 자체가 문제라고 비판했다. 말릭은 다음과 같이 반박했다.

> 18세기 초 인도가 세계 경제에서 차지하는 비중은 23%로, 유럽 전체를 합친 것만큼 컸다. 영국이 인도를 떠날 무렵에는 4% 미만으로 떨

---

29 Bruce Gilley, "The Case for Colonialism: A Response to My Critics."

어졌다. 샤시 타루어는 그의 저서 『영광스러운 제국』에서 "그 이유는 간단했다"고 주장했다. "인도는 영국의 이익을 위해 통치되었다. 영국이 200년 동안 부흥할 수 있었던 것은 인도에 대한 약탈을 통해 자금을 조달했기 때문이다."[30]

말릭은 특히 노예 농장이 없었다면 영국이 산업화를 이루거나 제국을 건설할 수 없었다고 강조했다. 제국 수혜론적 시각에서 제국의 식민통치를 옹호하는 길리의 주장에 대해 실제 수혜를 본 것은 식민지가 아니라 영제국이었음을 분명히 한 것이다.

또한 사하르 칸(Sahar Khan)도 길리가 주장한 식민통치의 혜택이 실제로는 엘리트와 친식민지 집단에게만 유리하게 작용했을 뿐이며, 식민지 지역의 민족적·종교적·언어적 집단 간의 분열과 갈등을 초래했다는 점을 간과했다고 비판했다.[31] 예를 들면 영제국은 인도 힌두교와 무슬림 공동체 사이의 차이점을 부각시켜 1947년에 인도와 파키스탄의 분열을 가져왔고, 벨기에의 식민주의자들은 르완다의 후투족과 투치족의 인종적 차이를 부각하여 1994년 르완다 대학살의 원인이 되었다. 그러나 길리는 이러한 점을 외면했다는 것이다. 이에 대해 길리는 다음과 같이 반박했다.

---

30 Kenan Malik, Feb. 20. 2023, "Colonialism by Nigel Biggar Review – a Flawed Defence of Empire", *The Guardian*. https://www.theguardian.com/books/2023/feb/20/colonialism-a-moral-reckoning-by-nigel-biggar-review-a-flawed-defence-of-empire 2023.9.9 검색.

31 Sahar Khan, September 19, 2017, "The Case Against "The Case for Colonialism"", *COMMENTARY*, CATO Institute, . https://www.cato.org/commentary/case-against-case-colonialism 2023.9.9 검색.

기존의 분열이 식민통치에 의해 제도화되었으며 식민통치가 없었다면 민족 간 갈등이나 나중에 민주주의에 대한 문제가 발생하지 않았을 것이라고 주장한다. … [그런데] 인도 라자스탄의 세 도시에서 실시한 새로운 실험을 활용한 최근 논문에서 라티카 초다리(Latika Chaudhary)와 동료들은 식민지 제도가 비식민지 제도보다 더 강한 사회적 협력의 유산을 남겼다는 사실을 발견했다. [이러한] 관점에서 볼 때 식민통치 시기의 '분할통치'에 대한 비판은 사실상 피해 주장을 가장한 민족주의적 수사에 불과하다.

길리는 오히려 식민지의 반식민지 투쟁과 독립이 옛 식민지에서 정치적인 혼란과 경제적인 쇠퇴를 가져와 그 지역인이 비참한 삶으로 고통받게 하고 있으므로 식민주의로 돌아가야 한다고 주장했다. 그러나 이러한 주장은 식민통치 시기 식민지인에 대한 제국의 야만적인 억압과 학살, 경제적 수탈을 망각한 데서 비롯된다.

말릭은 영제국의 구체적인 식민지 학살 사례들을 제시한다. 예를 들면 현재 오스트리아에서 1820년대와 1830년대에 일어난 '검은 전쟁(Black War)'에서 영국의 통치에 저항하다 사실상 원주민이 전멸한 태즈메이니아 사례, 1865년 모란트 베이 반란으로 영국군이 6주 동안 난동을 부려 400명 이상이 사망하고 거의 같은 숫자가 교수형에 처해진 자메이카의 사례 등이다. 그리고 1942~1943년 벵골 기근 때는 영국이 종래 인도로 쌀을 수입하던 관행을 깨고 오히려 전쟁터와 영국 내 소비를 위해 벵골에서 쌀을 수출하기로 결정하면서 현지에서 쌀이 크게 부족했고 그리하여 약 300만 명이 사망했다. 이러한 사례들은 영제국의 '질서'가 잔인하고 잔혹한 경험이었다는 점을 증명한다.

또한 2022년에 미국 역사가인 캐럴라인 엘킨스(Caroline Elkins)는 케냐를 비롯하여 27개의 식민지에서 잃어버렸던 기록들을 찾아내서 영제국의 가혹한 폭력과 야만적인 학살을 폭로하는 책을 펴냈다.[32] 이 책에서 그는 영제국이 '합법화한 불법(legalised lawlessness)'을 자행했다면서 영제국의 위선을 비판했다. 영제국이 법치주의를 확산시킨 후에 제국의 목적을 위해 악의적으로 법을 굽히는 이기적인 방법을 취했다는 것이다.[33] 법에 따라 학살의 책임을 묻는 것처럼 보였지만 실제 학살의 책임은 제대로 지지 않았다는 것이다. 제국 옹호자들은 유럽인이 법치주의와 자유의 사상을 전파했다고 한다. 그런데 그 법과 자유는 인종차별주의적 세계관에 기초하여 선택적으로 적용되었다.

3. 제국의 통치 혹은 식민지인 자치

식민지를 경험한 국가들은 독립 후 오랜 기간 동안 정치적 분열과 경제적 혼란을 경험했다. 이러한 상황을 보면서 길리는 탈식민 국가가 자치 능력이 있을 것이라는 주장은 신화에 불과하다고 주장했다. 식민제국으로부터 국가를 운영할 수 있는 관료제를 상속받았지만, 결국 그것을 제대로 운영하지 못했다는 것이다. 이에 대해 칸은 탈식민 국가에서 관료제를 제

---

[32] Caroline Elkins, 2022, *Legacy of Violence: A History of the British Empire*, Deckle Edge.

[33] Tim Adams, March 13, 2022, "Legacy of Violence: A History of the British Empire by Caroline Elkins review – the Brutal Truth about Britan's Past", *The Guardian*. https://www.theguardian.com/books/2022/mar/13/legacy-of-violence-a-history-of-the-british-empire-by-caroline-elkins-review-the-brutal-truth-about-britains-past 2023.9.9 검색.

대로 운영할 수 없었던 원인은 그것을 운영하는 방법을 모르기 때문이 아니라 부족한 자원, 난민 유입, 내부 이념 분열, 영토에 대한 외부 위협 등의 복합적인 요인 때문이라고 반박한다.[34]

흥미로운 점은 제국 옹호 식민주의자들 내부에서도 식민 정부에 대한 해석이 다르다는 것이다. 길리는 강력한 식민주의의 귀환을 통해 옛 식민지의 문제를 해결해야 한다고 강조했지만, 케임브리지 역사학 교수 로버트 톰스(Robert Tombs)는 영제국이 식민지 내의 문제를 통제하고 조정할 수 있을 정도로 강력한 권력을 행사하지도 못했다고 주장한다. 그는 다음과 같이 말했다.

> 제국은 결코 세계를 지배하는 '초강대국'이 아니었다. 이 공룡은 '중추 신경계가 보호하거나 지시하거나 통제할 수 있는 능력이 거의 없는 거대하고 취약한 팔다리를 가진 브론토사우루스'로 유명하다. 식민지 대부분은 영국의 느슨한 감독하에 자체적으로 운영되었다. 버마에서 경찰로 마지막까지 복무한 소설가 조지 오웰은 이 모든 것이 "원주민들에게 깊은 인상을 주려고 일생을 바쳐야 하는 '속이 빈, 포즈를 취하는 더미'라는 거대한 허세에 기초하고 있다고 생각했다." 그럼에도 불구하고 파커(Parker)의 책에서 분명히 알 수 있듯이 목표는 평화, 법과 질서, 경제 발전을 가져오는 것이었고 대부분의 식민 관리들은 그들이 좋은 일을 하고 있다고 확신했다.[35]

---

34 Sahar Khan, "The Case Against "The Case for Colonialism""
35 Robert Tombs, "If the British Empire was so evil, … ".

예를 들면 제2차 세계대전 시기에 파시스트 국가와 싸우기 위해 "아프리카에서는 40만 명이 제복을 입고 영국 군대에 복무"했고, "불만을 품은 인도에서도 역사상 최대 규모인 250만 명의 지원군이 나왔다"는 것이다.[36] 그런데 그들의 입대 지원 동기를 제국이 식민지에 '좋은 일을 하고 있다는 확신' 때문이었다고 단정할 수는 없다. 그들의 입대 동기는 매우 다양했을 것이기 때문이다. 그런데 마치 영제국이 좋아서 제국의 식민통치를 환영하면서 전쟁에 참전했던 것처럼 설명하고 있다.

그러면서 톰스는 탈식민주의자와 반식민주의자들이 영제국의 역사를 "식민주의적 죄악"만을 강조하는 방식으로 왜곡하고 과장하며 "이미 정해 놓은 도덕적 판단에 도달하기 위해 데이터보다는 비난을 앞세우고 있다"고 공격했다.[37] 노예제나 여성 문제 등 "식민지 원주민의 관습"에 대해서는 "도덕적으로 중립적이고 무한히 관대하지만 영제국에 대해서는 도덕적 절대주의를 적용"하여 평가한다는 것이다.

그의 논리에 의하면 영제국이 식민지를 직접 통치한 것이 아니라 식민지 원주민이 식민지를 운영했으며, 영제국의 관리는 그들을 위해 봉사했다는 것이고, 제국은 식민지를 완전히 장악하지도 못했지만 그럼에도 식민지에 학교를 건립하고 원주민 여성에 대한 시각을 교정하면서 여성 인권을 향상시켰는데 오히려 학계는 제국의 학살과 착취만을 강조한다는 것이다. 톰스의 주장에 의하면 서구의 반식민주의 주류 담론은 "자기혐오

---

36 Robert Tombs, "If the British Empire was so evil, … ".

37 David Martin Jones, June 2023. "Biggar's Seminal Study Reveals the Philistinism of Fashionable Western Self-loathing, Argues David Martin Jones", *CIEO*, 20th. https://www.cieo.org.uk/research/was-the-british-empire-evil/

의 속물주의"이다.[38] 실제 식민지 원주민이 통치 관료로 참여 혹은 협력한 것을 부정할 수는 없다. 그러나 그들은 제국에 적응하거나 협력했던 사람들이다.

4. 노예제의 종식

길리를 비롯한 영제국 옹호자들이 영국을 선한 제국이라고 주장하는 이유는 영국이 노예무역을 종식시켰고 노예제를 폐지했기 때문이다. 톰스는 다음과 같이 말한다.

> 영국인은 많은 수의 노예를 거래하고 소유했다. 윌리엄 피트(William Pitt) 총리는 1790년 사과하면서 '우리의 오랜 잔혹한 불의에 대한 속죄'를 요구했다. 노예무역은 1807년에 금지되었고, 31년 후에 식민지의 모든 노예가 해방되었다. 1808년부터 1869년 사이에 영국 해군이 전 세계적으로 1,600척 이상의 노예선을 나포하고 그 배에 타고 있던 약 150,000명의 아프리카인을 구출하는 등 전 세계적으로 노예제도에 맞서 오랜 전쟁을 벌였다. 외교적 장애물이나 때로는 폭력적인 저항에도 불구하고, 유럽인과 튀르키예인과 아랍인의 국제 노예무역을 종식시키는 데 있어서, '속죄'로 충분했는가[라고 질문한다면] 그것은 도덕적인 문제이지, 역사적인 문제가 아니다.[39]

---

38 David Martin Jones, "Biggar's Seminal Study Reveals … ".
39 Robert Tombs, "If the British Empire was So Evil, … ".

영국 대중은 영국이 1807년 노예무역을 금지하고 1833년에 노예제도 자체를 폐지한 것이 "선이 악을 이기고 위대한 승리를 거둔 것이며, 노예를 소유했던 과거의 오점을 일소한 국가적 희생이었다"고 생각한다.[40] 영제국이 스스로 노예제의 죄를 반성하고 걷어내면서 제국이 정의의 사도가 되었고, 이후 반노예제와 자유무역을 외치면서 세계의 변화를 주도했다는 것이다.

비거도 "제국이 본질적으로 인종차별적이었다는 주장의 가장 큰 문제점은 제국이 근본 원칙에 대한 기독교적 신념의 이름으로 노예무역과 노예제도를 폐지한 세계 역사상 최초의 강대국이었다는 사실을 고려하지 않는다는 것"[41]이라고 했다. 이러한 주장들에 대해 말릭과 칸은 15세기 이후 대서양 노예무역과 아프리카 노예제의 창안자가 포르투갈과 영국 등의 식민제국이었다는 점을 외면했다고 비판했다.[42] 포르투갈인이 1500년대 서아프리카를 탐험하면서 노예제를 시작했고, 영국인은 1619년에 최초로 아프리카 노예를 버지니아에 데려와 노예무역을 시작했다는 것이다. 또한 노예제 종식의 배경에는 영국의 도덕적 우월성이 아니라 "체계적인 탈식민지화와 식민지의 독립 전쟁이 있었다"는 점을 외면한 것이

---

40 Fara Dabhoiwala, Jan 29, 2021, "Empireland by Sathnam Sanghera and Slave Empire by Padraic X Scanlan‐review", *The Guardian*. https://www.theguardian.com/books/2021/jan/29/empireland-by-sathnam-sanghera-and-slave-empire-by-padraic-x-scanlan-review

41 Nigel Biggar, Aug. 13. 2021, "The British Empire: A Moral Account, Briefings for Britain." https://www.briefingsforbritain.co.uk/the-british-empire-a-moral-account/ 2023.10.1.검색.

42 Kenan Malik, "The Great British Empire Debate"; Sahar Khan, "The Case Against "The Case for Colonialism""

라고 반박했다.[43] 같은 시각에서 패드레이크 스캔런(Padraic X Scanlan)도 17세기 후반과 18세기 전반에 걸쳐 서인도제도 전역에서 수많은 탈출 노예와 반항 노예가 백인 정착민을 상대로 계속 게릴라전을 벌였으며, 19세기 초에는 1816년 바베이도스, 1823년 영국령 가이아나, 1831~1832년 자메이카에서 일어난 세 번의 주요 반란이 영국이 노예제를 폐지하는 데 영향을 미쳤다고 설명했다.[44]

역사학자들은 1807년 영국이 노예무역을 금지하게 된 배경에 대해 다양한 의견을 제시하고 있다. 여기에는 제국 옹호론자들이 강조하는 기독교 도덕의 사회적 영향력 확대나 평등에 대한 계몽주의적 이상 확립도 있지만, 노동계급 급진주의, 서인도 농장주들의 정치적 권력 쇠퇴, 농장 생산의 경제성 변화, 노예무역에 계속 관여하고 있던 프랑스와 스페인 등 제국주의 라이벌 국가들을 견제할 수 있게 된 영국의 전략적 이점 등 다양하다.[45] 즉, 어느 하나의 견해로 그 시기 노예무역 금지를 설명할 수는 없다. 그럼에도 제국 옹호론자들은 마치 제국의 계몽주의적 이상과 기독교적인 숭고한 도덕성이 노예무역 금지와 노예제 폐지의 동력이었던 것처럼 설명한다. 또한 노예무역을 제도적으로 금지한 이후에는 영제국이 노예무역에 간여하지도 이익을 취지도 않았던 것쳐럼 노예무역 폐지에 대한 도덕적 자긍심을 드러낸다. 그러나 역사적 사실은 영제국이 노예무역을 폐지한 이후에도 무역에 자금을 지원했고 노예무역선을 계속 건조하는 위선을 보였다는 것이다. 노예제 금지의 원인이 무엇이든, 노예

---

43 Sahar Khan, "The Case Against "The Case for Colonialism"".
44 Padraic X Scanlan, 2020, *Slave Empire: How Slavery Built Modern Britain*, Robinson.
45 Kenan Malik, "The Great British Empire Debate."

제 역사학자 제임스 월빈(James Walvin)은 "1807년 영국의 도덕성과 감수성에 대한 논의는 그 이전의 일을 모호하게 만드는 역할을 했다"고 지적했다.[46] 스캔런도 당시 "노예폐지론자의 비전은 매우 위계적이고 인종차별적이며 가부장적이었다"고 주장했다.[47] 스캔런은 노예제도의 폐지는 계몽된 영국인이 노예제도에 반대해서 이루어진 것이 아니라, 흑인이 스스로 해방하고 귀중한 영국 영토를 제국이 무력으로 점령하는 것을 막으려는 시도였다고 해석했다.[48]

18세기 유럽의 계몽주의는 유럽의 지적, 도덕적 문화를 변화시키고 평등과 자유를 중요시하는 현대 사상의 토대를 마련했다. 그러나 유럽의 식민주의는 계몽주의의 이상을 백인에게만 허용했을 뿐 유색인에게는 그러한 이상을 부정했다. 식민주의는 노예제를 유지하고 민주주의를 억압했으며 인종주의적 세계관에 뿌리를 두고 있었다. 유럽 이외의 지역에서 계몽주의의 이상을 진정으로 발전시킨 것은 식민주의가 아니라 반식민주의 운동이었다.[49]

---

46 Kenan Malik, "The Great British Empire Debate"
47 Fara Dabhoiwala, "Empireland by Sathnam Sanghera … "
48 Fara Dabhoiwala, "Empireland by Sathnam Sanghera … "
49 Kenan Malik, "The Great British Empire Debate"

IV. '도덕적으로 균형 있는 시각 (moral balanced approach)'?

비거는 2017년부터 6년간 옥스퍼드 대학에서 "윤리와 제국"이라는 주제로 학술 프로젝트를 진행했다. 그는 프로젝트를 시작하면서 프로젝트를 통해 "대부분의 학문적 담론에 널리 퍼져 있는 제국주의는 사악하며, 따라서 제국은 비윤리적"이라는 관념에 의문을 제기하고 기독교 윤리의 측면에서 제국을 평가하겠다고 했다.[50] 이에 대해 제국과 식민주의의 역사를 연구하는 영국의 학자들은 두 개의 공개 서한을 통해 이 프로젝트가 "잘못된 질문으로, 잘못된 용어를 사용하여 잘못된 목적을 위해 진행하고 있다"는 점을 비판하면서 옥스퍼드 대학이 그 프로젝트를 막아야 한다고 했다.[51] 그러나 프로젝트는 6년 동안 진행되었고 2023년에 비거는 『식민주의: 도덕적 판단(Colonialism: A Moral Reckoning)』[52]을 출판했다. 이 책에서 제국의 유산에는 선과 악이 도덕적으로 혼합되어 있다고 평가하면서 오늘날 영국 사회가 느끼는 제국 역사에 대한 죄책감은 근거가 없다고 주장했다. 그는 몇 가지 사례를 들어 영제국에 대한 비판을 희석하려고 했다.

비거도 제국이 인종차별적이었다는 주장에 대해 제국이 노예제 폐지를 통해 인종평등주의를 추구했다는 다른 제국 옹호론자의 주장을 반복

---

50 Kenan Malik, "The Great British Empire Debate".
51 James McDougall, December 19, 2017, "Ethics and Empire: an Open Letter from Oxford Scholars", *The Conversation*. https://theconversation.com/ethics-and-empire-an-open-letter-from-oxford-scholars-89333 2023.9.9. 검색.
52 Nigel Biggar. 2023, *Colonialism: A Moral Reckoning*, William Collins.

했다. 물론 영제국이 "원주민에 대한 추악한 인종차별적 경멸 요소를 포함하지 않았다고 주장하는 것은 아니지만, 그러한 태도는 제국의 중심지보다는 식민지 주변부에서 더 많았고, 식민 관료들보다는 정착민과 농장주들 사이에서 더 많았다"고 주장했다. 즉 인종차별주의의 문제는 영제국이 아니라 개인에게 있었다는 것이다. 제국은 노예제 폐지 이후 인종평등의 원칙을 견지했고 이러한 원칙은 제2차 세계대전에서 피부색에 관계없이 모든 제국의 전사자들을 동등하게 대우했다는 점에서도 드러난다고 주장했다.

대량학살 문제와 관련하여 비거는 "이 단어를 전체 국민의 의도적이고 치명적인 절멸을 지칭하는 단어로 사용하는 것은 유보해야 한다"고 주장했다. 그의 말을 보면 다음과 같다.

> 이유는 세 가지이다. 첫째, 21세기 초에는 이 단어가 나치의 '홀로코스트'를 암시하는 것으로 들린다. 이것이 바로 대량학살의 패러다임이다. [대량학살이란] 국가가 의도적·체계적으로 대량학살을 통해 사람을 제거하는 것이다. 둘째, 1948년 집단살해 범죄의 예방과 처벌에 관한 UN 협약은 '집단살해'를 "의도를 가지고 행해진 일련의 행위"로 정의한다. 국가적, 민족적, 인종적, 종교적 집단 전체 또는 일부를 파괴하는 것"(제2조). 셋째, 만약 우리가 그 단어를 엄격하게 사용하지 않고 질병으로 인한 인류의 멸종을 부주의하게 초래하는 것을 포괄하도록 그 단어를 완화한다면 중요한 도덕적 구별을 생략하게 된다. 우발적 살인은 도덕적으로 살인과 동일하지 않다.

기본적으로 나치의 홀로코스트는 대량학살에 해당하지만 대량학살에 대한 엄격한 정의를 사용하면 대영제국은 대량학살을 자행한 사례가 전혀 없다는 것이다. 제국에서 일어난 많은 사람들의 죽음은 제국에 의한 대량학살이 아니라 질병이나 제국 내 개인의 비행이라고 설명했다. 예를 들면 앞에서 말릭이 언급한 1830년대부터 1940년대까지 지속되었던 태즈매이니아 원주민 사건에 대해 다음과 같이 말했다.

> … 비록 개별 정착민과 죄수들이 때때로 인종차별적 동기와 말살 의도로 살인을 했다고 해도 일반적으로 태즈메이니아에서 일어난 일은 대량학살이 아니었다. 식민지 당국은 원주민을 보호하기 위해 지속적으로 노력했다. 그럼에도 불구하고, 정착 후 처음 30년 동안 태즈매이니아 원주민 인구는 부족 간 전쟁, 무엇보다도 질병 등 다양한 이유로 감소했다. 영국 이민자들이 그 질병을 가져왔다고 해도, 그리고 그것을 통해 간접적으로 원주민의 죽음을 초래했다고 해도 비난받을 수 없다. 그리고 원주민이 천연두로 사망했기 때문에, 그것은 유럽인이 아닌 인도네시아 어부들에 의해 유입되었을 수도 있다.

비거는 태즈매이니아의 많은 사람들이 질병으로 죽었으므로 그것을 제국의 책임이라고 할 수 없다고 했다. 그런데 태즈매이니아에 죄수와 군인으로 구성된 영국인은 그 섬에 도착하여 남성, 여성, 아이들 대상으로 약탈, 강간, 살인 등의 범죄를 저질렀다. 원주민이 저항했지만 총과 칼로 무장한 영국인을 당해 낼 수 없었다. 백인의 폭력은 18세기 후반 영국 함대가 죄수를 싣고 도착했던 때부터 시작되었으며, 1820년대 중반에는 영국인과 원주민 사이의 충돌(Black War)로 순혈의 원주민은 거의 소멸당했다. 이것을 말릭은 제국의 폭력으로 정의했지만, 비거는 그것은 개인의 폭력이지 제국이 책임져야 할 대량학살이 아니라고 주장했다. 그런데 식민정부가 그러한 폭력을 허용하지 않았다면, 혹은 강력하게 통제했다면 그러한 사건이 일어날 수 있었을까? 이후 제국의 총독이 원주민의 권리를 보호해 주겠다고 그들을 다른 섬으로 이주시켰다고 해서 제국의 책임에서 벗어나기는 어렵다.

    비거의 책에 대해 한편에서는 "영 식민제국의 모든 나쁜 점과 좋은 점에 대한 냉철한 평가"[53]라는 주장도 있다. 그러나 "제국에 대한 잘못된 방어"라는 비판도 있다.[54] 그러나 비거는 제국의 잘못과 공헌을 균형잡힌 시각에서 접근해야 한다고 주장한다. 이에 대해 옥스퍼드의 동료 교수들이 성명서를 내고 비거가 "터무니없는 '대차대조표' 접근 방식을 취했다"고 비판했다. 그런데 후술하겠지만 비거의 방식이 학교 현장에도 영향을 미치는 것으로 보인다.

V. 영국에서의 영제국 교육

현재 적용하고 있는 영국의 교육과정(2014)에서는 식민주의나 영제국을

---

53 Lili Zemplényi, June 6, 2023, "Was the British Empire Essentially Racist, as the Nazis were Essentially Antisemitic? — Nigel Biggar on Colonialism and the Ethics of Empire", *Hungarian Conservative*. https://www.hungarianconservative.com/articles/culture_society/nigel_biggar_scruton_colonialism_ethics_british_empire/ 2023.9.9 검색.

54 Kenan Malik, Feb 20 , 2023, "Colonialism by Nigel Biggar Review-a Flawed Defence of Empire", *The Guardian*. https://www.theguardian.com/books/2023/feb/20/colonialism-a-moral-reckoning-by-nigel-biggar-review-a-flawed-defence-of-empire 2023.9.9 검색.

필수적으로 가르쳐야 할 내용이 아니다. 주요단계 3[(Key Stage 3)KS 3]에서 선택 주제로 가르칠 수 있도록 할 뿐이다. 이에 따라 학생들은 영제국을 학습해 보지 않은 채 학교 교육을 마칠 수도 있다.

2014 역사 교육과정을 개정할 당시에 영국 제국주의와 식민주의 유산을 어떻게 가르칠 것인가에 대한 논쟁이 있었다. 당시 역사협회(Historical Association)가 설문조사를 진행했고 다수의 정치가와 역사가가 논쟁에 참여했다. 몇몇 보수 역사가들은 잉글랜드의 학교는 영제국을 가르치는 것에 관심이 없고 충분한 시수를 배정하지 않는다고 비판했다.[55] 세계 역사상 가장 위대한 제국인 영제국을 가르치지 않는다는 비판이었다. 당시 교육부장관이었던 마이클 고브(Michael Gove)도 "너무 많은 역사를 탈식민적 죄책감"의 시각에서 가르치고 있다고 비판하면서 우리의 과거를 "쓰레기화"하는 방식은 이제 멈춰야 한다고 주장했다.[56] 정치가들도 영제국의 긍정적인 측면을 더 다루어야 한다고 권고했다. 2014년 역사 교육과정 개정을 보수당이 주도하면서 보수적 학자와 정치가의 요구를 받아들여 영제국의 공헌을 부각하면서 영제국에 대한 학습 분량을 확대하려고 했다. 그러나 2013에 나온 역사 교육과정 초안은 교사들의 비판에 부딪혔다. 역사교사 90%가 참여한 설문 조사에서 다수의 교사가 제국을 필수로 가르치게 되면 역사교육의 질이 떨어질 것이라는 의견을 피력

---

55 Terry Haydn, 2014, "How is 'Empire' taught in English schools?", *Handbook of the International Society of History Didactics*, Schwalbach, Wochenschau Verlag.

56 Peter Wozniak, 5 October, 2010, "Michael Gove, Schools will 'Stop Trashing Our Past'", Politics,co,uk, *Speech*. https://www.politics.co.uk/news/2010/10/05/gove-schools-will-stop-trashing-our-past/ 2023.9.9 검색.

했다.[57] 그 이유는 너무 앵글로 중심적이며, 너무 많은 양을 담고 있다는 것이다. 제국을 긍정적으로 가르친다는 것에 대한 비판이라기보다는 학습량 증가를 거부하는 것이었다. 결국 정부는 2014년 역사 교육과정에서 일보 후퇴하여 영제국사를 필수가 아니라 선택 주제로 가르치도록 했다. 이러한 교육과정을 2023년 현재에도 적용 중이다.

2014년 개정 교육과정에 따른 역사 교과서를 검토한 테리 헤이든(Terry Haydn)은, 이 교과서들이 공통적으로 학생들에게 제국의 긍정적인 측면과 부정적인 측면을 담은 역사적 자료와 제국에 대한 다양한 의견 및 평가를 검토하도록 안내하며, 때로는 학생들이 단순한 흑백 논리로 영제국의 식민지에 미친 영향을 해석하는 것을 경계하도록 안내했다고 했다.[58]

그런데 2020년 5월 25일 아프리카계 미국인 조지 플로이드(George Floyd)가 경찰에 의해 살해된 사건은 영국에서도 인종 문제에 대한 격렬한 논쟁을 불러일으켰다. 특히 역사교육계는 영국의 역사 교육과정이 식민주의 과거를 외면하고 있으며, 다양성이나 문화적 포용성 측면에서 매우 소극적으로 대응하고 있다고 비판하고 나섰다. 이들은 영국인의 인식 변화를 위해 교육과정을 '탈식민화(decolonizing)'해야 한다고 주장했다.[59] 영국의 불평등 문제를 인식하고 그것에 적극적으로 문제제기를 할 수 있게 역사, 특히 제국사를 가르쳐야 한다는 것이다.[60]

---

57 Terry Haydn, "How is 'Empire' taught in English schools?"
58 Terry Haydn, "How is 'Empire' taught in English schools?"
59 Dorrie. Chetty, 2020, "A Personal Journey into Decolonising the Curriculum and Addressing White Fragility", *Research Intelligence*, 142, p.11.
60 Malon Moncrieffe & Rebecca Harris, 2020, "Repositioning Curriculum Teaching and

2020년 6월 8일에는 탈식민주의(decolonization)나 반식민주의 역사교육론자들이 영제국의 인종차별주의적 제국 통치를 정확하게 가르쳐야 한다는 청원을 정부와 의회에 제출했다.[61] 영제국이 인디아, 아일랜드에 미친 영향, 그리고 지구적 노예무역에서 영제국의 역할, 노예제 폐지와 아프리카에서 일어난 노예반란인 부사(Bussa)반란과 같은 정치적 맥락을 정확하게 가르쳐야 한다는 것이다. 이러한 움직임에 대해 보수 제국 옹호론자들은 좌파의 자학적인 각성에 지나지 않는다고 공격했다.[62] 결국 이 청원은 거부되었다. 2021년 4월 20일 학교 표준 국무부 장관이었던 닉 기브(Nick Gibb)는 교육과정을 검토할 계획이 없다고 했다.[63] 그는 제국과 노예무역을 필수적으로 가르치도록 하면 기준(standards)이 낮아질 위험이 있다고 했다. 너무 많은 주제를 가르치도록 하면 수업의 질이 떨어지며 교사의 선택 자유를 제약할 것이라면서 거부를 정당화했다. 그러나 탈식민주의 역사교육론자들은 영제국에 대한 학습을 의무화하는 것이 영국사 교육과정의 다양성과 포용성을 향상시킬 수 있는 해결책이라고 주장했다.[64]

    Learning Through Black-British History", *Research Intelligence*, 144.

61 Rejected Petitions, UK Government & Parliament, 2020, "Teach the History of the British Empire Extensively on the National Curriculum", https://petition.parliament.uk/petitions/325533 2023.9.9 검색.

62 Dominic, Sandbrook, 2023, "How dare the National Trust link Wordsworth … ;" Andrew Mansfield, "Increasing Inclusion for Ethnic Minority Students by Teaching the British Empire and Global History in the English History Curriculum", *Oxford Review of Education*, 49:3.

63 Rob Merrick, February 25, 2021, "Schools Minister Rejects Lessons about Colonialism and Slave Trade in Case They 'Lower Standards'", *Independent*.

64 Andrew Mansfield, "Increasing Inclusion for Ethnic Minority Students", p.363

그러나 잉글랜드에서 가장 대중적인 역사교육 웹사이트인 역사협회(Historical Association)나 국립아카이브교육[National Archives Education (NAE)] 등에서 제시하는 제국에 대한 교수학습 자료와 학습 활동을 보면 청원 이후에도 영제국의 긍정적인 영향과 제국주의의 부정적인 영향을 모두 가르치는 방식, '균형 있는 시각'을 추구하는 방식이 여전히 지배적이라는 점을 알 수 있다.[65] 반제국 혹은 반식민지적 입장보다는 '균형 있는 시각'에서 서로 다른 해석의 대상으로 제시해 왔고 현재도 그러한 시각에서 교육자료를 제공할 뿐 아니라 학습활동을 구성하고 있다. 오히려 '균형'이 아니라 영제국을 옹호하고 변명하는 시각이라고 표현하는 것이 적합할 수도 있다.

예를 들면 역사협회 사이트에는 2021년 8월 20일에 「British Empire on Trial」이라는 제목의 글이 실렸다.[66] 이 글에서 그레고리 기포드(Gregory Giffod)는 영제국주의를 단일한 해석으로 가르칠 수 없다고 하면서 "재판에 회부하여 찬반 양론의 균형잡힌 주장"을 가르쳐야 한다고 했다.

기포드는 2019년 홍콩 반환 과정에서 홍콩인의 저항과 2020년 흑인인권운동(Black lives matter)에 대한 설명으로 글을 시작했다. 2020년에 반인종주의 시위자들이 노예상인이었던 에드워드 콜슨(Edward Colston)의 동상을 철거했고 이후에 거리를 끌고다니다가 항구에 던졌다. 흑인인권운동의 성과이다. 그런데 2019년 홍콩 반환 과정에서 홍콩 사람들은 중국 당국에 맞서며 민주적 권리와 자유의 보장을 요청했다. 이 사건은 홍

---

65 Alex Benger, 13 July, 2022, "Navigating the 'Imperial History Wars'", *Teaching History*.
66 https://www.history.org.uk/publications/resource/10171/the-british-empire-on-trial 2023.9.9 검색.

콩이 영국 식민지로 있으면서 '자유민주주의'를 학습한 것으로 읽었다. 기포드는 이 두 사건들을 보면 영제국을 하나의 시각에서 해석할 수 있을까 고민하게 되고 따라서 학교에서 영제국을 균형 있게 가르쳐야 한다고 주장했다.[67] 제국의 부정적 측면과 긍정적 측면에 대한 기포드의 설명을 요약하면 다음과 같다.

> 영제국의 치부를 가감 없이 드러내면서 잘못을 통렬하게 비판하는 한편 영제국의 공로도 인정해야 한다는 것이다. 이러한 '균형 있는 시각'에서는 영제국이 식민지 원주민에게 큰 고통을 안겨 주었으며, 인종차별적 시각에서 노예제를 운영했고 수백만 명의 아프리카인에게 비인간적인 대우를 했다는 것을 인정한다. 또한 영국 경제 발전에 식민지가 이용되었으며, 식민지 통제를 위해 폭력이 수반되었다는 점도 비판한다. 일부 몇몇 선량한 선교사, 식민지 관리들이 개인적으로 식민지인에게 선한 일을 했을지라도 그것은 백인 우월주의 시각에서 초대받지 않은 문화를 강요한 것이라는 점도 비판한다. 또한 모든 식민주의는 폭력에 의존했고, 원주민은 적극적으로 저항했다. 그 과정에서 많은 민족주의 지도자들이 투옥되었고, 원주민은 학대, 고문, 죽임을 경험했다. 식민지 본국의 경제 발달을 위해 식민지를 경제적으로 착취하고 이에 따라 인도인은 기근으로 인한 희생을 강요받았다. 아일랜드(1921), 인도 분할/파키스탄(1947), 팔레스타인/이스라엘의 분리

---

67 Gregory Gifford, 30 August, 2021, "The British Empire on Trial", *The Historian*, Historical Assocaition. https://www.history.org.uk/publications/resource/10171/the-british-empire-on-trial 2023. 10.01 검색.

독립, 팔레스타인/이스라엘 분할(1948) 등도 영제국의 책임이다.

그러나 다른 한편 기포드는 많은 사람들이 인종 차별과 폭력의 유산에 대해 강하게 느끼는 것은 충분히 이해할 수 있지만 이러한 폭력은 인류의 역사만큼이나 오래되었다고 제국의 폭력을 변명했다. 또한 영제국은 세상을 더 민주적으로 만들었다는 점을 강조했다. 또한 두 차례의 세계대전에서 식민지인이 자원하여 참전하였으며, 이들은 임금 약속부터 인도 독립 등의 대의가 있었지만 그럼에도 불구하고 그들이 영국과 기꺼이 싸웠다는 사실을 인정해야 한다고 주장했다. 영제국이 식민지의 나쁜 관행들을 개선했다는 점-예를 들면 인도의 사티나 여성 할례 등을 금했다는 점-, 노예제가 제국주의의 가장 잔인한 측면이었지만 결국 그것도 폐지했다는 점도 언급했다. 제국의 정복과 약탈을 인정하면서도 철도, 항구, 전선 등 결국 영제국이 자유 무역을 확대하는 데 결정적으로 중요한 역할을 했다고도 했다.

이러한 기포드의 설명에서 앞서 요약한 반제국주의 제국 비판론자와 식민주의 제국 옹호론자의 영제국 평가를 모두 읽을 수 있다. 영국에서 제국을 양면적 혹은 양가적으로 평가하는 시각은 점점 확산되고 있다. 그런데 전체적인 뉘앙스는 제국이 잘못하기도 했지만 결국 제국이 식민지를 문명화했다는 시각이 깔려 있다.

교사들에게 교육 자료를 제공하는 국립아카이브교육에서도 제국 옹호론자의 주장들을 적극적으로 반영하여 제국에 대해 생각해 보게 유도한다. 국립아카이브교육에서는 영제국에 대한 학습 안내를 다음과 같은 문구로 시작한다.

영제국의 역사는 영국의 이야기이자 세계의 이야기이다. 지난 400년 동안 영국은 주로 제국 덕분에 세계에서 중요한 역할을 해 왔다. 여기서 여러분은 제국이 영국을 그토록 중요하게 만든 방법과 이유를 살펴보게 될 것이다. 우리는 제국의 모든 측면을 연구하려고 노력하지 않는다. 왜냐하면 제국은 너무 거대하고 오래 지속되었기 때문이다. 대신, 우리는 제국에 대한 대략적인 이해를 제공할 몇 가지 정보와 원본 소스를 제공했다.[68]

영제국을 세 개의 토픽으로 가르친다.
첫째 갤러리의 토픽은 영제국의 성장이다. 다음과 같이 안내한다.

이 갤러리에서는 작은 나라인 영국이 어떻게 거대한 제국을 통치하게 되었는지 살펴볼 것이다. 이 갤러리의 주요 질문은 다음과 같다. 영국인은 왜 제국 건설자가 되었습니까? 많은 전문가들이 이 질문에 대한 가능한 답변을 제안했다. 그들은 제국을 건설한 사람들이 A) 무역, B) 정치, C) 종교, D) 야망, E) 모험, F) 토지에 의해 동기가 부여되었다고 믿는다. 이 갤러리에서 여러분의 임무는 이러한 동기가 제국의 성장에 어떤 역할을 했는지 조사하는 것이다. 또한 제국 역사의 여러 장소와 시대에 따라 제국 건설자들의 동기가 달랐는지 살펴볼 것이다.

---

68 National Archive, British Empire, https://webarchive.nationalarchives.gov.uk/uk-gwa/20220222071432/https://www.nationalarchives.gov.uk/education/empire/ 2023.9.1 검색.

두 번째 갤러리에서는 영제국에서의 삶(Living in the British Empire)이다. 여기서는 영국의 시각, 오스트레일리아, 아프리카, 인디아, 북아메리카, 이주 등의 항목으로 구성하고 있다. 각각 질문을 주고 사료에 기초하여 대답하게 한다. "우리는 영제국을 어떻게 기억해야 할까"라는 질문하에 영국, 오스트레일리아, 인디아, 북아메리카, 아프리카, 이주 등의 사례를 탐구하게 한다. 사료에 적힌 내용의 시각을 평가하게 하므로 복수 해석이 가능할 것처럼 보인다. 예를 들면 사례연구 2에서 '영제국에서의 삶'의

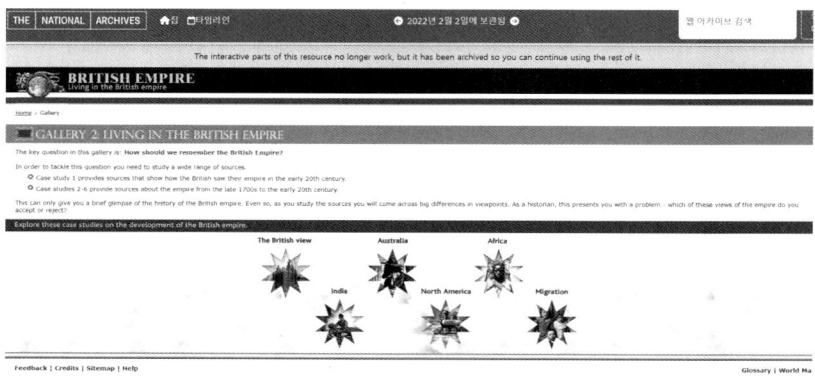

〈그림 2〉 National Archive, British Empire, 갤러리 2: 영제국에서의 삶

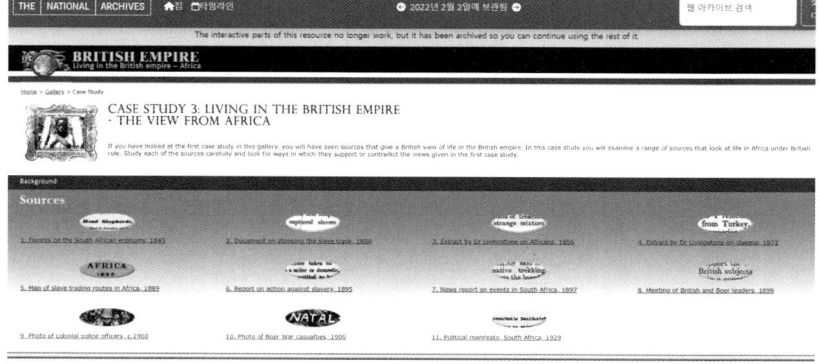

〈그림 3〉 National Archive, British Empire, 갤러리 2: 영제국에서의 삶에서 아프리카의 시각

'영국의 시각'은 〈그림 2〉와 같은 주제로 구성한다.

〈그림 3〉은 영제국에서의 삶에서 아프리카의 시각을 탐구하는 사료들이다. 이 사료의 시각을 사료의 출처에 근거하여 평가하도록 한다. 그런데 사례연구 3의 아프리카의 시각에는 최근 제기된 제국 옹호자들의 주장이 깔려 있는 것을 알 수 있다. 예를 들면 탐구하는 사료 가운데 〈그림 4〉와 같은 사진이 있다. 아프리카 원주민이 식민지 경찰로서 멋을 내고 있는 사진이다. 아프리카의 시각을 탐구할 때 제공하는 배경설명을 보면 제국 내 아프리카인의 다양한 삶을 소개하지만, 대체적으로 제국하에서 아프리카인은 억압, 차별, 착취의 대상이었다는 점을 강조한다. 그러나 제시된 사료들은 영국이 노예무역을 금지하려고 노력했던 사료, 리빙스턴의 원주민에 대한 생각, 영국과 보어 지도자들의 회의(1899), 식민지 경찰관의 사진(1900), 보어전쟁의 사상자 사진(1990), 남아프리카의 정치적 선언문(1929) 등과 같은 사료를 제시하고 모든 사료에서 학생들에게 제국에 대

〈그림 4〉 National Archive, British Empire,갤러리 2: 영제국에서의 삶에서 아프리카의 시각, 식민지 경찰의 사진 1900.

해 긍정적인 혹은 부정적인 생각을 하는지 질문한다. 예를 들면 〈그림 4〉의 식민지 경찰에 대한 사진을 보면서 다음과 같은 과제를 제시한다.

이 소스를 주의 깊게 연구하세요.
1. 이 자료는 다음 문제와 관련하여 영제국 생활에 대해 어떤 인상을 주나요?
    영제국의 원주민에 대한 대우는?
    원주민이 자신의 국가를 운영하는 데 참여했는지 여부?
    영국의 통치는 어떻게 작동했으며 그것이 영국이 통치한 국가에 이익을 가져왔는지 여부는 무엇입니까?
2. 이 출처가 제국에 대해 긍정적인 견해를 제공하는지 부정적인 견해를 제공하는지 설명하십시오.

그리고 이 사료의 배경지식을 제시하는데 "아프리카의 영국인"에 대한 종합적인 평가를 다음과 같이 서술한다.

"아프리카의 영국인"
따라서 아프리카에서의 영국의 통치에 대해 전면적인 판단을 내리는 것은 어렵다. 영국인의 도착은 확실히 전통적인 아프리카 문화와 생활방식을 혼란에 빠뜨렸다. 이는 아프리카 추장들과 그 사람들 사이의 격차를 더욱 확대시켰다. 이는 아프리카 경제를 변화시켰고 영국과의 무역에 의존하게 만들었다. 영국인들은 도로와 철도 개발에 투자했다. 그들은 교육과 의학에 대한 새로운 아이디어를 가져왔다(비록 질병도 가져왔지만). 영국 관리들은 일반적으로 영국군이 철수할 때 남겨진 정착민들보다 아프리카인들을 더 잘 대했다.

영국인들은 노예제도와 싸우기 위해 막대한 자원을 투입했다. 영국 해군은 노예선을 저지하고 노예 상인 수용소를 급습했으며 노예제도 반대 캠페인에서 다른 나라 해군과 긴밀히 협력했다. 1841년 영국 정부는 프로이센, 네덜란드, 덴마크, 프랑스, 오스트리아, 러시아와 조약을 협상하여 모든 강대국이 노예제도를 반대하기로 합의했다. 미국에서 노예제도가 폐지된 후(1865) 영국과 미국 해군은 불법 노예업자를 잡기 위한 세부 계획을 세웠다. 영국 선교사와 탐험가들은 영국 관리와 군대의 도움을 받아 동아프리카에서 아라비아로의 노예무역을 막기 위해 끊임없이 노력했다. 그러나 일부 역사가들은 노예제도 반대, 철도 건설 등이 단순히 영국의 무역 이익에 도움이 되었다고 주장한다.[69]

제국 옹호자들의 주장처럼 영제국이 노예무역을 금지하고 노예제를 폐지하려고 노력했다는 주장을 강조하는 방식으로 서술하고 있는 것을 확인할 수 있다. 학생들이 자료와 자료의 출처를 확인하고 자신의 의견을 제시하게 하지만 제시하는 자료가 학생의 시각에 영향을 미치지 않을 수 없다. 현재 영국에서 제국에 대한 교육은 '균형 있는 시각'을 내걸고 있지만, 제국 비판의 시각보다는 제국 옹호의 시각에 무게 중심이 가 있는 것으로 보인다.

---

69 National Archive, British Empire, 갤러리 2: 영제국에서의 삶에서 아프리카의 시각, 식민지 경찰의 사진 1900의 배경지식의 일부. https://webarchive.nationalarchives.gov.uk/ukgwa/20220201211022/https://www.nationalarchives.gov.uk/education/empire/g2/cs3/background.htm 2023.10.1 검색.

이러한 분위기에서 2022년 3월 28일에는 나이지리아에서 교육을 받은 흑인 여성인 영국의 평등부장관인 케미 바데노크(Kemi Badenoch)는 학교에서 역사를 가르치는 방식을 전면 개편하려는 계획을 시작했다면서 영제국의 긍정적인 면과 부정적인 면을 모두 영국 학교에서 가르쳐야 한다고 발언하기도 했다.[70] 바데노크는 역사 커리큘럼은 전문가들이 결정할 것이며 영제국이나 노예제도와 같은 주제를 가르칠 때 "특정 민족이나 피부색이 이러한 유형의 역사를 소유한 것처럼 보이지 않고 다양한 민족의 다양한 측면을 모두 영국의 이야기에 엮어낼 수 있도록" 할 것이라고 밝혔다. 바데노크의 주장에 대해 코조 코람(Kojo Koram)은 "영제국의 '이점'을 가르치는 것은 문화 전쟁을 일으키려는 또 다른 시도일 뿐이다"라고 비난했다.[71] 코람은 바데노크의 계획에 따르면 "제국에 대해 배우는 것은 동일한 비중으로 긍정적인 것과 부정적인 것을 토론하는 게임이 된다"는 것이다. 그는 "제국을 세상에 대해 비판적으로 생각하는 렌즈가 아니라 사람들이 자랑스러워하는 토템으로 만들려 한다고도 비판했다.

　그런데 『타임즈(The Times)』는 바데노크의 글을 게재하면서 글 중간에 "영제국의 '혜택'을 학교에서 가르쳐야 하나요?"라는 질문을 제시하고 의견을 조사하고 있다. 이 조사에 2023년 10월 7일 현재 1,617명이 참여했

70　Zaina Alibhai, March 21, 2022, "Equalities minister Kemi Badenoch says British Empire achieved 'good things' throughout rule: The minister says her education in Nigeria has shaped her view of the past", *Independent*. https://www.independent.co.uk/news/uk/politics/kemi-badenoch-british-empire-colonialism-b2040002.html 2023.9.9 검색.

71　Kojo Koram, 1 April, 2022, "Teaching the 'Benefits' of the British empire is Just Another Attempt to Stoke the Culture War", *The Guardian*. https://www.theguardian.com/commentisfree/2022/apr/04/pupils-benefits-empire-ignorance-royals-caribbean-windrush 2023.9.9 검색.

고 이 가운데 "역사에는 양면성이 있다(77%)"라고 생각하는 사람들이 "제국의 혜택이 없다(11%)"고 생각하는 사람들보다 월등하게 많았다.[72] 많은 영국인이 제국의 선과 악을 '균형 있게' 가르쳐야 한다고 생각하는 것이다.

이러한 영국 대중의 인식 뒤에는 앞에서 살펴본 식민주의자들의 글과 대중 강연들이 있다. 나이젤 비거도 모든 종류의 인간 통치는 선과 악의 혼합을 낳으며 영제국에도 선과 악이 모두 포함되어 있으므로 그것을 양면적으로 평가해야 한다고 했다.[73] 옥스퍼드 대학교의 동료 교수들은 그가 "터무니 없는 대차대조표" 접근방식을 취했다고 비판했지만, 영국에서 '균형 있는 시각'에서 영제국을 가르치는 경향은 지배적인 것으로 보인다.[74]

미국 스탠퍼드 대학의 역사학 교수인 프리아 사티아(Priya Satia)는 매사추세츠주 케임브리지에 있는 공립학교에서 제국에 대해 긍정적 혹은 부정적 입장을 제시하라는(pro con) 과제에 대해 언급하면서 제국을 장단점으로 가르칠 수 없다고 강력하게 비판했다.[75]

다른 한편 일부 교사들은 다양성과 포용성의 시각에서 제국을 다루려

---

[72] Matt Dathan. 21 March, 2022,Kemi Badenoch: 'Pupils should Learn Benefits of Empire', The Times. https://www.thetimes.com/uk/history/article/was-the-british-empire-all-bad-empireland-sathnam-sanghera-p5z0mv37n (2024.09.20. 검색).

[73] Nigel Biggar. "The British Empire: a Moral Account, Briefings for Britain".

[74] 역사교육 자료를 제공하는 여러 사이트들에서 그러한 증거를 볼 수 있다. 예를 들면 GetRevising에 2015년에 한 교사가 게시한 the British Empire의 advantages와 disadvantage 자료(https://getrevising.co.uk/grids/the_british_empire), Matt, Teaching the British Empire, Medium, 8 May, 2021. https://medium.com/age-of-awareness/teaching-the-british-empire-c3f0c708ce52;

[75] Priya Satia, "You Can't Teach "Pros and Cons" When it Comes to Empire", *History News Network*, https://historynewsnetwork.org/article/182838 2023.10.1 검색.

고 노력하기도 한다. 2021년 Historical Association Secondary Survey에 의하면 87%의 학교가 KS 3 교육과정에서 다양성과 포용성을 추구하고 있다는 점을 확인했다.[76] 그런데 이는 영제국을 비판적인 시각에서 가르치려는 경향이라기보다는 영제국 역사에서 종래 소외되었던 사람들의 기여를 강조하는 방식이다. 교사인 아론 윌크스(Aaron Wilkes)와 샬리나 페이트(Shalina Pate)는 다양성과 포용성의 시각을 다음과 같이 설명했다.

> 예를 들어 철도 학살 사건 같은 것에서 피식민자들의 목소리를 재조명하는 것이다. 우리가 일반적으로 이 투쟁에 관련된다고 생각해 온 사람들에 대해서만 이야기해서는 안 되며, 여성과 같이 그 안에서 소외된 집단에 대해서도 생각해야 한다. 그리하여 이야기의 폭을 넓혀 학생들이 그 이야기에 대해 질문할 수 있도록 해야 한다.

민족 대 민족, 제국 대 식민지의 이분법에서 탈피하여 제국 내, 식민지 내에서 종래 소외되었던 사람들의 목소리를 탐구할 수 있게 한다는 것이다. 이러한 시각은 제국 옹호나 제국 비판의 이분법적 시각을 지양하고 영국에 이주해 들어오는 이주민들을 영국사에 포함시키겠다는 의지라고 할 수 있다.

---

[76] Aaron Wilkes and Shalina Patel, 19 April, 2023, "Teaching the British Empire at KS3 History", Oxford Education Blog, Oxford University Press. https://educationblog.oup.com/uncategorized/teaching-the-british-empire-at-ks3-history 2023.10.1 검색.

VI. 맺음말

주류 역사가는 영국 제국주의를 폭력적이고 공격적인 제국주의라고 평가하면서 영제국이 식민지에서 자행했던 토지 몰수, 노예제도, 대량학살, 억압 등을 제대로 봐야 한다고 주장한다. 그런데 영국 대중의 인식은 다르다. 30%가 넘는 영국인이 제국이 식민지 발전에 지대한 공헌을 했다고 자부하면서 영제국을 그리워한다. 영제국의 악행을 비판하면서 수치스럽게 여기는 사람은 점점 줄어들고 있다. 옛식민지의 정치적 변화나 경제적 발전을 보면서 식민주의 영제국의 세계사적 공헌을 강조하는 제국 옹호론자들의 도전이 계속되고 있다. 이러한 가운데 영제국의 긍정적 측면과 부정적 측면을 '균형 있게' 가르쳐야 한다는 주장이 득세하고 있다.

영국에서는 2014년 개정 교육과정에서 제국을 주요 단계 3에서 선택 주제로 가르치게 하는데, 교사들은 '균형 있는 시각'에서 영제국을 평가하도록 수업을 해 왔다. 흑인인권운동(Black lives Matter) 이후 영제국을 좀 더 비판적인 시각에서 가르쳐야 한다는 주장도 있다. 나아가 영제국을 교육과정에서 필수 주제로 지정하여 현재의 사회적 불평등을 역사적 맥락에서 가르치도록 해달라는 국회 청원도 있었지만, 사회적 분위기는 오히려 여전히 '균형 있는 시각'에서 제국을 가르쳐야 한다는 쪽으로 기울고 있다.

진보적 진영의 교사인 루스 맥크루(Aneira Roose-McClew)는 영국에서 가르치는 영제국사가 '제국 시대'를 영광과 위대함의 시대로 묘사하는 식민주의자들의 목소리를 증폭시키는 경향이 있다고 공격했다.[77] 그는 식민

---

[77] Aneira Roose-McClew, 10 March, 2021, Teaching the British Empire – Why students deserve more than an incomplete history, TN Teachwire. https://www.teachwire.net/

주의의 지배를 받은 사람들이 그들 스스로 근대적 전환을 이룩하지 못했을 것이라고 가정하면서 영제국이 어떻게 식민지에 스포츠 전통, 철도망, 교육, 민주주의를 남겼는지를 가르치지만, 영국의 현재 부가 해외 영토에서 수백만 명의 식민지인에 대한 고통, 착취 및 노예화에서 얻어진 것임을 가르치지 않는다고 비판했다. 또한 오늘날 지속되는 인종 차별적 구조가 영제국의 약탈과 억압을 정당화하는 데 사용된 식민주의의 산물이라는 점을 분명하게 가르치지 않는다고 지적했다. 그러나 영국 정부는 제국을 '균형 있게' 가르칠 필요가 있다고 하면서 역사 교육과정 개정을 시사하기도 한다.

그런데 최근에 역사 교육과정을 탈식민화(decolonizing)하고 사회적 불평등 문제를 해결해야 한다는 주장도 나오고 있다.[78] 여기서 탈식민화는 영제국사를 포용성(inclusvieness)의 원칙으로 다시 구성하여 가르쳐야 한다는 주장이다. 이러한 시각에서는 제국사에서 종래 소외되었던 집단의 목소리를 포함하고 제국의 유산으로서 이주에 대해 더욱 가르쳐야 한다고 주장한다.

역사화해를 "역사 안에서 이루어진, 또는 역사를 매개로 한, 아니면 역사를 대상으로 이루어진 모든 화해를 총칭한다"[79]라고 한다면, 영국에서 역사화해는 크게 두 가지 방향에서 모색되고 있다. 첫째는 제국의 부정적

---

news/teaching-the-british-empire-why-students-deserve-more-than-an-incomplete-history/ 2023. 6.26 검색.

[78] Dorie Chetty, "A Personal journey into decolonising the curriculum and addressing white fragility", Marlon Moncrieffe & Richard Harris, 2020, Repositioning curriculum teaching and learning through Black-British history, *Research Intelligence*, 144.

[79] 최성철, 2020.12, 「역사화해란 무엇인가: 개념과 이론적 고찰」, 『한국사학사학보』 42, 10쪽.

측면과 긍정적 측면을 '균형 있게' 다루면서 식민주의 제국 옹호자와 반식민주의 제국 비판자 사이의 화해이다. 모든 인간 통치에는 선과 악이 공존한다는 주장을 기초로 제국 옹호자들이 주도하는 화해 시도이다. 그러나 대다수의 역사학자는 이러한 '균형'에 대해 제국을 균형 있게 가르칠 수 없다고 반박하고 있다. 그러므로 제국 옹호자들의 시도를 진정한 의미의 역사화해 추구라고 하기는 어렵다.

다른 하나는 교사들이 주도하는 다양성과 포용성에 기초한 제국 교육이다. 이는 제국의 긍정과 부정이라는 이분법적 틀을 넘어 제국주의 시기 여러 사건에서 소외되었던 집단들의 목소리를 복원하는 방향에서 추구된다. 이러한 시각에서는 제국과 관련된 주제로 '이주'를 가르치는데, 특히 이주민이 많은 학교에서는 이주를 주요 주제로 가르치는 경향이 있다.[80]

21세기 들어 영국에서는 보수나 진보 정권 모두 "영국성(Britishness)" 교육 강화를 추구하고 있다.[81] 이러한 분위기에서 영제국의 옛 식민지의 시각에서 영제국을 비판하면서 역사화해를 시도하는 분위기는 읽기 어렵다. 그러나 진보적인 교사들은 영국의 증가하는 이주민을 역사에 포용하려는 노력을 통해 역사화해를 시도하고 있다.

---

80 Katharine Burn and Richard Harris, 2017, "Historical Associaton History Survey in Secondary School", Historical Association, pp.4-7. https://www.history.org.uk/secondary/categories/409/news/3452/history-in-schools-2017

81 강선주, 2021, 「영국의 '영국적 가치'교육의 맥락과 논쟁: 시민 내셔널리즘 혹은 인종제국주의?」, 『국제문화연구』 14(1).

참고문헌

강선주(2021), 「영국의 '영국적 가치'교육의 맥락과 논쟁: 시민 내셔널리즘 혹은 인종 제국주의?」, 『국제문화연구』 14(1).

김종원(2018), 「'새로운 영국사'와 영제국의 형성」, 『세계역사와 문화연구』 48.

닐 퍼거슨, 김종원 옮김(2006), 『제국: 유럽 변방의 작은 섬나라 영국이 어떻게 역사상 가장 큰 제국을 만들었는가』, 민음사.

이영석(2019), 『제국의 기억, 제국의 유산: 영연방의 과거와 현재, 1880-2000』, 아카넷.

Adams, Tim(2022). Legacy of Violence: A History of the British Empire by Caroline Elkins review-the Brutal Truth about Britain's Past", *The Guardian* (13, March). Web: https://www.theguardian.com/books/2022/mar/13/legacy-of-violence-a-history-of-the-british-empire-by-caroline-elkins-review-the-brutal-truth-about-britains-past

Alibhai, Zaina(2022). Equalities Minister Kemi Badenoch says British Empire Achieved 'Good Things' throughout Rule: The Minister Says Her Education in Nigeria Has Shaped Her View of the Past, *Independent* (21 March). Web: https://www.independent.co.uk/news/uk/politics/kemi-badenoch-british-empire-colonialism-b2040002.html

Benger, Alex(2022). Navigating the 'Imperial History Wars', *Teaching History* (13 July) Web: https://www.history.org.uk/publications/resource/10465/navigating-the-imperial-history-wars

Biggar, Nigel(2021). The British Empire: A Moral Account, *Briefings for Britain* (13 Aug.) Web: https://www.briefingsforbritain.co.uk/the-british-empire-a-moral-account/

Biggar, Nigel(2023). *Colonialism: A Moral Reckoning*, William Collins.

Black, Jeremy(2019). *Imperial Legacies:The British Empire Around the World*, Encounter Books, 2019.

Booth, Robert(2020). UK More Nostalgic for Empire than other Ex-colonial Powers, *The Gauardian* (11 March). Web: https://www.theguardian.com/world/2020/mar/11/uk-more-nostalgic-for-empire-than-other-ex-colonial-powers

Bring, Daniel M.(2019). Britain' Not-So-Evil Empire, *Intercollegiate Stuidies Institute* (26 August) Web:https://isi.org/modern-age/britains-not-so-evil-empire/

Chetty, Dorrie(2020). A Personal Journey into Decolonising the Curriculum and Addressing White Fragility". *Decolonising the Curriculum-Transnational Perspectives, Research Intelligence*, 142.

Dabhoiwala, Fara(2021). Empireland by Sathnam Sanghera and Slave Empire by Padraic X Scanlan-Rreview, *The Guardian* (29 Jan). Web: https://www.theguardian.com/books/2021/jan/29/empireland-by-sathnam-sanghera-and-slave-empire-by-padraic-x-scanlan-review

Dahlgreem. Will(2014). The British Empire is 'Somthing to be Proud of'" *YouGov*. (26 July), Web: https://yougov.co.uk/topics/politics/articles-reports/2014/07/26/britain-proud-its-empire

Dathan, Matt(2022). Kemi Badenoch: 'Pupils should Learn Benefits of Empire', *The Times* (21 March). Web: https://www.thetimes.com/uk/history/article/was-the-british-empire-all-bad-empireland-sathnam-sanghera-p5z0mv37n

Elkins, Caroline(2022). *Legacy of Violence: A History of the British Empire*, Deckle Edge.

Gifford, Gregory(2021). The British Empire on Trial, *The Historian*, Historical Assocaition, 30 August, 2021. Web:https://www.history.org.uk/publications/resource/10171/the-british-empire-on-trial

Gilley, Bruce(2018a). The Case for Colonialism, *Academic Questions* 31. Web:https://www.nas.org/academic-questions/31/2/the_case_for_colonialism

Gilley, Bruce(2018b). The Case for Colonialism: A Response to My Critics Web: https://www.nas.org/academic-questions/35/1/the-case-for-colonialism-a-response-to-my-critics

Koram, Kojo (2022). Teaching the 'Benefits' of the British Empire is Just Another Attempt to Stoke the Culture War, *The Guardian* (1 April). Web: https://www.theguardian.com/commentisfree/2022/apr/04/pupils-benefits-empire-ignorance-royals-caribbean-windrush

Ipsos MORI (2020). Attitudes to Racism in Britain, Research for the Economist, Web: https://www.ipsos.com/sites/default/files/ct/news/documents/2020-10/economist-survey-on-racism-2020-slides.pdf

Haydn, Terry(2014). How is 'Empire' Taught in English Schools?, *Handbook of the International Society of History Didactics*, Schwalbach, Wochenschau Verlag, 23-40.

Jones, David Martin(2023). Biggar's Seminal Study Reveals the Philistinism of Fashionable Western Self-loathing, Argues David Martin Jones, *CIEO* (20 June) Web: https://www.cieo.org.uk/research/was-the-british-empire-evil/

Khan, Sahar(2017). Case Against "The Case for Colonialism", *COMMENTARY*, CATO Institute, 19 SEPTEMBER). Web: https://www.cato.org/commentary/case-against-case-colonialism

Malik, Kenan (2023). Colonialism by Nigel Biggar Review-a Flawed Defence of Empire, *The Guardian* (20 Feb.) Web: https://www.theguardian.com/books/2023/feb/20/colonialism-a-moral-reckoning-by-nigel-biggar-review-a-flawed-defence-of-empire

McDougall, James(2017). Ethics and Empire: an Open Letter from Oxford Scholars, *The Conversation* (19 December). Web: https://theconversation.com/ethics-and-empire-an-open-letter-from-oxford-scholars-89333(2024.11.14. 검색).

Merrick, Rob(2021). Schools Minister Rejects Lessons about Colonialism and Slave Trade in Case They Lower Standards, *The Independent* (25 February). Web: https://www.independent.co.uk/news/uk/politics/school-compulsory-lessons-colony-slave-trade-b1807571.html

Moncrieffe, Malon & Harris, Rebecca(2020). Repositioning Curriculum Teaching and Learning through Black-British History. *Research Intelligence* 144, 14-15.

Ngo, Andy(2017). Public University Stands behind White Supremacist Professor for Defending Colonialism, *The College Fix* (18 September). Web: https://www.thecollegefix.com/noam-chomsky-defends-academic-freedom-pro-colonialism-professor-fire/

Rejected Petitions, UK Government & Parliament(2020). Teach the History of the British Rmpire Extensively on the National Curriculum. Web: https://petition.parliament.uk/petitions/325533

Roose-McClew, Aneira(2021). Teaching the British Empire-Why Students Deserve More Than an Incomplete History, *TN Teachwire* (10 March). Web:https://www.teachwire.

net/news/teaching-the-british-empire-why-students-deserve-more-than-an-incomplete-history/

Sandbrook, Dominic(2020). How Dare the National Trust link Wordsworth to Slavery Because His Brother Sailed a Ship to China?, *The Daily Mail* (23 September). Web: https://www.dailymail.co.uk/news/article-8762205/DOMINIC-SANDBROOK-dare-National-Trust-link-Wordsworth-slavery.html

Sanghera, Satjma(2021). *Empireland. How Imperialism Has Shaped Modern Britain*. Penguin Books.

Scanlan, Padraic X.(2020). *Slave Empire: How Slavery Built Modern Britain*, Robinson.

Smith, Matthew(2020). Howe Unique are British Attitudes to Empire, *YouGov* (11 March). Web: https://yougov.co.uk/topics/international/articles-reports/2020/03/11/how-unique-are-british-attitudes-empire

Tombs, Robert(2023). If the British Empire was So Evil, Why did So Many Countries Apply to Join? Cambridge Historian ROBERT TOMBS Cchallenges Those Who say We Should be Ashamed of It, *Mail Online* (30 September). Web: https://www.dailymail.co.uk/debate/article-12577491/If-British-Empire-evil-did-countries-apply-join-Cambridge-historian-ROBERT-TOMBS-challenges-say-ashamed-it.html(2024.11.14. 검색).

Wilkes, Aaron and Patel, Shalina(2023). Teaching the British Empire at KS3 History. *Oxford Education Blog, Oxford University Pess* (19 April). Web: https://educationblog.oup.com/uncategorized/teaching-the-british-empire-at-ks3-history

Wozniak, Peter(2010). Michael Gove, Schools will 'Stop Trashing our Past', *Politics,co,uk, Speech* (5 October). Web:https://www.politics.co.uk/news/2010/10/05/gove-schools-will-stop-trashing-our-past/

Zemplényi, Lili(2023). Was the British Empire Essentially Racist, as the Nazis were Essentially Antisemitic? — Nigel Biggar on Colonialism and the Ethics of Empire, *Hungarian Conservative* (06 June). Web: https://www.hungarianconservative.com/articles/culture_society/nigel_biggar_scruton_colonialism_ethics_british_empire/

4

홍대용의 '역외춘추론'이 보여 주는 독자성과 보편성의 화해
'편벽'한 조선은 어떻게 '중화'가 될 수 있는가?

이송희 울산대학교 인문과학연구소 연구원

I. 머리말

조선은 건국부터 명을 중심으로 하는 중화 세계의 일원으로 스스로를 '소중화(小中華)'라고 규정했다.[1] 조선인들은 조선은 바다모퉁이[海隅]에 위치하는 '편벽'한 땅이라고 겸손히 말하면서도, 동시에 "중화(中華)의 시서(詩書)와 예악(禮樂), 전장(典章)과 문물(文物) 등을 모두 사모하여 본받고 있으므로" 소중화라는 자부심을 숨기지 않는다.[2] 이 때문에 조선의 중화

---

* 이 글은 이송희, 「조선 후기 화이론(華夷論)의 전개와 중화관의 충돌」, 『역사비평』 제142집, 역사문제연구소, 2023에 수록된 내용을 수정·보완한 것이다.
1 최종석, 2017, 「고려후기 '자신을 이(夷)로 간주하는 화이의식'의 탄생과 내향화―조선적 자기 정체성의 모태를 찾아서」, 『民族文化硏究』 74.
2 崔岦, 『簡易集』 3, 「李參贊見示楊天使簡帖序」. "吾東于中華, 詩書禮樂, 典章文物, 無不慕

관은 지역이나 혈통보다도 성리학적 문명이라고 상상되는 계보를 핵심으로 하는 문화적 중화론이라는 점이 상식처럼 받아들여져 왔다.[3]

그러나 문화는 지리적 조건에 따라 결정된다는 유구한 관념 역시 존재했다. 중국과 조선이 별개의 습속을 형성하게 된 이유가 서로 다른 지리적 조건에 위치해 있기 때문이라면, 그 차이는 과연 중국의 제도를 "사모하여 본받는" 것만으로 좁혀질 수 있을까? 중화문화의 실현 여부가 지리적 조건에 따라 결정된다면 한반도에서 아무리 그것에 도달하려 노력해도 일정한 한계가 있다는 결론을 피하기 어렵다.

실제로 2000년대 이후 '조선중화주의' 혹은 '중화계승의식'과 조선 후기 역사지리 인식 간의 관계를 규명한 연구성과들은 조선의 중화론을 순수한 '문화적 중화론'으로만 이해할 수 없음을 잘 보여 준다.[4] 배우성이 지적했듯이, 조선의 지식인들은 엄연히 존재하는 지계(地界)와 풍기(風氣), 그리고 이로 인해 발생하는 문화의 차이를 자각하는 가운데 그러한 조건 위에서 '문명'을 구현할 수 있음을 정당화해야 했다.[5] 그 방법 중에 물론 지역과 인종에 상관없이 성인(聖人)의 옷을 입고 성인의 예를 행하면 중화라는 문화적 중화론에 호소하는 것도 있었지만, 안타깝게도 '이상적인' 중화의 제도가 무엇인지 규정하기도 불가능할뿐더러 『주자가례』를 조선 땅에 그대로 복원하는 것도 현실적으로 요원했다.[6] 문화적 중화론은 조선

傚, 素以小中華見稱."

3 김영민, 2013, 「조선중화주의의 재검토」, 『한국사연구』 162, 한국사연구회.

4 대표적으로 허태용, 2009, 『조선 후기 중화론과 역사인식』, 아카넷; 배우성, 2014, 『조선과 중화』, 돌베개.

5 배우성, 위의 책.

6 이봉규, 2013, 「명청조와의 비교를 통해 본 조선시대 『家禮』 연구의 특색과 연구방향」,

이 중화문명의 보유자임을 천명하는 손쉬운 수단으로 보이지만, 그만큼 공허한 구호로 전락하기도 쉬운 것이었다.

　이 글은 이상적인 중화문명과 조선의 현실 사이에 좁힐 수 없는 시공간의 차이가 있었음을 인식하고 있었던 조선 후기 지식인들이 명말 이후 자신들이 중화문명의 계승자임을 주장하기 위해서 부딪혔던 난점들과 이를 해결하기 위한 다양한 시도들을 확인한다. 문화의 결정 조건이 지리적 요인에 있다고 생각하던 사람들은 조선과 중국의 지리적 동일성을 확인하려는 내러티브를 만들었다. 반면 엄연히 존재하는 중국과 조선의 차이를 바로 보아야 한다고 생각하는 사람들도 있었으며, 홍대용도 그중 한 명이었다. 이들은 지리적 차이와 이로 인한 문화적 특징을 인정하는 가운데, 성리학적 도덕의 실현을 통해 독자성과 보편성을 조화시키고자 하였다.

II. 문화와 '풍기'

지역과 기후의 다양성이 풍속의 차이를 가져온다는 것은 오랜 관념이었다. 문화적인 차이를 내포하는 지역적 특성은 흔히 '풍기(風氣)'라는 말로 지칭되었다. 풍기라는 용어는 전한 시대부터 용례가 확인되는데, 음률을 정하는 기준이 되는 각 계절의 기후와 천문현상을 가리키는 개념이었던 것으로 보인다.[7] 용례에 따라 기후, 날씨, 바람(호흡) 등 다양한 의미로

『한국사상사학』 44, 한국사상사학회.

7 『說苑』, 「脩文」. "大聖至治之世, 天地之氣, 合以生風, 日至則日行其風以生十二律, 故仲冬短至則生黃鐘, 季冬生大呂, 孟春生太簇, 仲春生夾鐘, 季春生姑洗, 孟夏生仲呂, 仲夏生蕤賓, 季夏生林鐘, 孟秋生夷則, 仲秋生南呂, 季秋生無射, 孟冬生應鐘. 天地之風氣正, 十二律至

사용되기도 하지만, 『중용장구』의 주석에서 보이듯 송대에 이르면 한 지역의 풍속을 결정하는 지리·기후적 요소라는 의미로 사용됨을 확인할 수 있다.[8]

국내의 경우에도 『문집총간』의 '풍기'라는 용어가 역사와 문풍의 변화는 물론 개개인의 인품이나 특정 계층 및 사회집단의 기풍, 풍수 용어, 그리고 날씨라는 의미로까지 다양하게 사용되는 사례가 발견되기 때문에 그 뜻을 하나로 확정하기는 어렵다. 하지만 적어도 한반도의 지리적 위치와 문화적 특성을 연관지어 언급할 때 자주 등장하는 개념인 것은 분명하다. 늦어도 고려 말기에는 풍기에 따른 문화의 차이에 대한 다음과 같은 언급이 등장한다.

> 고려는 옛날 삼한의 땅으로, 풍기(風氣)와 언어가 중국과 같지 않다. 그리고 의관과 전례에 대한 하나의 법을 독자적으로 행해 왔는데, 진(秦)·한(漢) 이래로 중국의 어느 나라도 신하로 삼지 못하였다. 지금 성조(聖朝)의 시대에 있어서도 친분으로 말하면 구생(舅甥)의 관계요 은혜로 말하면 부자(父子)의 관계와 같아서, 민사(民社)와 형정을 모두 예전대로 행하게 하고, 중국 관리의 다스림[吏治]이 미치지 못하게 하였다. … 근래에 국가의 법이 점차 느슨해지고 백성의 풍속이 갈수록 경박해진 탓으로, 자기들끼리 변란을 일으키고는 다투어 관청에 고발하는 일이 벌어지고 있다. 이에 『지치통제(至治通制)』의 법을 집행하려는 정동성 관리의 입장에서는 '하늘 아래 모든 곳이 왕의 땅 아

也.": 유사한 구절이 『여씨춘추』 「音律」에도 수록되어 있다.
8 『中庸章句』 10.1, "南方風氣柔弱, 故以含忍之力勝人爲强, 君子之道也."

님이 없다'라고 하고, 옛 법을 그대로 유지하려는 고려국 신하의 입장에서는 '세황(世皇: 元世祖)께서 토풍(土風)을 바꾸지 말라고 분부하셨다'고 하고 있다.[9]

풍기와 언어의 차이가 독자적인 문화의 요인으로 언급되고 있다. 풍기가 중국과 다른 조선은 중국과 다른 정치체를 구성하며 문화[의관·전례]도 다르기 때문에 중국과 다른 방식의 통치가 필요하다. 여기서 문화·정치적 독자성의 근거로 중국과 한반도 간 풍기의 차이가 제시되고 있음에 주목할 만하다. 그런데 중화라는 보편문명의 일원임을 강조하며 건국된 조선의 경우 같은 논리가 반대 방향으로 나타난다. 즉, 풍기의 차이와 그로 인한 문화의 차이가 제거되거나 최소한 좁혀져야 할 '결점'으로 지목된다. 예컨대 서거정(徐居正, 1420~1488)은 다음과 같이 말한다.

사람이 천지 사이에 태어나면 형기(形氣) 안에 들어 있게 된다. 이미 형기가 있으면 곧 성음(聲音)이 있다. 그러나 사해(四海)와 팔황(八荒)의 아득히 먼 곳은 풍기(風氣)가 같지 않기 때문에 어음(語音) 또한 다르다. 우리 동방은 은 태사(殷太師)가 봉해진 이래로 예악과 문헌이 중국에 비길 만하였다. 다만 어음이 풍기에 국한되지 않을 수 없었으니, 이것이 한탄스러울 따름이다.[10]

---

9 李穀,『稼亭集』卷9,「送揭理問序」. "高麗古三韓地, 風氣言語不同華夏, 而衣冠典禮自爲一法, 秦漢以降, 未能臣之也. 今在聖朝, 親爲舅甥, 恩若父子, 民社刑政, 俾皆仍舊, 而吏治不及焉. … 比來國法漸弛, 民風益薄, 自相變亂而爭告訐. 省吏之執『通制』者則曰, '普天之下, 莫非王土.' 國臣之持舊法者則曰, '世皇有訓, 不改土風.'"

10 徐居正,『四佳集』文集 4,「譯語指南序」. "人生天地之間, 囿於形氣之中. 旣有形氣, 斯有聲

천지라는 물리적 세계는 기로 이루어져 있으며, 사람의 육신[形氣] 또한 그렇다. 음성은 육신의 소리이므로, 사람의 신체와 다시 그 신체가 태어난 지역의 특성, 즉 풍기의 영향을 받는다. 이것이 중국과 조선의 언어가 다른 까닭이며, "한탄스러운" 문화의 차이이다. 동쪽에 치우친 나라로서 언어와 문학이 중국에 미치지 못함을 한탄하는 말은 이후 조선 후기까지 꾸준히 등장한다.[11]

이 지점은 상당히 중요하다. 이상화된 "중화문명"에 도달하는 것을 목표로 삼았던 조선의 지식인들은 동시에 문화적 성취는 상당부분 지리적 요소에 구속된다는 오랜 믿음에 구속되기도 했다. 그렇다면 중화문명의 실현을 가로막는 풍기의 격차는 어떻게 극복할 수 있을까? 특히 명의 멸망 이후 '중화계승의식'이 대두한 상황에서 조선을 정당한 중화의 계승자로 자리매김하기 위한 담론적 작업에서 이 문제는 무시할 수 없는 것이었다.

이러한 문제를 타개할 방법 중 하나는 바로 중국과 조선이 동일한 지리적 조건을 공유하고 있다고 주장하는 것이다. 조선이 애초에 지리적으로 중화의 강역에 속해 중국대륙과 같은 기운으로 구성되었다고 주장할 수 있다면, 그것만으로 조선은 중화문명의 실현 조건을 충분히 갖춘 것으로 간주되고, 그때야말로 사소한 풍속의 차이쯤은 무시할 수 있게 된다.[12]

音. 然四海八荒之夭, 風氣不同, 故語音亦異. 吾東邦自殷太師受封以來, 禮樂文獻, 侔擬中華. 但語音不得不局於風氣, 是可嘆已."
11 신흠의 「晴窓軟談 下」(『象村集』 60), 홍대용의 「大東風謠序」(『湛軒書』 內集 3) 등에서 그 사례를 찾아 볼 수 있다.
12 예컨대 이종휘가 『동국여지승람』에 붙인 글에서는 "조선은 지리적으로 말한다면 중원대륙의 중정한 기운을 받은 외국이자 프랙털 구조의 쌍생아이며, 문화적으로 말한다면 '중화문화의 유일한 계승자'"라는 의식이 드러난다. 배우성, 앞의 책, 175쪽.

중국 내부에서도 시대와 지역에 따라 문화적 차이가 존재하며, 특히 오(吳)·초(楚)·월(越)과 같이 고대에 이적(夷狄)이었다가 중화로 편입된 지역들의 사례처럼 조선 또한 중화에 편입될 수 있는 가능성이 열리기 때문이다.[13]

예를 들어 한원진(韓元震, 1682~1751)은 조선의 기후와 토지의 생산물이 중국과 비교하여 대체를 갖추고 있으나 다만 규모의 차이가 있을 뿐이며 중국과 조선의 역사적 전개 과정도 유사하다고 언급하였다.[14] 또 안정복(安鼎福, 1712~1791)은 중원을 성인(聖人)과 문물을 배태하도록 예정된 '신기(神器)'라고 호명하며,[15] 한반도는 중원에 읍하는 노인의 형상이라는 논리로 조선이 중화와 지리적으로 연관이 있음을 정당화하고자 한다.[16] 17세기 후반 이후 기자를 비롯한 고대 중국 성인들의 후예가 조선에 이주하여 뿌리내려 살고 있다고 주장함으로써 조선과 중화 간의 혈연적 관련성을 부각하거나,[17] 백이·숙제가 한반도로 이주하여 해주 수양산에 은거하였을 것이라는 생각이-역사적 근거가 없다는 점이 일찍부터 지적되었

---

13 이들의 사례를 들어 오랑캐가 중화로 '용화변이'했다는 언설은 종종 조선 역시 중화가 될 수 있다는 문화적 중화론을 보여 주는 것으로 해석되지만, 사실 이 지역들은 실제로 '중국대륙' 내부에 위치하며 12분야에 포함되는, 즉 애초에 중화의 강역에 포함되는 지역들이다. 즉 조선도 오초월과 같이 오랑캐에서 중화가 될 수 있다는 말은 조선과 중국대륙간의 지리적 동일성을 그 조건으로 전제하고 있다.

14 韓元震,『南塘集』38,「外篇 下」. "我國僻在東隅, 地方僅比中國一州之大, 而風氣之寒熱, 土地之所産, 皆兼有四方之異, 比之中國, 具體而微. 王業之興, 自北而南, 亦與中國同."

15 安鼎福,『順菴集』12,「橡軒隨筆 上」,〈夷狄亂華〉. "中原一方, 是人物肇生之地, 聖人首出之鄉, 三皇五帝唐虞三代相傳之神器也."

16 安鼎福,『順菴集』4,「萬物類聚」,〈地形〉. "古人謂我國爲老人形, 而坐亥向巳, 向西開面, 有拱揖中國之狀, 故自昔忠順於中國."

17 허태용, 앞의 책, 148~149쪽, 179쪽.

음에도- 널리 공유되기도 하였다.[18]

　혹은 아예 조선이 중화와 풍기를 공유하는 같은 강역에 존재하고 있었다고 주장하는 방법도 있다. 예컨대 17세기 후반에 「천하고금대총편람도」와 「조선팔도고금총람도」와 같이 조선을 기미(箕尾) 분야에 배치하는 지도들이 출현하기 시작했다는 점은 선행연구에서 충분히 지적되어 왔다. 이는 임진왜란 이후 고구려의 영토가 요동 지역으로 비정되고, 요동과 한반도의 지리적·자연적·언어적 유사성이 주목되는 현상과 궤를 같이한다.[19] 기미 분야는 중국의 유(幽)·연(燕) 지역을 가리키는데, 요동은 연(燕)에 배속되기 때문이다.[20] 즉, 기미 분야에 속하는 요동 지역과 조선 사이의 연속성을 역사지리적으로 밝히고자 했던 시도는 조선이 풍기적으로 중화의 강역에 속한다는 인식과 밀접한 연관을 맺고 있었다. 풍기에 따른 지역적 특성을 분류한 대표적인 체계가 분야설이기 때문이다.[21] 예컨대 이종휘(李種徽, 1731~1797)는 「혁구습(革舊習)」이라는 제목의 글에서 다음과 같이 쓴다.

　대체로 우리 조선 지방의 민호(民戶)는 중국의 십분지일에 해당하지만, 산과 바다 사이에 있어서 위로는 북토(北土)의 산물이 있고 아래

18　김용창, 2022, 「조선 후기 백이·숙제에 대한 인식과 청성묘 건립의 함의-「청성묘비」와 「청성묘중수비」를 중심으로 살펴본 소중화 의식과 화이론」, 『한문학논집』 61, 195~219쪽.

19　허태용, 앞의 책, 68쪽.

20　李圭景, 『五洲衍文長箋散稿』 天地篇 ○ 地理類, 「三韓有二辨證說」. "遼東卽燕之幅員也"

21　윤휴는 다음과 같이 쓴다: "천가성은 중국과 외지의 한계를 긋고 있고 / 사칠이십팔수는 중국 구주를 따로따로 맡고 있어 (天街分中外之幅員 / 四七別九土之風氣尹鑴)" 『白湖全書』 1, 「觀象賦」.

로는 남주(南州)의 작물이 있으니 비록 진귀하고 기이한 이득이나 뛰어나고 특별한 물건은 없으나 곡식과 포백(布帛) 등 산 사람을 봉양하고 죽은 자를 장사내는 수요를 지역에서 취하여도 부족함이 없다. 천문에 있어서는 기수(箕宿)와 두수(斗宿)의 분야인데, 조선은 기수에 해당하고, 삼한(三韓)은 두수에 해당한다. … 대저 혼인하고 장례·제사 지내는 절도와 음식을 먹고 의복을 입을 때와 말을 하고 위의(威儀)를 갖추는 사이에 비루한 습속을 답습하고 있다. 무릇 이러한 것을 날마다 찾아 제거하여 당우삼대(唐虞三代)의 예악에 이르도록 하되 위에서부터 이렇게 된 까닭을 찾아 중요한 것부터 먼저 수립한다면, 옛날에 이른바 '한 번 변하여 도에 이른다'는 것이 아마도 수월하지 않겠는가. 대저 어질고 현명한 우리 예의의 나라를 맑은 제수(濟水)에 비유하자면 한 점의 혼탁함을 눈밝은 이루(離婁)가 자세히 보고서 흠잡는 것과 같으니, 아예 흠이 없어서 통쾌한 것만은 못하다. 소중화에 거하는 선비는 이러한 뜻을 알지 못해서는 안 된다.[22]

이종휘는 조선의 영토와 지리적·풍기적 조건이 중국에 비교하여 하나의 국가로서 이상적인 정치를 펴기에 부족함이 없다고 먼저 설명한 뒤, 그렇기 때문에 조선의 풍습을 교정하면 중화를 이룩할 수 있다고 설명

---

22 李種徽, 『修山集』 6, 「革舊俗」. "大率我東地方民戶當中國十分之一, 而所處山海之間, 上有北土之産, 下有南州之毛, 雖無珍奇寶怪之利, 偉麗非常之物, 而粟米布帛生養死葬之需, 取諸區內而無不足矣. 其在天文, 爲箕斗之分, 朝鮮則箕也, 三韓則斗也. … 夫其婚姻葬祭之節, 飲食衣服之際, 言語威儀之間, 鄙猥而仍襲. 凡若此類, 日求而去之. 至於唐虞三代之禮樂, 自上求其所以致此之由, 而先立乎其大者, 則向所謂一變至道者, 其豈未易也歟. 夫以仁賢禮義之邦, 而譬之淸濟之水, 猶有一點之濁, 離婁子眇然視之, 指而爲累, 未若無者之爲快. 士之居小中華者, 不可不知此意也."

한다. 문화적 중화관의 전제조건으로 지리적 조건이 설정되어 있음을 볼 수 있다.

이상과 같이 조선의 '문화적' 중화관으로 뭉뚱그려지는 문명에 대한 관점은 사실 온전히 '문화적'이라고만 하기 어렵다. 언어, 의복, 전례와 같은 문화적 요소가 중화의 징표이지만, 그것들을 결정하는 것은 지리와 기후와 같은 각 지역의 본질적인 특징이기 때문이다. 따라서 한반도에서 중화문명의 구현을 이루고자 했던 조선의 지식인들은 먼저 중국과 조선의 지리적 차이를 축소하고자 하였다.

그런데 이 시기는 서양의 지도와 지리지식이 유입된 때이기도 하다. 지구는 둥글다는 사실은 중국이 가지던 세계의 중심으로서의 위상에 타격을 주었다. 물론 지구(地球)설이 곧바로 중심성의 타파로 이어진 것은 아니었으며, 조선의 지식인들이 기존의 가치체계하에서 새로운 지식들을 수용하고 재해석했음은 잘 알려져 있다.[23] 그럼에도 18세기 이후 '둥근 지구'라는 개념은 최소한 중국의 지리적 중심성의 개념을 상당히 약화시켰다. 이런 상황에서 이익(李瀷, 1681~1763)과 같이 '가운데'가 아닌 중국의 특권성을 유지하기 위해 새로운 설명을 제시하기 위한 노력도 있었지만,[24] 다른 선택지도 있었다. 바로 풍기와 문명 간의 연결고리를 끊어내는 것이다.

---

23 임종태, 2012, 『17, 18세기 중국과 조선의 서구 지리학 이해』, 창비 참조.
24 임종태, 2003, 「17·18세기 서양 과학의 유입과 분야설의 변화 – 『성호사설』 「분야」의 사상사적 위치를 중심으로」, 『한국사상사학』 21, 한국사상사학회.

III. 조선 후기 중화관'들'의 충돌

흥미롭게도 분야설 등 중국의 지리적 권위를 정당화하던 논리가 의심받기 시작한 시점인 18세기 이후에는 순수한 의미의 '문화적' 중화관이라 할 만한 관점이 등장한다.[25] 지리적 조건과 별개로 문화의 성취 가능성을 옹호하는 발언들이 나오며, 때로는 기존의 관점과 파열음을 일으키기도 하는 현상들은 조선 후기에 몇 가지 결이 다른 중화론'들'이 존재하고 있었음을 보여 주는 자료로서 주목할 만하다.

먼저 중인 시인 정래교(鄭來僑)의 문집 『완암집(浣巖集)』에 붙은 홍봉한(洪鳳漢, 1713~1778)의 발문부터 살펴보자.

> 선비들이 동토에 태어나서 진실로 괴기걸특(瓌奇傑特)한 자가 많으나 중국의 관점에서 보면 외방이라 하여 작게 여기지 않음이 없으니, 어찌 하늘이 재능을 낳음을 그렇게 하였겠는가. 다만 장소[地]에 국한되었기 때문이니, 슬프도다. 지금 여항의 선비들은 더구나 동토 가운데서도 지위[地]가 더욱 국한되어 문장과 재행(才行)이 세상에 드러난 자들도 끝내 진신대부에 비견되지 못하며, 또한 몸이 궁액을 면치 못하니 더욱 슬퍼할 만하다. 그러나 드러날 만한 재주가 있어 세상에 홀로 우뚝 서서, 문체가 한 시대를 움직일 만하고 명성이 후인에게 빛날

---

[25] 허태용 역시 중국의 중심성이 공격받는 시점이 왔을 때 문화적 중화론이 대두하였다고 지적한 바 있다. 서양 과학 지식이 유입되고 중국의 지리적 위상이 상대화되었을 때 "중화의 여부를 종족이나 지리가 아니라 유교문화를 기준으로 평가한다면 조선이 중화의 유일한 계승자로서의 위상을 갖는 데 걸림돌이 될 논리적인 모순은 사라질 수 있었기 때문이다." 허태용, 앞의 책, 180쪽.

만한 사람이 있다면 이는 동토이자 중국이요, 여항인이자 사부(士夫)인 것이다. 어찌 그 지위[地]로써 경중을 따지겠는가.[26]

홍봉한은 이 글에서 여항 문인과 사대부 문인과의 차이는 처지[地]에 따른 것일 뿐이라고 말하며, 이를 중국과 조선에 비유하고 있다. 조선의 선비들도 중국의 문인들과 비교하여 타고난 재능에는 손색이 없으나, 다만 조선 땅에 태어났기 때문에 "외이소(外而小)"하다고 여겨질 뿐이다. 이와 마찬가지로 여항인들의 재능 역시 사대부와 다를 것이 없으나 그 사회적인 처지로 인하여 세상의 인정을 받지 못할 뿐이다. 그러므로 태어난 상황과 처지에 구애받음 없이 훌륭한 재능과 결과물을 인정하여야 한다는 그의 논리에는, 여항인의 시를 그렇게 평가할 때 조선인들 또한 "동토이자 중국"으로 자임할 수 있다는 생각 또한 깔려 있다.

여기서 홍봉한이 인간의 타고난 지리적·사회적 한계를 땅의 지리적 위치에 비유하여 "땅에 국한된다[局於地]"라고 표현한 것을, 동시대 청남 탕평파 일원이었던 오광운(吳光運, 1689~1745)이 이른바 '여항인'의 시문집에 쓴 「소대풍요서(昭代風謠序)」와 비교해 보자.

우리 동방은 연도(燕都)와 함께 기미(箕尾)의 분야를 같이하니 세상에서 말하는 이른바 운한(雲漢: 은하수. 『시경』 「대아편」에서 淇宿와 斗宿를

---

26 洪鳳漢, 『浣巖集』, 「浣巖集跋」. "士生東土, 固多有瓌奇傑特者, 而自中州觀之, 未嘗不外而小之, 豈天之生才使然哉? 特局於地也. 可悲也已! 今夫閻巷之士, 又於東土之中, 地尤局焉, 文章才行之所以顯於世者, 終莫能比侔於搢紳大夫, 亦不免竆厄其身, 可悲之甚者也. 然而其有可顯之才而能自特立於世, 文采足以動一時, 名聲足以照後人, 則是東土而中國也, 委巷而士夫也. 烏可以其地而輕重之哉?"

비유적으로 말한다-인용자)의 끝자락이니, 명풍(明風)이 발갈에서 시작되었기 때문에 우리 동방이 실로 가장 먼저 (풍화를) 입는 곳이다. 오늘날 천하가 모두 이적이 되어 발갈의 풍이 강을 건너 옮겨와 한 지역 문물의 나라에서 양육되고 고무되었는데, 또한 그 풍이 모여드는 곳을 찾아보면 바로 한양이다. 대저 북한산과 한강의 수미하고 충화(冲和)한 기(氣)가 개벽한 이래로 가득 모여서 소대(昭代)의 문화를 열었을 뿐만 아니라 또한 기미(箕尾)와 운한(雲漢)이 다하는 자리이기 때문에 진신사대부가 홀로 다 감당하지 못하고, 여항과 산림에도 종종 영기가 모여들고는 하였다. 또 후세의 사대부는 골골연(搰搰然)히 과거에 힘써 더욱 천성을 보전하지 못하였고, 이 밖의 사람들은 먼 시골의 산택이나 방외의 고립되고 단절된 말에 불과하여 막연히 왕화(王化)와 관여하지 않으니 또한 어찌 풍이 되기에 족했겠는가. 오직 우리나라의 여항인들만이 국제(國制)의 제한을 받아 과거가 그 마음을 어지럽히지 못하고, 경화에 태어나 또한 방외의 고절한 병이 없어 시사(詩社)에 한가로이 노닐며 문화를 가영(歌詠)할 수 있다. 그러므로 크게는 옛 작자를 좇아 당당히 대가의 반열에 오르고, 작게는 또한 아름답게 강조(腔調)를 이룰 수 있었다. 요컨대 그 천성을 온전히 하고 또 천기에서 나와서 자차(咨嗟)하고 영탄(詠歎)하는 사이에 스스로 멈출 수 없는 것이니 실로 기호강한(岐鎬江漢: 詩經)의 유풍이다.[27]

---

27 吳光運, 『藥山漫稿』 卷15, 「昭代風謠序」. "我東方與燕都, 同箕尾之分, 世所謂雲漢末派, 明風之自勃碣也, 東方固已首被矣. 今天下皆已侏離, 勃碣之風, 渡江以遷, 亭毒煽鼓於一區文物之邦, 而又求其風之所翕, 則漢京是已. 夫以華山漢水, 秀美冲和之氣, 開闢以來, 蟠際肸蠁, 不一泄以啓昭代之文化, 而又爲箕尾雲漢之所窮, 搢紳士不能獨當, 而委巷圭竇, 往往鍾靈焉. 且後世士大夫搰搰然用力於擧業, 尤不能全其天, 外乎此者, 不過遐荒山澤方外孤絶之

오광운의 이 글은 전형적인 풍기-문화 인식을 보여 준다. 조선은 기미(箕尾) 분야에 속하는 곳으로 연나라와 같은 정기가 모인 곳이기 때문에 중화가 되기 위한 지리적 조건이 충족되고, 여기에 더하여 특히 여항인들은 과거에 마음이 매인 사대부들과 달리 천기가 보존되어 있기 때문에 훌륭한 시를 쓸 수 있다는 논리이다. 여기서 조선의 여항인들이 뛰어난 시를 쓸 수 있는 1차 조건은 "화산과 한수의 수미(秀美)하고 충화(冲和)한 기(氣)"가 한양에 모였기 때문이다. 여항인과 사대부 간 차이가 발생하는 것은 그다음 단계의 일이다.

여기서 앞서 살핀 홍봉한의 관점과 결정적인 차이가 발생한다. 동일한 '여항' 시인들에 대하여 홍봉한은 중국과 조선, 사대부와 여항인들 간의 생래적인 역량의 차이를 인정하지 않고, 다만 상황과 처지에 따라 격차가 발생한다고 하였다. 홍봉한이 "땅에 국한된다"라고 담담히 말할 때, 그것은 상황의 차이일 뿐 어떤 본질적인 차이를 가정하고 있지 않다. 반면 오광운은 역사적이고 지리적인 풍기(風氣)에 따라 역량차가 발생한다는, 보다 결정론적인 태도를 보여 주고 있다. 오광운은 여기서 여항인의 시가 "기호강한(岐鎬江漢)의 유풍"을 발현한 것이라 상찬하고 있으나, 이는 여항인의 능력에 대한 인정이라기보다 28수라는 지리적 근거를 통해 조선으로 전해졌다고 가정되는 중화의 기풍에 대한 자찬에 가깝다.

한 걸음 더 나아가 18세기 후반에는 두 관점이 정면으로 충돌하는 사례가 등장한다. 바로 1776년 있었던 홍대용과 김종후(金鍾厚, ?~1780), 김

語, 漠然與王化不相關, 又烏足以爲風乎? 惟我國閭井之人, 限於國制, 科擧無所累其心, 生於京華, 又無方外孤絶之病, 得以遊閑詩社, 歌詠文化? 大者能追步古作者, 蔚然爲家數, 小者亦能嫋娜成腔調. 要之乎全其天性, 發之天機, 咨嗟詠歎, 不能自已者, 實岐鎬江漢之遺也."

이안(金履安, 1722~1791)의 논쟁이다. 논쟁이 촉발되었을 때 비로소 참여자들의 입장이 선명해지기 마련이다. 청인을 대하는 태도를 둘러싼 이 논쟁은 당시 조선인들의 중화관 속에 혼재해 있던 두 가지 상반된 입장이 결국 파열음을 내게 만들었다.

주지하다시피, 홍대용은 연행을 다녀온 직후 청인과 교유를 맺었다는 이유로 김종후로부터 강한 비판을 받는다. 당시 왕복한 편지 전체가 『담헌집』에 수록되어 있지는 않은 것 같지만, 현재 남은 편지를 보면 김종후와 김이안, 이름이 확인되지 않는 홍대용의 종제(從弟)를 비롯한 다수의 인사들이 홍대용과 교유한 문사들을 소무(蘇武)와 이릉(李陵)에 비유하거나, "타고난 떳떳한 마음이 없다[秉彝之貴]"며 비판했던 듯하다.[28]

이들의 비난이 홍대용에게 큰 의미로 다가올 수밖에 없던 것은 이들은 홍대용에게 있어 반대 당파가 아니라 동문과 친척들이었기 때문이다. 김종후가 홍대용에게 대명의리를 잊는다면 "얼마 후에는 강희공(康熙公)"[29]이 될 것이라고 말한 것을 홍대용이 민감하게 받아들인 것은 그 때문이다. '강희공'이란 김수홍(金壽弘, 1601~1681)을 가리키는 말로, 김상용(金尙容, 1561~1637)의 후손임에도 불구하고 여러 사안에서 송시열(宋時烈, 1607~1689)과 대척점에 섰으며, 특히 숭정 연호를 사용할 것을 주장한 송시열에게 반대하며 강희 연호를 쓴 일로 유명하다. 송시열은 그가 강희 연호를 사용한다고 하여 '강희공'이라 지칭했다. 김종후는 여기에 한술 더 떠, 이 편지를 홍대용의 스승이자 낙론계의 수장이었던 김원행(金元行,

---

28 洪大容, 『湛軒書』 內集 3, 「答直齋書」; 「直齋答書」; 「又答直齋書」; 「答金內兄■■氏書」.
29 「直齋答書」, "若此不已, 幾何不爲康熙公也."

1702~1772)에게 보여 주어 판단을 받겠다고 넌지시 협박하기까지 한다.[30] 이미 소싯적 송시열을 비판하다가 스승에게 크게 질책을 받은 전적이 있던 홍대용에게, 내부 배신자 취급을 받던 김수홍에 비견되는 일은 자칫 신변의 위협으로까지 느껴질 수 있었다. 때문에 그는 다음 편지에서 자신을 '강희공'으로 비견한 것에 강하게 항의하며, 김이안에게 보내는 편지에서도 김종후가 자신을 그렇게 부른 것은 지나치다고 거듭 항변한다.[31]

김종후의 편지에 대한 홍대용의 반론은 이미 널리 알려졌으므로 간략하게만 짚고 넘어가 보자.

> '이적이 음(陰)이 된다'란 말씀은 매우 타당하다 하겠소. 그러나 행동이 금수와 같다고 단정하는 것만은 가하거니와, 바로 사람이 아니라 함은 너무 지나친 것이오. 이 말이 비록 중국에서 나왔다 하더라도 또한 너무 지나치다 할 것인데, 더구나 우리들로서 이런 말을 하면 어찌 중국 옛 사람에게 비웃음을 당하지 않겠소? … 우리 동방(東邦)이 오랑캐[夷]가 된 것은 지계(地界)가 그러한 때문인데, 또한 어찌 숨길 필요가 있겠소? 본디 이적이라면 이적답게 행해야 하고, 성인(聖人)이 되고 현인(賢人)이 되는 것은 진실로 크게 해야 할 일이니 내가 무엇을 만족하지 못하겠습니까? 우리나라가 중국을 본받아서 오랑캐란 이름을 면한 지는 오래되었소. 비록 그러나 중국과 비교하면 그 분수가 스

---

30 앞과 같은 글, "幸以奉質於渼湖丈席, 則不敢不安受裁正也."
31 洪大容, 「答金內兄■■氏書」. "康熙公之戲, 殆其虐矣. 妄見旣如是, 則不可無一言奉效. 且無論戲眞, 情外受困則有之, 因此而略施拳踢, 一以欲忠, 一以吐氣, 豈可含慍藏險爲齡齕之計哉. 弟於秀野, 愛之重之, 處之以師友之間, 執事之所知也. 意見之或相矛盾, 辭氣之或有觸激, 事過則忘之而已, 寧如浮薄子一言不合, 怒氣相加者耶? 執事慮之過矣."

스로 있는 것이오. 그런데 오직 용렬하고 조그마한 재주에 국한된 자로서는 이런 말을 갑자기 들으면 대개 노여워하고 부끄럽게 생각하면서 마음에 달게 여기려 하지 않는 이가 많소. 이것은 곧 우리나라 풍속이 편협한 때문이오. 그러나 고명한 집사로서 이런 의견이 있을 줄은 미처 생각지 못했소.[32]

이 부분은 '인물균'에 근거한 홍대용의 평등사상을 보여 주는 언설로 종종 인용되지만, 사실 김종후의 비판을 구절별로 거론하며 반론하는 서술이라는 점도 기억해야 한다. 이전 편지에서 김종후가 지적한 것은 청의 조정에 벼슬하려는 자들을 '제1등인'으로 칭하며 높이 평가한 것을 비롯하여, 홍대용이 "중화"를 낮추고, 이적을 높이고 있다는 점이었다.[33] 위의 단락은 이에 대한 홍대용의 반박이다.

홍대용의 논리에는 확실히 특출난 지점이 있다. 일반적으로 중화를 낮추고 이적을 높이고 있다는 공격을 받으면, 그렇지 않다는 점을 변명하며 자신의 행실을 방어하는 데 급급할 것이다. 혹은 청이 이적이 아니

---

32 「又答直齋書」. "夷狄之爲陰,' 來敎甚當. 但斷之以行類禽獸, 可矣, 直謂之非人則亦過矣. 此言雖出於中國, 亦爲辭氣之過當, 況以我輩而爲此言, 豈不見笑於中國之古人乎? … 我東之爲夷, 地界然矣, 亦何必諱哉? 素夷狄行乎夷狄, 爲聖爲賢, 固大有事在, 吾何慊乎? 我東之慕效中國, 忘其爲夷也久矣. 雖然, 比中國而方之, 其分自在也. 惟其沾沾自喜, 局於小知者, 驟聞此等語, 類多怫然包羞, 不欲以甘心焉, 則乃東俗之偏也, 不意執事之高明亦爲此見也."

33 김종후가 제기하는 비판의 핵심은 다음 문장에서 가장 잘 드러난다:「直齋答書」. "明朝後無中國耳, 故僕非責彼之不思明朝而責其不思中國耳. 若其愧恨衣冠則亦末也, 而聞其輪肝剖膽於足下也, 殊無痛傷中國淪亡之意, 則亦不可謂名秉彝之心者也. 至於來諭忘中華之貴以下數語, 僕雖夷訛, 誠不欲掛諸齒牙而上下其論也. 嗟乎, 所貴乎中華者, 爲其居耶? 爲其世耶? 以居則虜隆亦然矣. 以世則吳楚蠻戎, 鮮有非聖賢之後者矣. 足下之高仰彼人以爲貴者, 果何在也. 如僕者, 寧甘爲東夷之賤而不願爲彼之貴也."

라는 점을 항변하는 방향으로 나아가기 쉽지만, 이 경우 상대방의 공격은 더욱 거세질 것이다. 그런데 홍대용은 오히려 조선 역시 오랑캐[夷]라는 점을 먼저 전제한 뒤, 오랑캐인 조선이 다른 오랑캐인 청을 사람이 아니라고까지 하는 것은 비웃음을 당할 일이라는 논리를 편다. 조선이 오랑캐가 됨은 "지계(地界)"의 "분수"로 결정되는 일이므로 그대로 받아들여 스스로가 이적임을 인정한 뒤 성인이 되기 위해 노력해야 하거늘, 용렬하고 편협한 자들이 스스로 오랑캐임을 인정하지 못하고 발끈한다며 김종후를 비꼬고 있다. 이 말은 분명 종족에 상관없이 누구나 중화문명을 성취할 수 있다는 문화적 중화론 혹은 평등주의적 태도를 보여 주기도 하지만, 이 맥락에서 홍대용이 의도한 바는 김종후가 조선의 등분을 제대로 인식하지도 못한 채로 춘추의 의리를 들먹인다고 공격하는 것이다. 즉, 홍대용은 조선은 지리상 중국과 동일한 중화를 이룩할 수 없다는 점을 분명히 지적한다.

그런데 조선이 지계의 조건으로 인해 중국보다 열등한 존재라는 생각은 풍기적 중화주의자들이 그토록 극복하고자 했던 것이다. 의도했든 그렇지 않든, 홍대용은 조선이 지리적으로 중화의 기운을 타고났다고 믿고 있던 사람들의 심기를 건드렸다. 이에 이 논쟁의 진행 과정을 지켜본 김이안은 홍대용을 비판하는 「화이변(華夷辨)」 상·하편을 남긴다.[34] 뒤에서 살펴보겠지만 이 글은 김종후와의 논쟁에서 등장한 홍대용의 주장을 그대로 비판하고 있다.

---

34 「화이변」에서 비판하는 "洪子"는 홍대용이 확실한 듯하다. 「與金直齋鍾厚書」의 첫머리에서 김종후의 비판을 홍대용에게 전해준 '내형'이 김이안을 가리키는 말로[頃因內兄, 承聞座下以容之入燕時與杭人輩交歡,大加非責], 애초에 김이안은 김종후와 함께 홍대용을 비판한 사람 중에 한 명이었던 듯하다.

어느 객이 홍자의 말을 칭하여 말하기를, "여기 오랑캐가 있는데 퇴결(魋結: 남월의 머리모양)을 버리고, 우리의 관대를 따르며, 예의에 복종하고 인륜을 존숭하고, 선왕의 가르침에 순종하여 중국에 나아가 주인이 된다면, 군자는 허여하겠습니까." 내가 말했다. "홍자가 설파한 것은 의심스러울 따름이다. 무릇 오랑캐가 그 오랑캐됨을 버리면 현명해지니, 현명하면 반드시 감히 중국을 범하지 않는다. 만일 중국을 범한다면, 그 현명함은 사라지니, 또한 어찌 허여하겠는가." … 또한 내가 들으니 성인이 춘추를 지음은 의리가 양이(攘夷)보다 큼이 없는데 다만 뭇 행실의 비루함을 미워한 것뿐만이 아니라, 곧 족류(族類)의 판별을 말한 것이다. 무릇 태어남에 혈기가 있어 사람에게 가까운 것은 그 종류가 두 가지이니, 이적과 금수이다. 이적이 비록 사람과 가깝다 해도, 북방의 오랑캐는 개와 이리와 같은 종자이고, 남방의 오랑캐는 반호(槃瓠: 상고시대 고신씨가 기르던 개)의 종자이니, 모습과 성품, 행실, 음식, 기욕(嗜欲)이 금수와 다른 것이 매우 드무니 모두 같은 족류가 아니다.[35]

- 「화이변」 상

「화이변」 상편은 홍자[홍대용]의 말을 인용하며 시작한다. 오랑캐가

---

35 金履安, 『三山齋集』 10, 「華夷辨 上」. "客有稱洪子之言者曰, '有夷於此, 棄其魋結, 襲我冠帶, 服禮義, 崇人倫, 順先王之敎, 而進主乎中國, 君子其予之哉.' 余曰, '洪子爲設疑耳也. 夫夷而去其夷則賢也, 賢必不敢奸中國, 苟其奸焉, 其賢則亡矣, 又何予焉.' … 且吾聞聖人作春秋, 其義莫大於攘夷, 非惡夫行之醜而已也, 乃所以辨族類也. 凡生有血氣而附於人者, 其類有二, 夷狄也禽獸也. 夷雖近於人哉, 北方之夷, 有犬若狼而種者, 南方之夷, 有槃瓠而種者, 其形貌性行飲食嗜欲, 異於禽獸者幾希, 皆非族也."

중화의 문명을 이룩한다면 중화라 할 수 있다는 주장이 있으니, 이에 대해 어떻게 생각하느냐는 물음이다. 김이안은 이에 대해 격렬히 반대하며, 심지어 춘추의 의리란 "행실의 비루함"이 아니라 "족류의 판별"에 있다고까지 말한다. 이적은 애초에 사람과 같은 부류가 아니라 금수라는 것이다.

지금까지 김이안의 이 글은 상편이 주로 인용되어 왔지만, 핵심적인 내용은 오히려 하편에 있다고 생각된다. 상편이 다소 극단적이지만 예상할 수 있는 청에 대한 반감을 보여 준다면, 하편에서는 앞서 김종후와의 논쟁에서 홍대용이 주장했던 내용에 대한 반론이 등장하기 때문이다. 상편에서 이적은 금수와 같다는 논의를 전개한 김이안에게, 하편의 혹자는 그렇다면 동이(東夷)인 그대는 어떻게 사느냐고 질문한다. 홍대용이 김종후에게 자신들 또한 동이임을 들어 반격한 말이 겹쳐지는 대목이다.[36]

> 혹자가 말하였다. "그대가 화이(華夷)를 변론한 것은 그 설이 핵실한데, 어찌하여 동국(東國)에 처하는가?" 답하였다. "옛날에는 이(夷)라고 하였으나 동쪽은 생성의 방위이니 풍토와 기후가 (夷와는) 다르고, 우리는 더욱 중국과 가까워서 논자들이 연(燕)나라와 함께 석목(析木)의 위차로 일컬었다. 그러므로 그 운기(運氣)가 항상 중국과 관계되어 산천과 기후와 토산물이 대략 모두 같았으니, 사람이 나는 것을 알 만하다. (…) 옛날에는 땅의 경계로 중화와 오랑캐를 분변하여, 어떤 곳의 동쪽을 동이(東夷)라 하고 어떤 곳의 서쪽을 서이(西夷)라고 하며 어떤 곳의 남쪽과 북쪽을 남북이(南北夷)라 하고 가운데를 중국이라

---

36 「又答直齋書」. "'夷狄之爲陰,' 來敎甚當. 但斷之以行類禽獸, 可矣, 直謂之非人則亦過矣. 此言雖出於中國, 亦爲辭氣之過當, 況以我輩而爲此言, 豈不見笑於中國之古人乎?"

하였으니, 각각 경계가 있어 서로 넘나들지 않았기에 우리가 동이(東夷)에 해당할 수 있었다. 지금은 융적(戎狄)이 중국에 침입하여 중국의 백성이 그들의 임금을 섬기고 그들의 풍속을 받아들이며 서로 혼인하고 종류가 섞였으니, 이에 땅의 경계로는 이적을 분변할 수 없어서 그 사람을 논하게 된 것이다. <u>그렇다면 지금 세상에 우리 중화에 귀의하지 않고서 누구에게 귀의할 것인가. 이것이 이른바 옛날과 달라진 점이다. 그러나 우리 쪽에서 부득부득 스스로 오랑캐라고 하면서 저들을 중국이라 이름하고 있으니, 아아, 내 말이 틀렸는가.</u>[37]

- 「화이변」 하

김이안의 답은, 동쪽은 오랑캐지만 기미지분에 속하여 중화의 강역에 포함되며, 따라서 그 풍기와 생산물이 중화와 동일하다는 것이다. 홍대용이 조선은 중화와 지계가 다르다고 잘라 말했을 때 정확히 어떤 지점을 건드렸는지 반증해 주는 대목이다. 이어서 김이안은 과거에는 땅의 경계가 분명하였기에 지계로 화이를 구분할 수 있었으나, 이미 오랑캐가 중원을 차지해 지계가 의미 없어졌기 때문에 그곳에 사는 사람, 즉 문화가 기준이 되었으며, 이런 세상에서는 조선이 중화라고 주장한다. 다시 말해 김이안에게는 타고난 풍기와 종족이 화이를 나누는 일차적이고 핵심적인

37　金履安, 『三山齋集』 10, 「華夷辨 下」. "或曰, '子之辨華夷, 其說毅矣. 抑何以處東國也.' 曰, '古者, 謂夷也. 然東者, 生之方也, 風氣殊焉. 我又近中國, 說者謂與燕, 同柝木之次. 故其運氣, 常與中國相關, 而其山川節候土物, 大較皆同, 卽其生人, 可知也. … 古者以地辨華夷, 其某地之東曰東夷, 某地之西曰西夷, 某地之南北曰南北夷, 中曰中國. 各有界限, 無相踰也, 故我得爲夷也. 今也戎狄入中國, 中國之民, 君其君, 俗其俗, 婚嫁相媾, 種類相化. 於是地不足辨之而論其人也. <u>然則當今之世, 不歸我中華而誰也, 此所謂異者也. 然吾方僕僕然自以爲夷, 而名彼中國, 嗚呼, 吾言非邪.</u>'"

기준이다. 이러한 관점에서 김이안은 "스스로 오랑캐라고 하면서 저들을 중국으로 이름"하는 홍대용의 논변을 부정한다. 청을 옹호한 것 못지않게, 조선을 지계에 따라 '오랑캐'라고 호명한 부분을 민감하게 받아들이고 있는 것이다. 당시의 논쟁에 대한 이 이상의 자료는 남아 있지 않다. 하지만 그로부터 약 15년 뒤, 홍대용은 「의산문답(毉山問答)」에서 풍기적 중화론의 주요 근거인 분야설을 전면적으로 부정한다.[38]

IV. 독자적 문화와 보편적 지향

연구사의 초기부터 지적되었듯이, 「의산문답」은 모든 세계를 상대화하고자 하는 텍스트이다. 주요 논점의 흐름을 짚어보면 다음과 같다. ① 인간과 동물의 상대화 ② 지구설과 지전설 ③ 지구의 상대화 ④ 분야설 비판 ⑤ 지구의 두 극 ⑥ 천체의 움직임 ⑦ 기상 현상 ⑧ 계절과 기후의 차이 발생 요인 ⑨ 지리 ⑩ 바다와 강의 원리 ⑪ 땅의 활동 ⑫ 화이변 ⑬ 역외춘추.

---

38 「의산문답」은 대체로 홍대용의 말년에 지어진 것으로 평가되어 왔다. 일단 작품의 서두에서 북경을 다녀온 허자가 의무려산에서 문답을 시작하게 되는 배경이 홍대용의 연행 경험을 반영하는 것으로 보이며, 박희병은 박지원이 연행 당시 홍대용이 아직 지전설에 관련한 저술을 하지 않았다고 언급한 것에서 「의산문답」의 창작년도를 1780~1783년 사이로 추측한 바 있다(박희병, 2013, 『범애와 평등』, 돌베개, 134쪽). 후마 스스무(夫馬進) 또한 1776년 홍대용이 중국의 손유의(孫有義)와 주고받은 편지에서 「의산문답」과 유사한 관점이 나타난다는 점, 또 당시 홍대용이 이설(異說)을 용납하지 않는 조선의 폐쇄적인 유학 풍토에 대해 강하게 불만을00 표현했다는 점 등을 들어 「의산문답」의 창작 연대를 1776년경으로 비정하였다(후마 스스무, 2014, 「조선 건국 후 홍대용의 중국 지식인과의 편지 왕복과 『의산문답』의 탄생」, 『연행사와 통신사』, 박문사, 36~39쪽). 「의산문답」에서 분야설을 부정하는 부분에 대해서는 임종태, 앞의 글, 413쪽과 배우성, 앞의 책, 163쪽 참조.

이 가운데 ①~③번 논점은 ④의 분야설 비판을 향해 나아간다. 먼저 동물과 대비되는 인간의 특권을 무화한 뒤, 이 땅이 구형이며 심지어 회전한다고 논증함으로써 어느 특정한 지역도 지리적 중심이 될 수 없음을 밝힌다. 이어 이 지구 자체도 무수히 많은 은하 속의 한 지점일 뿐이라고 하여 지구의 특권도 빼앗는다. 그리고 이 상대화는 분야설에 대한 비판으로 한 차례 매듭지어진다. 무한한 우주의 한 점인 지구, 둥글고 회전하는 이 곳의 한 지역에 전 우주의 별자리를 배속하는 것은 무의미한 일이다.

「의산문답」의 초반부가 결국 분야설을 부정하는 것이었다면, 이어 지구과학적인 지식이 열거되는 ⑤~⑪은 천문, 복서, 제자, 지술 등 우주나 자연의 움직임과 인간사가 연관되어 있다는 믿음을 부정하는 것으로 맺어진다.[39] 이 부분에서 흥미로운 지점은 기후와 기상 현상을 비롯하여 지구라는 천체에서 벌어지는 각종 현상을 인간과 무관한 것으로 설명하기 위한 체계를 세우고 있다는 점이다. 이 과정에서 하늘과 땅이 오행으로 이루어져 있다는 상수학적 세계관을 비판하고 대신 태양을 기후와 기상 현상을 설명하는 새로운 기준으로 제시하고 있으며,[40] 땅이 그 자체로 "활물(活物)"이기 때문에 지리도 우연적으로 현재의 모양에 이르게 된 것이라고 설명한다. 그 과정에서 기존 중국의 지리에 대한 관념 역시 부정된다.[41]

---

39 洪大容, 『湛軒書』 內集 4, 「醫山問答」. "雖然, 技術之妄, 實無其理, 傳信之久, 衆心合靈, 想無成有, 往往有中人之機巧. 天亦隨之, 鑠金銷骨. 自有其理. 夫天文之祥祲, 卜筮之休咎, 禱祀之格響, 地術之禍福, 其理一也." 번역은 한국고전종합DB를 참조하되 필요한 경우 일부 수정하였다.

40 같은 글. "虛子曰, 天者五行之氣也, 地者五行之質也. 天有其氣, 地有其質, 物之生成, 自有其具, 豈其專屬於日乎. … 故五行之數, 原非定論, 術家祖之, 河洛以傳會之, 易象以穿鑿之, 生克飛伏, 支離繚繞, 張皇衆技, 卒無其理."

41 같은 글. "虛子曰, '古云天不滿西北, 地不滿東南, 天地果有不滿歟?' 實翁曰, '此中國之野言

중국을 문명과 도덕의 자리에 정위하는 모든 전통적 지리지식과 관념에 반론을 제기하고 난 뒤, 홍대용은 ⑫에서 비로소 화이의 구별에 관한 논의를 시작한다. 그런데 화이변에 들어와서도 홍대용은 지리와 문명의 상대화를 계속한다. 그에 따르면 역사 시대 이전의 상고(上古) 시대에는 사람들이 모두 바위와 땅의 기(氣)를 타고 태어나 모두 지혜롭고 욕심이 없었다. 그러나 역사 시대에 해당하는 중고(中古) 시대 이후 태어난 사람들은 모두 이 이상적인 기운을 타고나지 못했다.

중고(中古)로 내려오면서부터 지기(地氣)가 비로소 쇠해지자 인물들이 점점 박잡하고 흐리게 되었다. 남녀가 서로 모이면 곧 정욕이 생기고 정신이 감동되어 아이를 배게 되었으니, 비로소 형화(形化)가 생긴 것이다. <u>형화가 있음으로부터 인물은 점점 늘어나고 지기는 더욱 줄어지며 기화(氣化)가 끊어졌다.</u> 기화가 끊어지면 인물의 나는 것이 오르지 정혈(精血)만 타고나기 때문에 찌꺼기의 나쁜 것만 점점 자라나고 맑고 밝은 마음은 점점 없어졌다. 이것이 천지의 비운(否運)이요, 화란(禍亂)의 시초였다. … 기주(冀州)는 지방이 천리로 중국이라 일컬었다. <u>산을 등지고 바다에 임하매 바람과 물이 혼후(混厚)하고, 해와 달이 맑게 비치매 춥고 더움이 알맞고, 물과 산이 영기(靈氣)를 모으매 선량한 사람을 탄생시켰다.</u> 대개 복희(伏羲)·신농(神農)·황제(黃帝)·요순(堯舜)이 일어나서 초가집에 살면서 자신부터 검소한 덕을 닦아 백성의 재산을 마련해 주었으며, 공손하고 겸양한 모습으로 명덕을

也. 見北極之低旋, 則疑天之不滿, 見江河之東注, 則疑地之不滿, 泥於地勢之適然, 不察環面之異觀, 不亦愚乎."

몸소 실천하여 백성의 질서를 바로잡았다. 문명한 교육이 차고 넘쳐서 천하가 화락하였다. 이것이 중국에서 이른바, 성인의 정치요 가장 잘 다스려진 시대였다.[42]

사람이 태를 빌어 태어나기 시작한 시점부터 이미 지기는 쇠했다. 복희·신농·황제·요순이 나타난 시점은 확실히 중화에 좋은 영기가 모여 훌륭한 사람들을 탄생시켰을 수 있다. 여기까지는 중화의 특수성을 강조하는 풍기론으로 보인다. 그러나 홍대용은 바로 다음 줄부터 태평성대는 그 시점에 이미 끝났음을 말한다. 심지어 우·탕·문·무·주공조차 이미 타락한 시대의 인물들로 치부되고, 왕도가 폐해진 주나라 이후는 더욱 말할 것도 없으며, 이러한 관점에서 청의 흥기는 오히려 당연한 일이다.[43]

이 부분을 읽으면 홍대용의 화이변은 분명 화이를 구별하기보다 오히려 무차별하게 만들려는 목적으로 보인다. 그렇다면 「의산문답」이 지리적 중심성과 특권성을 모두 탈각한 뒤에 중원의 역사를 이처럼 보잘것없어 보이게 서술하는 까닭은 왜일까. 배우성이 지적하듯이, "그의 논리로 본다면 조선이 원래 이적이었던 것이 지계 때문이라면 중원대륙이 중화가 되는 것도 지계 때문이다. 중화와 이적의 지리적 경계는 원래 그런 상

---

42 같은 글. "降自中古, 地氣始衰, 人物生成, 轉就駁濁, 男女相聚, 乃生情欲, 感精結胎, 始有形化. 自有形化, 人物繁衍, 地氣益泄而氣化絶矣. 氣化絶則人物之生, 專稟精血, 滓穢漸長, 淸明漸退, 此天地之否運, 禍亂之權輿也. … 冀方千里, 號稱中國, 負山臨海, 風水渾厚, 日月淸照, 寒暑適宜, 河嶽鍾靈, 篤生善良. 夫伏羲神農黃帝堯舜氏作而茅茨土階, 身先儉德, 以制民産, 欽文恭讓, 躬行明德, 以敷民彛, 文教洋溢, 天下熙皥, 此中國所謂聖人之功化至治之世也."

43 같은 글. "朱氏失統, 天下薙髮, 夫南風之不競, 胡運之日長, 乃人事之感召, 天時之必然也."

태로 주어진 것이다."⁴⁴ 다만 그 지리적 위치는 애초에 특권의 자리가 아니라 지구라는 회전하는 천체의 작용에 따라 우연히 비정되었을 뿐이다.

그렇다면 중요한 것은 무엇인가? 그래도 중국과 오랑캐를 구별해 달라는 허자의 요청에 실옹은 다음과 같은 유명한 구절을 남긴다.

> 하늘이 내고 땅이 길러주는, 무릇 혈기가 있는 자는 모두 이 사람이며, 여럿에 뛰어나 한 나라를 맡아 다스리는 자는 모두 이 임금이며, 문을 거듭 만들고 해자를 깊이 파서 강토를 조심하여 지키는 것은 다 같은 국가요, 장보(章甫)이건 위모(委貌)건 문신(文身)이건 조제(雕題)건 간에 다 같은 자기들의 습속인 것이다. 하늘에서 본다면 어찌 안과 밖의 구별이 있겠느냐?
> 이러므로 각각 제 나라 사람을 친하고 제 임금을 높이며 제 나라를 지키고 제 풍속을 좋게 여기는 것은 중국이나 오랑캐가 한가지다.⁴⁵

이 글에서 홍대용은 각 지역 고유의 문화를 부정하지 않는다. 다만 그 상위 가치로 보편적 지향을 설정할 뿐이다. 그들이 훌륭한 지도자를 뽑고 도시를 건설하며 국토를 수호하는 국가로서의 면모를 갖추고 있는 한, 은나라 때 유학자가 쓰던 장보(雕題)와 당나라 관리의 복식인 위모(委貌), 남방 지역 사람들이 하는 문신과 같은 풍속의 차이는 시공간의 차이일 뿐 문명의 경중과 관계가 없다.

---

44 배우성, 앞의 책, 164~165쪽.
45 앞의 글. "天之所生, 地之所養, 凡有血氣, 均是人也, 出類拔萃, 制治一方, 均是君王也, 重門深濠, 謹守封疆, 均是邦國也, 章甫委貌, 文身雕題, 均是習俗也, 自天視之, 豈有內外之分哉. 是以各親其人, 各尊其君, 各守其國, 各安其俗, 華夷一也."

이렇게 지리를 둘러싼 신비화와 특권화를 벗겨냈을 때 남는 것은 보편적 도덕가치이다. 각자 "제나라 사람을 친하고 제 임금을 높이며 제나라를 지키고 제 풍속을 좋게 여기는" 도덕적 실천에 충실하면 중국과 오랑캐의 구분은 큰 의미가 없다. 앞서 김종후와의 논쟁에서도 홍대용은 조선이 놓여 있는 지계를 그대로 인정한 채 이적은 이적으로서 성인을 지향하면 그뿐이라 말한 적이 있다. 「의산문답」의 끝에 등장하는 '역외춘추' 또한 이런 맥락에서 보면 도덕적 가치의 무화가 아니라 지계가 내포하는 특권과 그에 기원하는 문화 간 위계에 대한 부정이라 할 만하다.

> 공자는 주나라 사람이다. 왕실(王室)이 날로 낮아지고 제후들은 쇠약해지자 오(吳)나라와 초(楚)나라가 중국을 어지럽혀 도둑질하고 해치기를 질리지 않았다. 『춘추(春秋)』란 주나라의 역사서인바, 안과 바깥에 대해서 엄격히 한 것이 또한 마땅치 않겠느냐? 비록 그러하나 가령 공자가 바다에 떠서 구이(九夷)로 들어와 살았다면 중국법을 써서 구이의 풍속을 변화시키고 주나라 도(道)를 역외(域外)에 일으켰다면, 곧 안과 밖의 구별과 존왕양이의 의리에 자연히 역외춘추(域外春秋)가 있었을 것이다. 이것이 공자가 성인(聖人) 된 까닭이다.[46]

홍대용은 시공간에서 기인하는 차이를 적극적으로 인정한다. 『춘추』는 주나라의 역사서였고, 그 책이 쓰여지던 때는 주나라가 오·초의 잦은

---

46 앞의 글. "孔子周人也. 王室日卑, 諸侯衰弱, 吳楚滑夏, 寇賊無厭. 春秋者周書也, 內外之嚴, 不亦宜乎? 雖然, 使孔子浮于海, 居九夷, 用夏變夷, 興周道於域外, 則內外之分, 尊攘之義, 自當有域外春秋. 此孔子之所以爲聖人也."

공격을 받았기 때문에 화이의 구별을 엄격히 한 것이다. 하지만 만일 공자가 다른 시공간에 살았다면, 그가 중국에서 한 일과 마찬가지로 '주나라의 도'로 지칭되는 보편적인 가치로 그 땅의 교화를 이루었을 것이며, 그 경우 중국 땅 밖의 관점에서 새롭게 해석하는 화이의 구별과 존왕양이의 의리를 제시했을 것이다. 그것이 '역외춘추'이다. 즉, 춘추의 정신이란 각기 다른 배경에 위치한 행위자들이 자신의 자리에서 보편적 지향을 추구하는 것이다.

V. 맺음말

문화적 '중화'를 성취하고자 했던 조선인들은 동시에 조선이 중국 대륙의 밖에 위치하고 있으며, 그로 인한 문화적 차이가 엄연히 존재한다는 문제를 해결해야 했다. 많은 조선의 지식인들이 중국대륙과 조선의 지리적 특성을 동일시하고자 시도했던 반면, 서양 지리지식의 유입과 함께 중국의 지리적 중심성이 흔들리기 시작하며 지리와 문화의 연결 고리를 끊어내는 인식들도 등장하였다. 특히 홍대용은 시공간에 따른 문화의 다양성을 있는 그대로 인정하면서 보편적 도덕 지향의 추구와 실천을 문명의 기준으로 삼는 관점을 내놓았다.

홍대용의 역외춘추론은 개별성을 인정하는 동시에 보편적 가치를 전유하는 한 방식을 보여 줌으로써 중화라는 보편문화에의 지향과 한반도라는 변방의 입지 사이의 괴리를 끊임없이 감각했던 조선 지식인의 한 모색을 보여 준다. 동시에 그의 논리가 타자수용에 개방적으로 활용되고 있음 또한 주목해야 한다. 그는 중인 시인이나 청의 문인들이 보여 주는 성취 역시 공정히 평가되어야 한다는 입장을 견지한다. 다름을 있는 그대로 인정하되 공통의 지향을 모색하고자 하는 그의 태도는 보편주의의 폭력에도 상대주의의 아노미에도 빠지지 않는다는 점에서 시사점이 있다.

참고문헌

金履安, 『三山齋集』.
徐居正, 『四佳集』.
申欽, 『象村集』.
安鼎福, 『順菴集』.
吳光運, 『藥山漫稿』.
劉向, 『說苑』 (https://ctext.org)
尹鑴, 『白湖全書』.
李穀, 『稼亭集』.
李種徽, 『修山集』.
朱熹, 『中庸章句』.
崔岦, 『簡易集』.
韓元震, 『南塘集』.
洪大容, 『湛軒書』.
洪鳳漢, 『浣巖集』.

* 이상 별도의 표기가 없는 1차 자료의 원문과 번역은 한국고전종합DB(https://db.itkc.or.kr)를 참조하되 필요한 경우 일부 수정하였다.

김영민, 2013, 「조선중화주의의 재검토」, 『한국사연구』 162, 한국사연구회.
김용창, 2022, 「조선 후기 백이·숙제에 대한 인식과 청성묘 건립의 함의 - 「청성묘비」와 「청성묘중수비」를 중심으로 살펴본 소중화 의식과 화이론」, 『한문학논집』 61, 근역한문학회.
박희병, 2013, 『범애와 평등』, 돌베개.
배우성, 2014, 『조선과 중화』, 돌베개.
이봉규, 2013, 「명청조와의 비교를 통해 본 조선시대 『家禮』 연구의 특색과 연구방향」, 『한국사상사학』 44, 한국사상사학회.
임종태, 2003, 「17·18세기 서양 과학의 유입과 분야설의 변화 - 『성호사설』 「분야」의 사상사적 위치를 중심으로」, 『한국사상사학』 21, 한국사상사학회.

임종태, 2012, 『17, 18세기 중국과 조선의 서구 지리학 이해』, 창비.

최종석, 2017, 「고려후기 '자신을 이(夷)로 간주하는 화이의식'의 탄생과 내향화 - 조선적 자기 정체성의 모태를 찾아서」, 『民族文化硏究』 74.

허태용, 2009, 『조선 후기 중화론과 역사인식』, 아카넷.

후마 스스무 외, 2014, 『연행사와 통신사』, 박문사.

5
일본의 전쟁 기억과 역사 내러티브의 문학적 특질
- 패전의 기억을 중심으로

신현선 전북대학교 일본·동아시아연구소 학술연구교수

I. 머리말

한국과 일본이 갈등하거나 화해하려는 지점에서 문제로 대두되는 것이 '역사 인식'이다. 두 국가가 경험한 역사의 교집합, 특히 전쟁과 관련한 경험을 기억하고 수용하는 차원에서 드러나는 인식의 차이는 양국의 관계 개선에 걸림돌이 되고 있다. 그 인식의 간극은 한일 양국의 정치, 사회, 경제 등 다방면에서 과거사 논쟁의 양상으로 나타난다.

기억은 역사적 사실의 객관적 규명보다는 사회적 공감을 부추기는 정

---

* 이 글은 신현선, 「일본의 전쟁 기억과 역사 내러티브의 문학적 특질-패전의 기억을 중심으로」, 『日本文化學報』 제99집, 한국일본문화학회, 2023에 수록된 내용을 수정·보완한 것이다.

치 행위에서 힘을 발휘한다. 특히 공식 기록보다는 비공식 내러티브에서 더 큰 힘을 발휘한다. 따라서 기억의 정치는 "매체와 기억 사이의 공생적 협력관계"[1] 속에서 역사적 내러티브를 구성하게 될 가능성이 크다. 한일 양국의 기억의 정치에서 입장 차이를 보이는 것 중 하나는 기억 전쟁의 양상이다. 전쟁에 대한 기억은 가해자 혹은 피해자의 측면에서 내러티브가 구축되기도 한다.

이 연구는 일본의 '전쟁 기억'에 주목하여 역사 내러티브의 문학적 특질을 고찰하는 데 목적이 있다. 즉, 일본 제국이 일으킨 전쟁에서 일련의 사건이 어떻게 서사화되어 기억과 인식을 구축하고 있는지 그 서사화의 특질을 살펴보고자 한다. 과거를 인식하고 현재를 성찰하는 데 '문학'은 좋은 도구가 된다. 역사 내러티브가 가장 두드러지게 나타나는 것이 문학작품으로 바로 이런 점에서 역사와 문학은 '대리 체험과 성찰'이라는 공통점을 가진다. 이것은 역사적 사건의 진실에 부합할 수도 있고 왜곡될 수도 있지만 양자 간 정합성과 연관성을 높이는 효과를 기대할 수 있다는 점에서 유용하다.

먼저 패전 상황에서 포로수용소, 원자폭탄 피폭과 같은 전쟁 기억을 다룬 작품을 살펴볼 것이다. 그래서 일본 제국이 일으킨 전쟁, 역사적 사건의 내러티브가 문학작품에서 어떻게 재구성되는지 등장인물의 시선에 비친 역사의 기억을 중심으로 논의할 것이다. 이 연구에서 다루는 작품은 패전으로 귀착하는 전쟁 상황에 직면한 개인의 서사가 나타난다. 즉, 국가와 국가, 이념과 이념이 대립하는 장인 전쟁의 거대담론이 아니라 전쟁의 소용돌이에 휘말린 개인의 전쟁 기억을 다루고 있다. 또한 전쟁 상황에

---

1 장인성, 2010, 「제국을 보는 시선」, 『일본비평』 2, 서울대일본연구소, 11쪽에서 재인용.

대한 개인의 정서와 태도 그리고 윤리적인 판단까지도 담아내기 때문에 이와 같은 작품은 전쟁에 대한 또 다른 전쟁 기억이며 내러티브가 될 것이다.

이에 따라 포로수용소라는 공간을 배경으로 병사에서 포로의 모습으로 변한 동료 군인들의 모습을 다룬 오오카 쇼헤이(大岡昇平)의 『포로기(俘虜記)』를 살펴볼 것이다. 이 소설의 주인공은 포로수용소 생활을 하면서 타락의 일로를 걷는 포로들의 모습과 귀환 후 생활에 대한 불안과 열등감, 피해망상과 마주한다. 이 작품은 패전 후 연합군 점령하에서 '병사'에서 '포로'로의 변환을 수용하는 일본군의 형태를 1인칭 시점으로 기록하고 있다.

다른 한편으로는 원폭 피해, 전사자 등의 내용에서 '희생자 의식'이 내재된 재난 기록적 성격의 작품을 다루려고 한다. 피해자 내셔널리즘의 문제를 제기한 리사 요네야마(Lisa Yoneyama)는 스스로를 피해자로 자리매김하는 일본 반핵평화운동 진영의 입장이 역설적으로 일본 제국주의의 "침략의 역사와 과오에 대한 기억상실을 조성했다"라며 "최소한 원폭 당시 사망한 사람들의 4분의 1에 해당하는 조선인 희생자들을 어떻게 기억해야 하는가"[2]라고 묻는다. 이것은 원폭의 희생자였으며 전쟁에 동원되어 죽어 간 조선인 희생자, 이들을 어떻게 기억해야 하는가에 대한 물음이기도 하다.

이 연구는 원폭을 둘러싼 기억과 순화의 인식을 토대로 내러티브를 구축한 작품도 살펴볼 것이다. 이를 위해 하라 다미키(原民喜)의 「여름꽃

---

2 리사 요네야마, 2004, 「폐허로부터: 기억의 정치를 조명하며」, 『민주주의와 인권』 4, 108~110쪽.

(夏の花)」을 다루려고 한다. 소설은 주인공의 내러티브에 주목하여 피폭의 양상 및 작가의 이중 피폭의 고통을 전달한다. 「여름꽃」은 독자에게 전쟁과 핵무기의 참혹함을 상기시키지만 이것은 일본의 전쟁 책임을 망각케 하여 '피해자'라는 기억을 재생산한다. 피해자 의식의 표상으로서 '유일한 피폭국'이라는 언설과 독선적인 자기규정은 일본국민이라는 주체를 피해자로 복원하는 데 일조한다.

마지막으로 피폭 내셔널리즘에 대한 비판과 전쟁 기억의 역사적인 확장을 보여 주는 역사 내러티브의 구축 양상과 특질을 살펴볼 것이다. 원자폭탄 투하 이후, 일본은 피해자 의식이 강해졌고, 원폭문학은 원폭의 확대된 개념으로서 전쟁의 피해자 의식을 확산하는 데 크게 기여했다. 구리하라 사다코(栗原貞子)의 시 「히로시마라고 말할 때(ヒロシマというとき)」는 원폭 피해자의 시점이 아닌 전쟁 가해자의 입장에서 쓴 작품으로 침략전쟁의 가해자로서의 책임을 묻는다. 그뿐만 아니라 전쟁 비판, 원폭의 본질, 피폭자의 체험, 원자폭탄 투하 후의 상황 등을 문학을 통해 호소한다. 원폭을 둘러싼 희생자 내셔널리즘에 대항하기 위해 가해와 피해의 맞물림을 간과하지 않는다. 특히 '유일 피폭국'이라는 언설 및 피폭 내셔널리즘에 대해 비판하고 전쟁 기억의 역사적, 공간적 확장을 지향한다.

원폭을 둘러싼 전쟁 기억과 역사 내러티브는 기억과 망각, 순화의 과정을 거친다. 전쟁에 대한 기억 속에서 조형되고 복원된 희생자 의식은 한일 갈등을 현시하는 문제이기도 하다. 이러한 갈등 현안을 문학이 어떻게 사회의 거울 역할을 수행하며 사회에 기능하고 있는지 살펴볼 필요가 있다. 역사적 사건의 내러티브가 어떻게 재구성되고 있는지를 살펴보는 일은 기억의 역사를 반추하여 역사적 현재를 올바른 방향으로 이끄는 일일 것이다.

지금까지 일본 제국이 일으킨 전쟁과 관련한 연구는 다양한 분야에서 상당량이 축적되었다. 이 연구의 주제가 여러 분야의 선행연구와 접점을 이루고 있는 만큼 연구사 검토에 어려운 면이 있다. 따라서 본론에서 논의를 전개해 가면서 필요에 따라 선행연구를 언급하면서 정리할 것이다.

II. 패전 일본을 기록하는 관찰자의 시선

메이지유신(1868) 이후 일본은 '탈아입구(脱亜入欧)'를 목표로 근대화를 추진하였는데 '탈아입구'라는 슬로건에서 알 수 있듯이 일본의 오리엔탈리즘은 "중국과 조선을 열등한 동양으로 주변화하고 일본은 우월한 서양으로 정론화하는 헤게모니적 담론"[3]이다. 이것은 아시아·태평양 전쟁에 대한 일본의 전쟁 기억을 구성하는 서사적 틀이자 얼개이기도 하다.

오오카 쇼헤이(大岡昇平)의 『포로기(俘虜記)』[4]는 '포로수용소'라는 독특한 집단을 중심으로 작가의 전쟁 체험이 사실적으로 기록된 작품이다. 그러나 이 작품은 단순히 전쟁 포로들의 행태를 관찰하고 기록하는 차원에 그치는 게 아니라 패전 일본의 축소판으로 포로수용소라는 공간을 상징화함으로써 서사의 확장성을 획득하고 있다. 이 소설은 포로수용소에서 겪은 전쟁 체험의 기록에 머무르지 않는다. 오히려 "전후 일본인의 삶

---

3 임지현, 2021, 『희생자 의식 민족주의』, 휴머니스트, 221쪽 참조.
4 오오카 쇼헤이, 허호 역, 2017, 『포로기』, 문학동네, 9~513쪽. 이하 본문의 인용은 쪽수만 표기.

과 일본 사회를 풍자하려는 의도"⁵를 작품에 드러내고 있다.

『포로기』는 주인공 '나'가 필리핀에서 포로로 잡히면서 수용소 내 일본군의 생활 모습을 관찰하는 내용이 주 서사를 이룬다. 이와 더불어 서사의 한 축을 이루는 것은 주인공 '나'의 내적 갈등이다. 먼저 주인공 '나'가 동료 포로들을 관찰하는 서사를 가능하게 한 것은 '병사'에서 '포로'로 변환된 신분 때문이다.

> 그들은 Prisoner of war(전쟁의 수인)라는 어구가 나타내는 대로 분명 수인이지만, 그들 개인이 범한 죄로 인해 감금된 것은 아니다. 다만 군인이라는 그들의 신분이 적국에게 유해하기 때문에 감금됐을 뿐이다. 그러나 그들은 결코 자신이 원해서 군인이 된 것은 아니다. 그들은 병사로서의 자유(즉 싸우는 자유)를 버린(혹은 버리게 된) 대가로, 개인의 자유(즉 살아갈 자유)를 얻었다. (중략) 그들은 단순한 피억류자다. 포로란 일본이 싸우고 있던 동안 항복, 혹은 전투력을 상실함으로써 적에게 붙잡힌 자를 지칭해야 한다.(157~158쪽)

위 예문에는 '포로'와 '병사'를 구분짓고 있다. '포로'는 전쟁에서 붙잡혀 전투력을 상실한 자, '병사'는 전투력을 갖추고 조국을 위해 싸우는 제국주의 전쟁수행자라고 할 수 있다. 포로는 병사로서의 자유를 버리고 개인의 자유를 얻게 되었지만 감금된 상태에 불과하다. 그동안 제국주의라는 틀 안에서 견고하게 다져진 집단의 기억과 수행 대신 그들은 포로로서의 삶을 살아야만 했다.

---

5   大岡昇平, 1996, 「八年間の誤解」, 『全集』 14, 531쪽.

작품 속 일본군은 미국이라는 적 앞에서 일치단결하여 싸우고 옥쇄(玉碎)를 명목으로 군부로부터 자결을 명령받지만, 포로가 되자 인도주의에 입각한 미군의 비호 아래 안락한 포로 생활을 누린다. 옥쇄주의 교육으로 굳건한 조직력을 보이며 연합군과 혈전을 벌였던 일본군 병사들의 희생정신과 단결력은 포로가 되자마자 상실되고 만다.

주인공 '나'를 포함한 일본군이 '병사'에서 '포로'가 되면서 그들은 '죽음' 또는 '생존'을 선택해야만 했다. 일본군에게 '병사'와 '포로'는 서로 모순이기 때문이다. 그들은 군인으로서의 명예와 사명감을 가지라는 명령에 따라 죽음을 선택해야 하지만, '포로'의 신분이 되면서 살고 싶은 개인의 욕망을 선택하게 된다. 주인공 '나' 또한 죽지 않고 포로로 살아 있다는 점을 갈등한다. 그는 군인의 신분으로 전쟁을 수행하려는 의지가 약하다는 점, 전사한 동료에 대한 미안함, 포로가 된 것에 대한 수치심으로 갈등하는 모습을 보인다. 이러한 선택은 포로수용소에 갇힌 일본군 모두에게 약점으로 작용한다.

국가를 위해 목숨을 바치는 게 병사의 본분이라며 전사자들을 칭송한 전시 총동원체제인 '익찬체제(翼贊體制)'는 이데올로기의 허구성 속에서 병사들을 죽음으로 내몰았다. '옥쇄'작전으로 적진에 뛰어든 병사나 가미카제 특공대 등 일본군 전사자는 제국주의 전쟁의 이데올로기에 함몰되어 사라졌다. "일본 국민은 권위에 복종하는 봉건적 관습의 노예"[6]라는 오리엔탈리즘 논리 아래 일본 국민은 천황과 총동원체제에 전심전력으로 충성했다. 그러나 그들은 전후 전쟁과 군국주의의 무고한 희생자로 전락했다.

---

6 임지현, 앞의 책, 306쪽.

새로운 포로와 먼저 잡힌 옛 포로들 사이에 생긴 감정 대립 또한 '포로-생존'을 선택한 자신들의 약점을 감추려는 의도로 볼 수 있다. 미군에게 감금되어 급여를 받는다는 점은 평등했지만 새로운 포로들은 눈앞의 상황을 용납하지 못한다. 그렇기 때문에 포로가 되어 치욕을 당한 점을 공격하여 "너희들은 어째서 할복을 하지 않았나? 포로가 되어서 뻔뻔스럽게 살아 있다니 부끄럽지도 않은가? 할복하라고!"(383)라며 옛 포로들을 모욕하였다.

이 소설에서 주인공 '나'가 '병사'에서 '포로'로의 변환을 자각하도록 이끄는 외부 인물로 중대장이 등장한다. 중대장은 '나'에게 병사의 자세와 마음가짐을 가진 표본으로 인식되었다. 그러나 '포로'의 신분으로 바뀌면서 '병사'로서의 사명감과 역할을 버리고 '포로'의 역할에 충실한 중대장을 보면서 '조국, 신념, 전쟁' 등의 담론이 개인의 삶에 유효한가를 두고 고뇌하게 된다. 이것은 주인공이 미군 병사를 쏘지 못한 것과 연결되면서 조국과 전쟁에 대한 신념을 지키지 못하고 개인의 생존을 선택한 것을 두고 부끄러움과 죄의식을 느껴야 하는 것으로 서술된다. 다만 주인공이 느끼는 부끄러움이 교육받은 신념에 의한 것인지 패전이라는 상황에서 충분히 숙고한 것인지를 고민해 볼 필요는 있다.

전후 일본은 패전으로 초래된 미국의 지배와 일본의 예속을 진지하게 사유하지 않고 합리화했다. 전후 일본은 "전쟁을 망각하는 가운데 자유의 상실과 생물학적 생존의 맞교환에 만족하는 '타락'의 전면화"[7]로 규정될

---

7   우연희·이진형, 2016, 「오오카 쇼헤이의 '전후' 인식」, 『일본어문학』 69, 한국일본어문학회, 249쪽.

수 있다. 그들에게는 군국주의 전쟁의 포화 속에서 전진훈(戰陣訓)[8]의 가르침, 군부의 명령에 따른 수행 외에는 다른 선택지가 없었다. 그러나 미군에 붙잡힌 후에는 생물학적 욕구와 생존을 위한 쾌락적 방법들이 포로들 사이에 만연하게 된다.

> 미군의 극진한 간호를 받으면서, 내가 패자의 굴욕을 느끼고 그들에게 심적으로 시달리기만 했다는 것은 아마 과장일 것이다. 더구나 이 공화국 군대의 '문명'적인 분위기에 취해 내 마음이 다소나마 쾌적한 기쁨을 느꼈다는 것도 부정할 수 없다. 미군의 관용에 익숙해진 나는 마치 그들의 손님이라도 된 기분이 들어 포로라는 사실을 잊고 있었다. 내가 관찰에만 전념했던 것은 오히려 태만이었다.(83)

> 우리는 군인이 아니었지만, 나중에는 확실히 포로가 되었다. 더구나 청결한 주거와 피복과 이천칠백 칼로리의 식량과 PX를 즐기는 일류 포로였다. 어떤 자는 지금도 여전히 당시를 '천국'이라 부르며, '내 생애 최고의 해'라고 말한다.(236)

주인공은 미군의 관용과 군대의 '문명'적인 분위기 속에서 쾌적한 기쁨을 누리던 중 새로 잡혀 온 포로의 "PX가 있다던데 정말인가?"(229)라는 말에 당황한다. 그들은 얼마 전 국가에 의해 일치단결하여 전쟁을 수

---

[8] 1941년 1월 일본 장병이 전장에서 지켜야 할 행동규범과 전투규범을 공포한 것. 특히 제2장 8조에는 "살아서 포로의 치욕을 당하지 말고 죽어서 죄화의 오명을 남기지 말라"라고 기록되어 있다.

행하는 제국 군인이었다. 그러나 조국의 패배가 임박한 지금에 와서는 조국의 안위보다도 PX부터 신경 쓰고 있다. 전쟁터에서 수용소로 옮겨진 그들에게 주어진 것은 밖으로는 울타리, 안에는 PX의 현실이다. "전쟁터에서 우리에게는 아무것도 남지 않았지만, 포로 생활에서는 확실히 남은 것이 있었다"(236)라는 말에서도 알 수 있듯이 미군이 배급해 주는 식량을 소비하고, 생물학적 욕구를 충족하는 포로 생활은 안정적이고 편안했다. 그러나 목적 없는 포로 생활의 무료함은 음주, 노름 등 말초적 쾌락을 추구하도록 이끌었고 수용소에 갇혀 부자유 상태가 된 그들에게 더 이상 전쟁은 개인의 삶에 중요한 의미가 되지 못했다. 전쟁 기억에 대한 망각이야말로 그들을 살게 하는 요인이 된 것이다. 이런 점에서 『포로기』는 "패전 일본의 수용소화"[9]를 상기시킨다.

　이 소설에서 전쟁 포로들은 주어진 현실에 안주하며 이전의 상태를 망각한다. 전황이 악화하고 있지만 그들은 여유로운 일상을 보냈다. 그들이 말하는 "일류 포로"란 '타락'의 또 다른 이름으로 삶의 지향점이 되었다. 그런 포로들에게도 1945년 8월 6일 히로시마 원자폭탄 투하 정보는 충격이었다. 주인공의 말처럼 "포로가 된 후 처음으로 조국의 참화에 충격을 받은 일"(352)이었다. 자국의 국민들이 원자폭탄 최초의 희생자가 되었기 때문이다. 그에게는 조국이라는 관념이 막연했다. 그렇기에 포로가 되어 조국의 국민들이나 전쟁터의 병사들보다 편안한 삶을 영위하는 "이러한 생활에서 우국이란 단순한 감상에 불과했다"(355)며 현실을 규정짓는다.

　주인공은 원자폭탄의 참화를 듣고 동요한다. 그의 정서와는 대비적

9　우연희·이진형, 앞의 논문, 245쪽.

으로 '나'의 시선에 목격된 것은 일본이 항복했으나 피폭이나 국가의 패배에 무관심한 포로들이었다. '나'는 그들을 보며 "'조국'도 '위대함'도 잠자코 누워 있는 이 무리에게는 환상에 불과"(367)하다고 생각한다. 천황의 권한을 연합국 최고 사령부의 제한하에 둔다는 조건부로 국체가 수호된 것도 "일본의 전쟁 책임자가 자기의 생명과 체면 때문에 천황을 구실로 저항"[10]하는 것이기 때문이다. 8월 11일부터 14일까지의 나흘 동안 명목상의 국체 때문에 무의미하게 죽은 사람들만 보더라도 천황의 존재는 유해했다. 이런 점에서 천황의 옥음방송은 "군국주의 일본의 마지막 수치"(372)를 설파한 것이나 다름없다.

> 나는 생물학적 감정에서 진지하게 군부를 증오했다. 전문가인 그들이 절망적인 상황을 모를 리 없다. 또한 근대전에서 일억옥쇄[11] 따위가 실현될 리가 없다는 사실도 물론 알고 있을 것이다. 그러한 그들이 원자폭탄의 위력을 보면서도 여전히 항복을 연기하고 있는 것은, 오로지 그들 자신이 전쟁 범죄자로 처형되고 싶지 않기 때문일 것이다. 그들이 이 전쟁을 시작한 원인은 여러 가지가 있고, 상황이 그들의 뜻대로 되지 않았다는 점은 알겠지만, 이러한 시점에서 아무런 대응책도 없이 시간을 보내는 것은 그들의 자기 보존이라는 생물학적 본능이라고밖에 할 수 없다. 따라서 나는 그들을 생물학적으로 증오할 권리가 있다.(357)

---

10 '국체수호' 보증을 위해서 포츠담 선언의 수락을 늦췄기에 결과적으로 히로시마와 나가사키에 원자폭탄이 투하되었다.
11 '일억 명의 일본인은 천황 폐하를 위해 몸이 부서져 죽도록 충성할 각오가 되어 있다'라는 의미.

주인공 '나'는 포로수용소에서 전쟁의 원인과 책임을 돌아보며 군부에 대한 증오심이 애국심을 말살시킨 원인임을 지적한다. 도조 히데키(東條英機)의 자살 미수, 일본군의 잔학행위에 관해 모르쇠로 일관한 야마시타 도모유키(山下奉文) 육군 대장의 법정 발언은 포로들을 격분하게 만들었다. 또한 종전 칙서와 함께 맥아더 원수와 나란히 선 천황의 사진은 포로들에게 미묘한 감정을 불러일으켰다. 그런 점에서 볼 때 수용소에서 만난 간호사의 "요번 전쟁은 전적으로 군부가 나빴던 거예요. 조금도 자책할 필요 없어요"(417)라는 말은 주인공에게 전쟁 책임, 전쟁 범죄의 문제를 고민하게 만드는 기폭제가 된다. 이는 일본 국민을 전쟁 희생자로 바라보는 보편적 인식과도 중첩된다.

일본 국민은 천황과 총동원체제에 동원되어 충성을 바쳤지만, 이들의 노력은 무위로 돌아갔다. 그들은 전근대적 군부의 희생양이었기 때문이다. 도쿄 재판 또한 대중이 군부 지도자에게 속았다는 감정을 생산해 냄으로써 전쟁 책임에 면죄부를 발부했다. 결국 "점령군의 통치 아래 만들어진 집단 기억에서 일본 국민은 전쟁과 군국주의의 무고한 희생자가 되었고, 가해자는 군부, 군국주의, 체제 같은 추상의 몫"[12]이었다.

『포로기』의 주인공은 제국 일본의 병사라는 존재를 잊고 수용소라는 공간 속에서 개인의 자유를 향유하지만 제국주의라는 이데올로기에서 자유롭지 못한 자신을 발견한다. 국가로부터 학습한 일본군 군국주의, 제국주의의 흔적이 곳곳에 남아 있었기 때문이다. 이 소설에서 '포로수용소'는 주인공 '나'의 전쟁 기억의 서사가 진행되는 공간적 배경이면서 더불어 실제 작가가 경험한 필리핀 포로수용소의 장소성 또한 지닌다. 이는 작가

---

12 임지현, 앞의 책, 306쪽 참조.

의 전쟁 체험의 서사와 소설에서 전쟁 기억의 서사가 혼재할 가능성을 내포하고 있다. 『포로기』의 주인공 이름을 '오오카'로 설정한 것도 작가의 삶과 주인공의 이야기가 혼재할 가능성을 높이고 있다. 이와 같이 현실의 서사와 문학의 서사가 상호텍스트적일 수 있다는 점이 『포로기』의 서사가 지닌 특질이라고 볼 수 있다. 이런 연유로 작품 속 '포로수용소'는 맥락적으로 미군정의 통치를 받는 일본의 역사적 시공간과도 연결될 수 있다.

III. 재난의 묘사와 희생성 부각

하라 다미키의 대표작 「여름꽃」[13]은 작가의 히로시마(広島) 피폭 체험이 근간이 되고 있다. 원자폭탄이 히로시마에 투하되고 그 피폭의 체험을 작품으로 형상화하고자 했던 그는 "말로 다 표현할 수 없는 체험을 자신이 어떻게 해서라도 후세에 전해야 한다는 사명감"[14]을 가지고 이를 기록하였다.

「여름꽃」은 원폭의 재난 상황에서 생존이라는 사건과 8월 6일 히로시마라는 시공간 속에서 피폭 현장에서 가족의 생존을 확인하며 대피소로 향하는 주인공 '나'를 중심으로 사건이 전개되는 이야기이다. 이 소설의 특징은 먼저 서술자가 주인공인 1인칭 주인공 시점이다. 따라서 주인공이 사건에 대한 경험을 서술자의 주관으로 표현하고 있다. 그다음 이

---

13   하라 다미키, 정향재 역, 2017, 「여름꽃」, 『하라 다미키 단편집』, 지식을 만드는 지식, 171쪽. 이하 본문의 인용은 쪽수만 표기.
14   中野孝次・長岡弘芳, 1985, 「對談 原爆文學をめぐって」, 『國文學 解釋と鑑賞』50, 至文堂, 11쪽.

소설은 주인공을 중심으로 사건이 진행되고 있다. 그러나 주인공이 영웅적인 능력으로 문제를 해결하면서 다음 사건으로 넘어가는 선행적인 서사의 진행에 초점을 맞추기보다는 그가 피폭 현장을 탈출하는 경로에서 마주하는 사람과 풍경을 목격하고 묘사하는 관찰자의 역할에 초점을 맞추고 있다. 마지막으로 이 소설은 산문의 서사를 지니고 있으면서 중간에 시를 삽입하여 운문의 서사와도 접점하고 있다. 다시 말해 「여름꽃」에 등장하는 시는 영웅소설에 등장하는 서사시의 종류는 아니지만, 시적 언어의 함축성과 감각적 이미지화로 산문 서사의 역사 내러티브에 정서상의 내적 서사를 존재하게 만들었다.

1945년 8월 6일 히로시마는 원폭 투하로 궤멸 상태가 되었다. 피해는 사망자, 부상자를 합쳐 40만 명으로 당시 히로시마의 인구의 90% 이상에 달했다.[15] 천황은 이미 대세가 기울었다고 판단했지만 더 유리한 항복 조건을 확보하기 위해 최종 결정을 미루다가 원폭이 투하된 뒤에야 국체(천황 대권체제)와 자신 및 황실의 안태(安泰)를 분리시켰다. 미국은 그런 천황을 점령정책과 이후 일본 지배에 최대한 이용했다.[16]

「여름꽃」은 히로시마에 원자폭탄이 투하된 1945년 8월 6일부터 주인공이 3일 동안 보고 들은 참상을 묘사하며 화자의 경험과 인식을 중심으로 내용이 전개된다. 화자는 "고향 마을 전체가 온화한 자연의 조화를 잃

---

15 나리타 류이치 외 편, 2014, 『감정·기억·전쟁』, 소명출판, 358쪽.
16 하세가와 쓰요시, 한승동 역, 2019, 『종전의 설계자들』, 메디치미디어, 14~15쪽 참조. [원폭투하의 장본인인 미국정부는 일본의 포츠담선언 수락 후, 일본에서 점령정책을 실행했다. 1945년 8월 28일 점령을 위한 진주군으로서 우선 연합국군 제8군 제11공정사단과 제27보병사단이 선전대로 일본에 들어왔다. 30일에는 연합국군 최고사령관 맥아더 원수가 도착하여 GHQ(미 태평양군총사령부)를 설치하는 동시에 일본전토에 점령군이 진주하기 시작했다.]

어버리고 뭔가 잔혹한 무기물의 집합체같이 느껴지는"(176) 가운데 "문득 지금 내가 살아 있다는 것과 그 의미가 퍼뜩 나를 자극했다. 나는 이 일을 기록하지 않으면 안 된다"(179)고 결의한다. 이에 다케나가 요시마사(竹長吉正)는 "역사의 증언자로서의 작가적인 사명감을 자각한 다미키의 모습이 투영"[17]되었음을 지적한다.

이 소설의 작가는 자신의 역사적 경험을 있는 그대로 기록하려는 목적으로 소설을 집필했다고 밝혔다. 그렇다면 이 소설은 사실의 역사 내러티브를 가진 역사소설인지를 살펴볼 필요가 있다. 이 소설에서 인물, 시공간적 배경, 사건 모두 역사적 사실과 부합한다. 즉, 이 소설의 서사를 구성하는 요소는 1945년 8월 6일 히로시마에 원자폭탄이 투하되었다는 역사적 사실과 정합하며 그 현장을 경험한 인물이 직접 소설을 집필하였다는 점에서 이 소설의 역사 내러티브는 '역사'적인 객관성을 지닌 담론으로 여겨진다. 그러나 이 소설의 역사 내러티브 또한 작가의 '기억'에 의한 재구성으로 봐야 할 것이다. 역사가 서술자에 의해 재구성된 기록이라면 「여름꽃」의 서사도 선택과 배제의 원리로 재구성된 기억의 역사임을 감안해야 할 것이다. 이러한 기억에 의한 재구성의 측면에서 이 소설은 피해와 희생을 강조하는 서사를 구성하고 있다.

> 살갗이 벌겋게 벗겨지고 부풀어 오른 시체가 군데군데 배치되어 있었다. 이것은 정교하고 치밀한 방법으로 실현된 신지옥임에 틀림없고, 여기서는 모든 인간적인 것이 말살되었다. 예를 들어 시체의 표현만 하더라도 뭔가 모형 같고 기계적인 것으로 치환되어 있는 것이었다.

---

17 竹長吉正, 1973, 「原民喜「夏の花」教材化研究」, 『日本文學』 22, 日本文學協會, 89쪽.

괴로움의 찰나, 몸부림치다 경직된 듯한 사지는 일종의 요상한 리듬을 품고 있었다. (중략) 외부 윤곽만 남아 있는 아사노 도서관은 시체 수용소가 되었다. 길은 아직 군데군데 연기를 피우고 있고, 죽음의 냄새로 가득 차 있다. 강을 건널 때마다 다리가 끊어지지 않은 것을 의아하게 생각했다. 이 주변의 인상은 아무래도 가타카나로 그려내는 것이 적당할 것 같다. (194)

「여름꽃」은 역사적 사건에 대한 개인의 기억을 자신이 이해하는 방식으로 의미를 재구성한 작품이다. 이 소설은 작가와 독자의 기억을 소통시키는 매개체 역할을 한다. 즉, 이 소설은 피폭에 대한 작가의 기억을 재구성한 가공물이며, 이 소설을 통해 독자는 과거의 기억이 생산한 현재적 의미를 해석하게 된다.

「여름꽃」의 서사는 기억을 통해 역사적 사건을 중심화하고 있다. 이 소설은 히로시마에 원자폭탄이 투하된 사실을 소재로 선택하면서도 폭탄이 투하된 이후에 집중하여 서술자가 그 현장을 확인하는 기억을 재구성하는 것으로 서사를 구성하고 있다. 예컨대 위 예문처럼 민간인과 히로시마라는 공간이 폭탄에 의해 희생된 모습을 묘사하는 방식으로 원폭에 대한 역사적 부정성을 부각시킨다.

위 예문에서 주인공 '나'가 목도한 도시는 '신지옥'이며 '모든 인간적인 것들이 말살'된 곳이며 '시체 수용소'로 서술된다. 또한 시체에 대해서는 '부풀어 오른', '모형 같고 기계적인 것', '요상한 리듬'으로 표현하고 있다. 그리고 물을 달라고 미친 듯이 외치는 소리와 "고통에 내몰린 헐떡임"(187)과 같은 청각적 이미지로 표현한 처참함과 괴기스러움을 통해 현장의 비극과 불안을 부각시킨다. 주인공의 '재난 시작-대피'의 과정이 재난 현장을 탈출하는 긍정적 서사로 이어지는 것이 아니라 "구원이 없다는 기분으로 안절부절못하며"(192) 연이어 벌어지는 재난 상황에 놓여 있는 채로 끝나기 때문에 평화로운 일상으로의 복귀는 잠정적으로 연기되며 비극적 상황이 지속되는 것을 상기시킨다.

이 소설의 서사는 표면적으로는 원자폭탄과 관련한 사실적 사건들을 재현하고 있지만 이면적으로는 사건을 대하는 정서적 태도를 부각시킨다. 시는 이러한 정서를 발화시키는 역할을 한다. 작가는 작품 안에서 "이 주변의 인상은 아무래도 가타카나로 그려내는 것이 적당할 것 같다"며 시 한 편을 싣는다.

강렬하게 번쩍이는 파편과
회백색의 타고 남은 흔적이
광활한 파노라마처럼
벌겋게 타 문드러진 인간 시체의 기묘한 리듬
모든 게 진짜 있었던 일인가, 있을 수 있는 일인가
번쩍하고 벗겨져 버린 이후의 세계
전복된 전차 옆
말 몸뚱이 부풀어 오른 모양은
부지지 타며 연기 피어오르는 전선 내음(195)

ギラギラノ破片ヤ
灰白色ノ燃エガラガ
ヒロビロトシタ パノラマノヨウニ
アカクヤケタダレタ ニンゲンノ死体ノキミョウナリズム

スベテアッタコトカ アリエタコトナノカ
パット剥ギトッテシマッタ アトノセカイ
テンプクシタ電車ノワキノ
馬ノ胴ナンカノ フクラミカタハ
ブスブストケムル電線ノニオイ[18]

위 시가 가타카나로 표기된 이유는 작가가 밝힌 대로 의도적이다. "가타카나가 가진 날카로운 이미지와 더불어 독자들에게 작가가 느꼈을 생경함을 그대로 전해 주는 효과"[19]를 고려한 것이다. 작가가 경험한 새로운 지옥이 "붉게 타 문드러진 인간 시체의 기묘한 리듬"을 타고 파노라마처럼 펼쳐지고 있다. "물, 물을, 물을 주세요"(187), "아아, 어머니"라는 희생자들의 신음소리와 절규, 고통에 내몰린 헐떡임이 피폭 당시의 참상을 보여 준다. 피폭이라는 특수한 상황을 단순히 개인 체험의 기록으로 그치지 않고 "문학적 차원으로 응축시키고 표출을 위해서는 시라는 장르와 가타카나라는 표현 매체의 특수성이 절대적으로 필요"[20]했던 것이다. 이와 같이 「여름꽃」은 전쟁과 핵살상무기의 참혹함을 상기시키고 인간의 생과 사를 사유[21]케 한다.

이후 히로시마 원폭 서사에 '평화'의 메시지가 안착되자 가해자와 희

---

18 底本:原民喜, 신현선 역, 2000, 『夏の花・心願の国』, 新潮文庫, 新潮社.
19 하라 다미키, 정향재 역, 앞의 책, 361쪽 참조.
20 서재곤, 2017, 「하라 다미키 「여름꽃」 시론」, 『일본어문학』 78, 한국일본어문학회, 171쪽.
21 조수일, 2020, 「하라 다미키의 「여름꽃」 연구」, 『일본학연구』 60, 단국대일본연구소, 157쪽.

생자 사이에 얽힌 기억은 재배열되었다. "일본의 지배층은 패전 직후부터 '비인도성'이라는 보편적인 개념에 호소함으로써 자신들의 전쟁 책임, 식민지 책임을 가볍게 만들려"[22] 했다는 나오노 아키코(直野章子)의 지적처럼 원폭의 기억은 전후 일본의 국가 원리였던 '평화'와 결합되었다. 또한 피해를 둘러싼 개별적인 기억은 인류의 기억으로 보편화되는 과정에서 오히려 '유일 피폭국'이라는 담론으로 수렴되어 갔다.[23] 요컨대 원폭의 기억은 '희생자'가 발신하는 도덕적 정당성을 무기로 "일본 사회의 희생자 의식을 더 강화하고 기억의 국민화를 재촉"[24]함으로써 사람들의 기억체제를 지배하는 헤게모니로 자리 잡게 된 것이다.

'유일 피폭국'이라는 언설은 전후 일본이 마주한 전쟁과 피폭의 역사를 환기시킨다. 이는 가해와 피해의 주체 구분을 희석시킴으로써 "일본 국민이라는 주체를 피해자로서 내셔널한 틀에서 복원"[25]시키는 과정이기도 하다.

히로시마는 과거의 전쟁을 전시하는 장소이자 전쟁의 '피해자 의식'을 상징하는 역사적 장소로서 기능한다. 그동안 '피폭자=피해자'의 관점에서 히로시마·나가사키의 피폭 경험을 국민적 기억으로 자리매김하려는 움직임이 두드러졌다. 특히 일본의 피폭 경험에 세계평화를 염원하는 일

22　直野章子, 2016, 「被爆者という主體性と米國に謝罪を求めないということの間」, 『現代思想』 8, 土靑社, 81~82쪽.
23　심정명, 2021, 「오다 마코토 『HIROSIMA』가 '히로시마'를 문학화하는 방법」, 『일본학보』 126, 한국일본학회, 193쪽.
24　임지현. 앞의 책, 221쪽.
25　권혁태, 2009, 「히로시마/나가사키의 기억과 '유일피폭국'의 언설」, 『일본비평』, 서울대일본연구소, 88쪽.

본의 의지를 드러냈는데 이는 "일본 국민 전체를 피폭자의 피해의식을 공유하는 피해자로 전환"[26]하여 전쟁 책임을 망각하고 스스로 전쟁에서 가장 큰 희생자로 자리매김하는 데 일조한다. 「여름꽃」과 같은 인식이 전쟁 기억에서 희생과 고통의 역사를 기억하려는 문학적 서사로 구현되었다. 다만 이러한 작품이 전쟁에 대한 성찰을 이끌어 내기보다는 희생당한 일본인에 대한 정서적 연민과 유대를 촉발시킨다는 점이 문제될 수 있다. 즉, 이처럼 희생과 고난의 서사가 전쟁에서 일본의 가해자적 사실을 은폐하고 희석시키는 기억의 서사로 활용될 수 있다는 점이다.

하라 다미키의 「여름꽃」은 히로시마의 참상을 기억하고 후대에 전하기 위해 기록하려는 서사적 특질을 지닌다. 이 소설은 피폭의 공간을 이동하며 삶과 죽음에 직면한 일본인의 고투를 1인칭의 시선으로 목격하는 내용으로 구성되어 있다. 이 소설에서 1인칭 시점은 기록적 성격의 서사를 강화한다. 「여름꽃」은 피폭의 상황을 벗어나려는 탈출의 여정이 서사의 중심축이다. 그 과정에서 형과 동생 등을 찾으려 폐허를 돌아다니면서 참혹한 현장을 기록하는 인물, 즉 죽어 가는 사람들의 시간을 기록하는 인물로서 1인칭 '나'의 설정은 피폭의 폐해를 기록하려는 소설의 서사를 강화하였다. 다시 말해 1인칭 시점으로 서술한 재난의 서사는 원폭의 재난성을 부각하였다.

또 하나 「여름꽃」은 정서를 배제한 묘사가 특징적이다. 주인공은 피해자로서 슬픔을 억제하고 희생자로서 분노를 억제하는 등 최대한 정서를 배제하고 재난 현장을 묘사한다. 이와 같은 서술방식은 원폭을 다룬 작품

---

26   오성숙, 2017, 「1945년 8월 원폭, 원폭문학의 기억과 망각」, 『비교일본학』 41, 한양대 일본학국제비교연구소, 162쪽.

에 대해 GHQ(연합국총사령부)의 검열이 외부 요인으로 작용했다는 점도 고려해야 한다. 그러나 원폭의 잔혹성 또는 폭탄이 가한 연합군의 가해행위 등의 내용 검열을 피하기 위한 정서 배제의 기록적 서술방식은 역설적으로 일본인의 희생성을 부각시켰다. 즉, 「여름꽃」에서 증발해 버린 가족과 이웃 그리고 삶의 터전에 대한 기록적 서사는 피해에 대한 통계적 수치보다 정서적 공감을 불러일으킨다.

IV. 역사적 감수성을 배제한 성찰의 기억

앞 장에서는 하라 다미키의 작품의 서사에 대해 살펴보았다. 하라 다미키의 작품은 피폭의 체험을 바탕으로 희생된 도시와 사람의 상흔을 재현하여 당시의 역사적 사건을 기억하려고 하였다. 그러나 이러한 전쟁 기억은 전쟁의 희생적 측면을 부각하는 정서를 촉발시켜 자칫 역사적 감수성에 빠질 우려가 있다. 또한 역사적 감수성은 피폭 내셔널리즘과 연결될 수 있다는 점에서 문제가 될 수 있다.

   이 장에서는 구리하라 사다코[27]의 작품을 중심으로 하라 다미키와는 변별되는 전쟁 기억의 서사화 양상을 살펴볼 것이다. 구리하라 사다코는 하라 다미키와 마찬가지로 원폭이라는 역사적 사건의 체험을 바탕으로 작품 활동을 하였다. 그래서 시인의 시 다수가 피폭으로 희생된 사람과 히로시마에 관한 것이다. 시인의 작품이 전쟁 기억과 밀접하게 관련이

---

27   구리하라 사다코, 이영화 역, 2016, 『히로시마라고 말할 때』, 지식을만드는지식, 3~355쪽.

있다는 점에서 하라 다미키와 유사하다고 볼 수 있다. 그러나 두 작가는 전쟁이라는 역사 내러티브를 어떻게 문학의 서사로 재구성할 것인지에 대해서는 다른 양상을 보였다.

먼저 구리하라 사다코의 작가적 삶을 들여다보면 그의 작가 의식이 작품에 반영되었음을 알 수 있다. 시인은 1945년 8월 6일, 히로시마에서 피폭되어 평생을 원폭에 대한 시를 썼으며 반전·반핵·평화 운동에도 적극 참여하였다. 구리하라 사다코는 원폭 투하 이후에 일본에 득세한 피해자와 희생자 의식에 갇히지 않고 전쟁의 가해자 입장에서 역사적 맥락을 돌아보며 책임을 묻는 성찰적인 작가의식을 작품에 투영하였다. 이런 점에서 구리하라 사다코의 시에 반영된 역사 내러티브는 전쟁 기억의 서사와 성찰적인 역사인식이 결합하고 있다는 점에서 하라 다미키와는 변별적인 특질을 지닌다.

원폭에 희생당한 히로시마에서 탈역사화된 평화주의는 가해의 역사를 은폐하고 희생자 의식을 강화하는 기제가 되었다. 시인은 희생자의 기억 뒤에 숨어 가해자적 위치를 은폐하는 일본에 대해 비판적 시선을 견지한다. 여기에는 역사적 맥락 속에서 자신의 고통을 객관화하는 역사적 감수성이 빠져 있기 때문이다.

이것은 야만인의 박물관이 아니다.
불태워 죽임을 당한 여자와 아이의
녹아내린 인골이 잔해 속에
상감한 듯 박힌 전리품.
피로 그린 벽화처럼 거무칙칙한
살아 있는 시체 수용소의 사진

(중략)

방 안 가득 감돌고 있는 송장 썩는 냄새와

종말의 날의 아비규환.

대체 인류는 어디를 향해 걷고

있단 말인가.

- 「원폭 자료관」 일부

위의 시에서 시적 화자는 원폭 자료관의 전시 내용을 언급하고 있다. 원폭 자료관의 전시 내용은 역사 내러티브로 구성한 것이다. 그 전시물이 의미하는 것은 원자폭탄으로 파괴되고 희생된 것에 대한 기록이며 추모이다. 그러나 화자는 원폭 자료관의 희생과 추모의 서사를 곧이곧대로 수용하지 않는 태도를 보인다. 원폭 자료관의 전시물을 언급하는 시적 화자는 희생과 추모의 서사를 따르지 않고 오히려 전쟁의 참상을 고발하는 태도를 보인다. 이러한 태도는 "대체 인류는 어디를 걷고 있단 말인가"에서 나타나듯이 역사에 대해 성찰적인 인식으로 나아간다.

당시 GHQ는 원폭투하와 원폭피해에 관련한 증언과 보도를 검열하고 언론을 통제했다. 피폭 직후 함구령을 선포한 일본군의 대본영(大本營, Imperial General Headquarters)과 마찬가지로, 점령군도 검열을 강화함으로써 '히로시마' 참상을 은폐하려고 했던 것이다. 그러나 이같은 점령군의 검열체제는 원폭 희생자에 대한 기억을 억누름으로써 일본의 희생자 의식을 강화하는 역효과를 낳았다.[28] "전쟁 중에는 일본 당국에 의해, 전쟁이 끝난 뒤에는 미군에 의해 모든 정보가 단절되고 철저히 통제된 가운데

---

28 임지현, 앞의 책, 282쪽 참조.

구리하라는 시를 통해 감춰진 진실을 알리고자"[29] 했다.

> 남자인지 여자인지 모를 화상으로 부어오른 인간이
> 살아 있으면서 송장 썩는 냄새를 풍기며 신음하고 있었다.
> 고이 초등학교 수용소 토방,
> 낡은 천을 늘어놓은 듯한 시체 가운데
> 철제 인식표로 겨우 알아낸 당신.
> (중략)
> 여학교 3학년,
> 전쟁의 의미조차 모르고 죽어 간 사치코 씨.
> 당신 어머니는
> 당신 피부에 눌어붙어
> 너덜너덜하게 타 버린 방공복 위에
> 흰 바탕에 꽃무늬가 있는 새 유카타를
> 걸쳐 입혔다.
> "옷을 지어 놓은 채 전쟁으로 하루도 입혀 줄 날이 없었다"며
> 당신을 껴안은 채 몸부림치며 울었다.
> ― 「원폭으로 죽은 사치코 씨」 일부

시적 화자는 시체들 속에서 철제 인식표를 통해 딸을 발견하고 처절한 절규를 쏟아낸다. 구리하라는 원폭 투하의 참상뿐만 아니라 "옷을 지

---

[29] 이영화, 2018, 「구리하라 사다코 원폭문학의 현대적 의의」, 『일본근대학연구』 59, 한국일본근대학회, 179쪽.

어놓고도 전쟁으로 하루도 입혀 줄 날이 없었다"는 시행을 통해, 어린 여학생들마저 전쟁에 동원한 일본 군국주의의 행태를 비판하고 있다. 강제 소개(疏開)를 위한 가옥 파괴 작업에 동원된 어린 딸은 원폭 투하로 목숨을 잃었을 뿐만 아니라, 일본 전시체제와 군국주의 통치 시스템의 피해자였음을 방증한다. 이처럼 시인은 「산과 강」, 「추억의 강」, 「전쟁」, 「되살아난 강」과 같은 작품에서 피폭된 사람들을 애도하였다.

지금까지 살펴본 구리하라의 시는 시인의 작가의식과 결합하여 전쟁의 기억을 서술하고 있다. 즉, 시인은 전쟁을 겪은 사람들의 각자의 고통을 서사의 중심축으로 삼고 있으면서 명분 없는 전쟁의 폭력성을 이야기하는 성찰적인 서사를 결합하고 있다. 구리하라의 시에서 또 하나 주목할 점은 시의 서사가 히로시마와 일본인에게 국한되지 않았다는 것이다. 시인은 피폭이 일어난 히로시마라는 장소에서의 서사를 바탕으로 전쟁과 같은 생존과 인권을 위협하는 사건으로 사건과 서사를 확장하고 있다.

> 내 이웃에 사는 조선 할머니는
> 어린 손자를 업고
> 슬픈 눈을 하고
> 늘 먼 곳을 바라보고 있다.
> 북에 있는 아들과
> 남에 있는 딸과
> 소식을 알 수 없는 아이들의
> 나이를 세고 있는 늙은 어머니,
>
> 생각이라도 해 봤는가

민족이 분단된 동체에서

분출하는 피를

부모와 자식 형제가 적과 아군이 되어

대립해야 하는 슬픔을

(중략)

대동아 전쟁 때는 백만 명을 징집해

히로시마, 나가사키에서 피폭당했다

조선 전쟁 때는 일본 전국이 미군의

군수창이 되어

피로 더럽혀 살찌웠다.

- 「하나의 조선을」 일부

    인용시는 원자폭탄에 의한 히로시마의 피해가 주 내용이 아니다. 이 시는 일본이 일으킨 전쟁을 포함하여 전쟁이 개인에게 가한 폭력적인 서사를 중심에 두고 있다. 또한 아시아 국가에서 일어난 전쟁과 식민지 지배 등의 역사적 서사가 병합되어 있다.

    인용시의 전반부에서는 한국과 북한의 분단이 초래한 비극을 재일 조선인 가족의 이산의 상황으로 상징화하여 보여 준다. 화자는 한국의 분단 상황을 가족의 분단으로 인식하고 있는 것이다. 인용시의 후반부에서는 한국의 근현대사가 압축적으로 나타난다. 먼저 화자는 일제강점기를 수탈의 서사로 인식한다. 시적 화자는 곡식과 물자뿐만 아니라 피지배국의 사람도 수탈의 대상이 되어 전쟁에 동원되었다고 말한다. 그리고 히로시마 피폭에 대해서도 말하는데 이 시에서는 조선인의 피폭에 대해 말한다. 마지막으로 시적 화자는 한국전쟁 때 일본의 역할과 성장을 부정적으로 인식하고 있다. 결론적으로 인용시는 근현대사에서 한국인이 겪은 비극의 서사를 이야기하면서 일본의 전쟁을 침략과 수탈의 서사로 규정하고 있다.

구리하라의 시는 앞 장에서 논의한 「여름꽃」과는 구별되는 기억의 서사를 지니고 있다. 「여름꽃」은 피폭 체험의 생생한 현장 경험을 서사화하고 있다. 「여름꽃」에서 시는 일본인의 희생과 피폭의 참화를 정서의 차원에 전달하는 데 일조하고 있다. 이와 같은 「여름꽃」의 서사는 무고한 일본인의 무의미한 죽음에 초점을 맞춤으로써 희생자 프레임과 애국심 고취라는 전쟁 기억으로 이어질 수 있다. 반면에 구리하라의 시는 「여름꽃」과 마찬가지로 피폭으로 인한 비극적 상황을 전달하면서도 전쟁에 대한 성찰을 서사의 한 축으로 삼고 있다.

'히로시마'라고 말하면
'아, 히로시마'라며
상냥하게 대답해 줄까?
'히로시마'라고 하면 '진주만'
'히로시마'라고 하면 '난징 학살'
(중략)
'히로시마'라고 말하면
'아, 히로시마'라는
상냥한 대답이 돌아오게 하려면
우리들은
우리들의 더러워진 손을 깨끗이 해야 한다.
 -「히로시마라고 말할 때」일부

히로시마의 원폭 기억은 일본이 인류 역사상 유일한 피폭국이라는 사실에 방점을 두고 전쟁 중 가해 행위와 전쟁범죄를 소거한 측면이 있다. 일본은 침략 전쟁의 가해자이면서도 원폭으로 인해 강한 희생자 의식에 사로잡혀 있다. 위 시에 대해 구로코 가즈오(黑古一夫)는 '피해'의 측면을 강조하는 데 주력한 원폭문학의 특성에 매몰되지 않고, 히로시마와 나가사키의 '피해'가 사실은 "전쟁 당시 일본에 의한 아시아 각국에 대한 '가해'의 결과라고 명확히 선언"[30]한 점을 높이 평가했다.

히로시마 원폭은 "가해와 피해가 중층적을 맞물리는 시공간에 위치"[31]하고 있다. 원폭 투하 당시 조선인 7만여 명을 포함해[32] 중국인, 타이완인, 아시아 각국의 유학생과 연합군 전쟁포로, 해외선교사를 포함하여 수많은 외국인도 일본의 어린이와 여성, 노약자 등 순수 민간인과 함께 희생되었다.

구리하라는 시를 통해 희생자 의식에 함몰되지 말고 피해와 가해의 이중성을 인식하도록 촉구하고 있다. 그녀는 "일본인은 잊어도 / 아시아 사람들은 / 잊지 않는다"(깃발2)를 비롯하여 여러 시를 통해 일본이 전쟁의 희생자이기 앞서 전쟁의 가해자였다는 의식을 환기시킨다. 특히 피폭 내셔널리즘에 대한 비판과 전쟁 기억의 역사적인 확장을 도모했다는 데 의의가 있다.

30　黑古一夫, 2014,「栗原貞子の文學」,『人類が滅びぬ前に』, 広島文學保存の会, 55쪽.
31　심정명, 앞의 논문, 195쪽.
32　일제강점기 수많은 조선인들이 혹독한 강제 노동에 시달렸고 히로시마·나가사키에서 피폭으로 목숨을 잃었다. 그러나 생존자들은 귀국 후에도 평생 멸시와 소외 속에서 가난과 방사능 후유증에 시달리며 피폭의 상흔을 이어 갔다.

V. 맺음말

이상으로 일본의 전쟁 기억에 주목하여 역사 내러티브의 문학적 특질을 살펴보았다. 오오카 쇼헤이와 하라 다미키, 구리하라 사다코의 문학 작품을 통해 제국 일본이 일으킨 전쟁과 관련한 일련의 사건이 어떻게 서사화되어 기억과 인식을 구축하고 있으며, 그 서사화의 특질이 무엇인지 살펴본 결과는 다음과 같다.

전쟁에서 천황과 총동원체제에 동원된 일본 국민은 전후 전쟁과 군국주의의 무고한 희생자로 전락했다. 전후 일본은 일본의 패배로 초래된 미국의 지배와 일본의 예속을 진지하게 사유하지 않고 합리화했다. 『포로기』에서 '포로수용소'는 주인공 '나'의 전쟁 기억의 서사가 진행되는 공간적 배경으로, 미군정의 통치와 그에 예속된 일본의 현실 공간과 연결된다. 포로의 눈으로 바라보는 수용소의 풍경은 패전 후 연합군 점령하 일본의 풍경과 닮아 있는데 이는 인간 본질에 대한 성찰과 더불어 개인과 집단의 관계성을 돌아보게 한다.

「여름꽃」은 피폭 체험의 생생한 현장 경험을 서사화하고 있다. 히로시마의 참상을 기억하고 후대에 전하기 위해 기록하려는 서사적 특질과 역사적 감수성을 배제한 기록적 서술방식은 역설적으로 일본인의 희생성을 부각시켜 정서적 공감을 불러일으킨다. 요컨대 독자에게 전쟁과 핵무기의 참혹함을 상기시키지만 이것은 일본의 전쟁 책임을 망각케 하여 '피해자' 기억을 재생산함으로써 일본 국민이라는 주체를 피해자로 복원하는 데 일조한다.

「여름꽃」과 구별되는 기억의 서사를 지닌 구리하라 사다코의 시는 피폭으로 인한 비극적 상황을 전달하면서도 전쟁에 대한 성찰을 서사의 한

축으로 삼고 있다. 시인은 피폭 내셔널리즘에 대한 비판과 전쟁 기억의 역사적인 확장을 보여 주며 전쟁 가해자의 입장에서 전쟁 비판, 원폭의 본질, 피폭자의 체험 등을 문학을 통해 호소한다. 특히 '유일 피폭국'이라는 언설 및 피폭 내셔널리즘을 비판하면서 가해자로서의 전쟁을 기억해야 하는 주체의 인식을 촉구하였다.

우리의 삶에 영향을 미치는 전쟁 기억은 망각과 순화의 과정을 거치면서 올바르지 않은 서사를 생성하기도 한다. 왜곡된 전쟁 기억은 문학을 통해 전파되며 확대재생산을 거치면서 다시 우리 삶에 영향을 준다. 한일 양국의 역사화해의 가능성을 모색하기 위해서는 이러한 왜곡된 기억의 내러티브를 살펴보아야 한다. 그 내러티브에는 전쟁이라는 비정상적인 영역에서 마주할 수 있는, 구성원의 삶이 수렴된 요소들이 있다. 그 요소를 통해 우리 사회를 진단할 수 있을 것이며, 이를 통해 성찰의 계기 또한 마련할 수 있을 것이다. 결국 역사적 사건의 내러티브가 어떻게 재구성되어 있는지를 살펴보는 일은 기억의 역사를 반추하여 역사적 현재를 올바른 방향으로 이끄는 일일 것이다.

참고문헌

구리하라 사다코, 이영화 역, 2016, 『히로시마라고 말할 때』, 지식을만드는지식.

권혁태, 2009, 「히로시마/나가사키의 기억과 '유일피폭국'의 언설」, 『일본비평』, 서울대일본연구소.

나리타 류이치 외 편, 2014, 『감정·기억·전쟁』, 소명출판.

리자 요네야마, 2004, 「폐허로부터: 기억의 정치를 조명하며」, 『민주주의와 인권』 4.

서재곤, 2017, 「하라 다미키「여름꽃」 시론」, 『일본어문학』 78, 한국일본어문학회.

심정명, 2021, 「오다 마코토 『HIROSIMA』가 '히로시마'를 문학화하는 방법」, 『일본학보』 126, 한국일본학회.

오성숙, 2017, 「1945년 8월 원폭, 원폭문학의 기억과 망각」, 『비교일본학』 41, 한양대일본학국제비교연구소.

오오카 쇼헤이, 허호 역, 2017, 『포로기』, 문학동네.

우연희·이진형, 2016, 「오오카 쇼헤이의 '전후' 인식」, 『일본어문학』 69, 한국일본어문학회.

이영화, 2018, 「구리하라 사다코 원폭문학의 현대적 의의」, 『일본근대학연구』 59, 한국일본근대학회.

임지현, 2021, 『희생자 의식 민족주의』, 휴머니스트.

조수일, 2020, 「하라 다미키의「여름꽃」 연구」, 『일본학연구』 60, 단국대일본연구소.

장인성, 2010, 「제국을 보는 시선」, 『일본비평』 2, 서울대일본연구소.

하라 다미키, 정향재 역, 2017, 「여름꽃」, 『하라 다미키 단편집』, 지식을 만드는 지식.

하세가와 쓰요시 저, 한승동 역, 2019, 『종전의 설계자들』, 메디치미디어.

大岡昇平, 1996, 「八年間の誤解」, 『全集』 14.

黒古一夫, 2014, 「栗原貞子の文學」, 『人類が滅びぬ前に』, 広島文学保存の会.

竹長吉正, 1973, 「原民喜「夏の花」教材化研究」, 『日本文學』 22, 日本文學協會.

直野章子, 2016, 「被爆者という主體性と米國に謝罪を求めないということの間」, 『現代思想』 8, 土青社.

中野孝次·長岡弘芳, 1985, 「對談 原爆文學をめぐって」, 『國文學 解釋と鑑賞』 50, 至文堂.

6
오이라드의 역사를 둘러싼 중국과 몽골의 내러티브 경쟁

심호성 동북아역사재단 연구위원

I. 머리말

오이라드(Oirad)인들은 몽골어 방언의 일종인 오이라드어(혹은 칼미크어)를 사용하며 티베트 불교를 신봉하는 몽골 계통의 사람들로, 현재 중화인민공화국의 신장 위구르 자치구 북부·내몽골 자치구 서부·청해성(靑海省) 북부와 몽골국(國) 중부 및 서부 그리고 러시아 연방의 칼미크(Kalmyk) 공화국 등에 집중적으로 분포하고 있다. 오이라드인들이 과거 17~18세기에 중앙유라시아 초원 지대에서 강력한 국가를 건설하였고 지

---

*   이 글은 拙稿, 「오이라드의 역사에 대한 중국과 몽골의 인식 차이: 또 다른 역사 갈등의 발생 가능성에 주목하여」, 『동북아역사논총』 84(2024), 219~270쪽을 일부 수정·보완한 것이다.

금은 주로 중국·몽골·러시아 3국에 분산되어 거주하고 있기 때문에 이들의 역사는 중국사·몽골사·러시아사에서 모두 비중 있게 다루어지고 있다. 일반적으로 러시아 측의 오이라드 역사 연구에서는 러시아와 오이라드(혹은 칼미크) 간의 역사적 우호관계를 강조할 뿐 오이라드의 역사를 러시아의 역사로 간주하지는 않는다.[1] 한편 중국과 몽골 학자들의 오이라드 역사 연구는 이와 매우 대조적인 양상을 보이는데, 양국의 역사학자들은 오이라드의 역사를 공히 자국사(自國史)의 일부로 인식하고 같은 역사 사건들에 대해서도 매우 다른 역사 내러티브(narrative)를 만들어 내고 있다.[2] 중국과 몽골 양측의 오이라드 역사 해석 방식과 내러티브는 양국의 민족 형성(nation-building) 과정과 영토적 정통성 주장에 있어 매우 핵심적인 역할을 하고 있기 때문에, 대부분의 경우 오이라드인들에 대한 중국과 몽골의 역사 내러티브는 상호 배타적이며 양립 불가능하다. 따라서 오이라드의 역사 내러티브를 둘러싼 이러한 근본적인 차이는 중국 및 몽골 양국 간의 역사 분쟁으로 발전할 가능성을 내포하고 있다.

오이라드의 역사를 둘러싼 중국-몽골 양국 간 역사 분쟁의 가능성을 고찰하기 위해, 이 연구는 오이라드 역사를 해석하는 중국 학계와 몽골

---

[1] 러시아 학계의 대표적인 오이라드 역사 연구로는 I. Ia. Zlatkin, 1964, *Istoriia Dzhungarskogo khanstva (1635~1758)*, Moskva: Nauka와 B. A. Moiseev, 1998, *Rossiia i Dzhungarskoe khanstvo v XVIII veke: Ocherk vneshnepoliticheskikh otnoshenii*, Barnaul: Izdatel'stvo AGU 등을 들 수 있다.

[2] 몽골 학계의 대표적인 오이라드 역사 연구로는 Ayuudain Ochir, 1993, *Mongolyn Oiraduudyn tüükhiin towch*, Ulaanbaatar: Sükhbaatar KhK와 Ch. Dalai, 2006, *Oirad Mongolyn tüükh*, Bibliotheca Oiratica 3, Ulaanbaatar: Soyombo printing 등을 들 수 있다. 한편 중국 학계의 대표적인 오이라드 역사 연구로는 準噶爾史略編寫組, 1985, 『準噶爾史略』, 北京: 人民出版社와 馬大正, 成崇德 主編, 2006, 『衛拉特蒙古史綱』, 烏魯木齊: 新疆人民出版社 등을 들 수 있다.

학계의 입장을 비교·분석하고자 한다.³ 중국 관변 학계가 제시하는 오이라드 역사 내러티브를 파악하기 위해, 이 연구는 1985년 준가르사략편사조(準噶爾史略編寫組)가 저술한 『준가르사략(準噶爾史略)』(北京: 人民出版社)의 내용을 상세히 분석하고 소개할 것이다. 『준가르사략』은 중국 학계를 대표하는 중국사, 몽골사, 오이라드사, 내륙아시아사 전문가들이 협력하여 저술한 학술서로서 중국 학계에 오이라드 역사 서술의 표준적인 틀을 제시해 왔음은 물론 세계 학계에서도 널리 참조되는 매우 영향력 있는 책이다. 한편 몽골 학계를 대표하는 오이라드 역사 내러티브를 파악하기 위해 이 글은 체. 달라이(Ch. Dalai)가 2002년에 완성한 『오이라드 몽골의 역사(Oirad Mongolyn tüükh)』를 자세히 분석할 것이다. 달라이는 몽골과학아카데미의 원사(院士; academician)이자 몽골과학아카데미 역사 연구소장을 역임한 대표적인 몽골 및 중국 사학자로, 그가 저술한 『오이라드 몽골의 역사』는 오이라드와 준가르의 역사를 포괄적으로 다룬 몽골 학계의 대표작이라 할 수 있다.

『준가르사략』이 제시하는 오이라드 역사 내러티브의 주요 내용은 크게 다음과 같이 요약할 수 있다. 첫째, 오이라드는 오랫동안 중국 다민족 국가의 구성원 중 하나였으며, 그들이 분포한 지역은 중국 영토의 분

---

3   한국 학계의 기존 연구는 대부분 몽골사 및 북방 민족사에 대한 중국 학계의 인식에 주목하여 연구를 수행했다. 대표적으로 김장구 등, 2007, 『중국 역사가들의 몽골사 인식』, 서울: 고구려연구재단; 정병준 등, 2008, 『중국 학계의 북방민족·국가연구』, 서울: 동북아역사재단; 강현사 등, 2008, 『중국 학자들의 소수민족 역사 서술』, 서울: 동북아역사재단; 이근명 등, 2010, 『동북아 중세의 한족과 북방민족: 최근 중국 학계의 연구 동향과 그 성격』, 서울: 동북아역사재단 등을 참조. 그러나 몽골 및 중앙유라시아 지역의 역사에 대한 몽골 학계와 중국 학계의 관점을 비교하는 연구는 아직까지 찾아보기 어렵다.

할 할 수 없는 일부분이다. 둘째, 오이라드와 중국의 각 민족은 오랫동안 서로 우호적으로 교류했고, 정치·경제·사회·문화적으로 밀접한 관계를 구축했으며, 중국의 서북(西北) 변경을 공동으로 개척하여 중국의 역사 발전에 중요한 공헌을 했다. 셋째, 중국 서북 변경의 역사 발전 과정에서 오이라드와 명(明)나라, 준가르(오이라드의 일파)와 청(淸)나라 간에 전쟁이 발생하기도 했지만, 그러한 갈등은 중국이라는 대가족 내에서 발생한 다툼에 속하는 것이고, 이들은 결국 통일에 이르게 되었다. 따라서 평화 시기는 말할 것도 없고 전쟁 시기에도 준가르의 역사는 모두 중국 역사의 불가분의 구성 요소이다. 넷째, 준가르를 비롯한 중국 서북방의 민족들은 러시아 제국의 확장주의적 침략에 저항하는 투쟁에서 러시아의 위협과 무력에 굴복하지 않고, 용감하고 완강하게 싸워 중국의 서북 변경을 지켜내는 데 위대한 공을 세웠고, 청나라의 통일사업에 유리한 조건을 만들었다. 다섯째, 청나라가 중국의 서북 지역을 통일한 이후 오이라드의 사회질서가 크게 안정되어 인구와 가축이 빠르게 증가했고, 오이라드의 경제·문화생활도 상당히 발전했다.[4]

한편 달라이의 『오이라드 몽골의 역사』는 오이라드의 역사를 몽골 역사의 분리할 수 없는 한 부분으로 보고, 오이라드 몽골인들이 몽골의 독립을 위해 외부의 침략자들과 용감하고 영웅적으로 싸워 온 역사를 지녔다고 평가한다.[5] 여기서 외부의 침략자는 다름 아닌 만주인과 그들이 세운 청나라를 지칭한다. 달라이는 청나라와 만주 황제의 주요 대외정책 중 하나가 내몽골, 할하 몽골, 오이라드 몽골 등 세 개의 몽골 세력을 분리

---

4 準噶爾史略編寫組, 1985, 위의 책, 259쪽.

5 Dalai, 2006, 위의 책, 3쪽.

한 뒤 이를 차례대로 정복하는 것이었다고 보았다.[6] 이 중 만주-청나라의 몽골 침략에 최후까지 저항했던 것이 바로 오이라드 몽골인들이었다. 달라이에 따르면, 만주-청나라는 오이라드인들의 독립을 위한 정의로운 투쟁을 분쇄하는 데 그치지 않고 종국에는 오이라드인들을 남녀노소 가리지 않고 학살하는데 이르렀다고 한다.[7]

이와 같이 오이라드의 역사를 서술하는 중국 학계와 몽골 학계의 내러티브에는 매우 큰 차이가 존재한다. 본론에서는 『준가르사략』과 『오이라드 몽골의 역사』가 오이라드의 역사를 서술하는 방식을 다양한 구체적인 사례를 통해 살펴보도록 하겠다.

II. 중국-오이라드 관계 서술 방식

『준가르사략』은 오이라드와 중국의 각 민족이 오래도록 우호적이고 밀접한 관계를 맺어 왔다는 점을 강조하며, 오이라드가 역사상 중국을 구성하는 여러 민족 중 하나였다고 주장한다. 이를 위해 『준가르사략』은 원나라 시기의 역사를 다음과 같이 소개한다.

원조(元朝)는 오이라드 등 여러 부(部)의 소재 지역의 정치적·군사적

---

[6] Dalai, 2006, 위의 책, p.79.
[7] Dalai, 2006, 위의 책, pp.261~262. 『오이라드 몽골의 역사』에서 한 가지 흥미로운 점은 저자인 달라이가 청나라를 중국인(Khyatad/Kitad)이 아닌 만주인의 나라로 보고 있다는 점이다. 이는 오이라드를 포함한 몽골인들을 정복한 주체가 중국 및 중국인(여기서는 漢人)이 아니라는 점을 강조하기 위한 것으로 보인다.

중요성을 살펴 경제적으로 각종 조치를 취하여 이 지역의 낙후된 경제를 변화시켰다. 해당 지역의 대부분의 인구가 산림의 백성들이었기 때문에, 예니세이강 상류의 산림민 및 유목민들과 군대의 양식 및 일상용품에 대한 수요를 해결하기 위해, 원조는 중원 지역으로부터 다수의 농민과 수공업 장인들을 예니세이강 상류의 흠흠주(欠欠州, 혹은 謙州)로 이주시키고 농지 개간을 진행하며 수공업 생산을 발전시켰다. … 농지 개간에 필요한 각종 도구는 원 조정이 공급했다. … 남인(南人)을 파견하여 해당 지역의 수리 · 관개 사업을 돕도록 했다. … 원 조정은 각지로부터 장인들을 파견하여 예니세이강 상류 지역으로 보내어 각족(各族) 인민들이 도야(陶冶)와 야련(冶煉)하는 것을, 배와 어구(漁具)를 만드는 것을 돕도록 하고, 또한 공장국(工匠局) 등을 설립하여 생산을 관리하고 기술을 제고하며 해당 지역의 생활과 생산상의 수요를 해결하도록 했다. … 원 조정은 예니세이강 상류 지역의 교통을 개선하는 것을 매우 중시하여 1291년 역참로를 열기로 결정하고 … 키르기스로부터 오이라드에 이르는 지방에 6개의 역참(驛站)을 세우는 것을 의논하여 정하게 했다. … 원 조정이 예니세이강 상류 지역에서 취했던 일련의 조치는 중국 내지(內地)와 오이라드 등 변경 지역 간의 경제적 · 문화적 관계를 밀접하게 했으며, 각 민족의 교류와 우호 합작을 촉진하였고, 오이라드인들과 기타 산림민들로 하여금 점차 농업과 수공업 생산에 종사하도록 가르쳤으며, 생활 수준을 부단히 제고하고 풍부하게 하였다. 상당수의 한족(漢族), 위구르족 등의 인민들도 해당 지역 인민들의 독특한 생산기술을 배워 수렵과 목축의 생산 지식을 증가시켜 생활 및 생산의 수요를 만족시켰다. 그들은 장기간에 걸친 자연에 대한 투쟁에서 예니세이강 상류 지역의 각 민족과 우호하고 함께 살며 서로 도와

조국의 북부 변강을 함께 개척했다(강조는 필자).[8]

이어서 명나라 시기에 대해서는 다음과 같이 서술한다.

[1] 명조(明朝) 초기 오이라드는 비록 목축업과 수렵 방면에서 일정한 발전이 있었지만 몽골 봉건 영주들 간의 쉴 새 없는 전쟁과 자연재해 때문에, 또한 봉건 영주들의 잔혹한 착취 때문에, 생산력은 매우 낮았고 단일 유목 경제로부터 다종(多種) 경제로 이행하는 것이 매우 느렸다. 이 때문에 절박한 필요가 발생하여 오이라드는 중원(中原) 지역과의 경제 관계를 강화 및 발전시켰고 이로써 각종 필수품을 교환하여 취득하였다. 인구의 80% 이상을 차지하는 빈곤한 목민(牧民)들은 소와 양 등을 곡식·섬유·솥 등의 물건과 교환하여 이로써 생활에 필요한 것을 보충하였다. 한편 고위 관원, 귀족 그리고 크고 작은 봉건 영주들은 무역을 통해 폭리를 취하여 대량의 사치품을 획득했다. 광대한 한족(漢族) 지역의 인민들에 대해 말하면, 몽골의 좋은 품종의 말·소·양·노새 등이 수입되는 것은 중국 내지의 목축업 발전에 유리했고, 펠트·가죽옷 등 물품의 교환은 중원 인민들의 물질생활을 풍부하게 했다. 면직물과 비단 등의 물자가 변경 지역에서 잘 팔리는 것 또한 강남 지역 방직업의 번영을 자극하고 촉진했다. 동시에 명 조정은 조공(朝貢)무역과 변경 시장[호시; 互市]을 통해 변경 방어에 필요한 대량의 말을 취득하였고, 또한 변경의 소수민족에 대한 통제를 강화했다.[9]

---

8 準噶爾史略編寫組, 1985, 위의 책, 21~23쪽.
9 準噶爾史略編寫組, 1985, 위의 책, 46쪽.

[2] 대동(大同) 등 여러 곳에 마시(馬市)가 설립되고 무역의 형식이 조공으로부터 발전하여 마시, 민시(民市), 월시(月市), 소시(小市) 및 사시(私市)에 이른 것은 몽(蒙)·한(漢) 인민들이 경제·문화 교류를 촉진하기 위해 부지런히 투쟁한 결과였다. 명대(明代)만 살펴보아도 오이라드와 명나라 사이에 비록 "올란호쇼[忽蘭忽失溫]의 전투," "토목(土木)의 변(變)" 등이 발생하였지만, 평화공존과 우호 왕래는 여전히 몽·한 관계의 주류로 오이라드와 중원 지역은 기본적으로 비교적 밀접한 정치·경제 관계를 유지하고 있었다.[10]

마지막으로 청나라 시기의 교류에 대해서는 다음과 같이 소개한다.

[1] 외부의 세력이 점점 압박해 들어오고 오이라드의 각 봉건 영주들 간의 분쟁이 끊이지 않으며 인민들이 불만을 가져 분분히 도망치며 반항의 엄중한 형세가 나타나는 가운데, 할하와 오이라드의 각 부 수령들은 신속한 선택을 할 필요가 있었다. 그들은 한편으로 청조(淸朝)를 향해 계속하여 사신을 보내어 통호(通好)하고 조공을 바쳤다.[11]

[2] 오이라드의 사절단과 상단이 대량의 말과 낙타를 가지고 들어오는 길에 장가구(張家口) 및 고북구(古北口)의 군민(軍民)들은 종종 상단을 맞이하여 길가에서 상품을 매매하여 일종의 유동적인 민시(民市)를 형성했다. 비록 청 조정이 수차례 금지했지만 근절할 수 없었다.

---

10 準噶爾史略編寫組, 1985, 위의 책, 51쪽.
11 準噶爾史略編寫組, 1985, 위의 책, 58~59쪽.

공시(貢市)를 통해 서로 있고 없는 것을 교환했으며, 몽·한 인민의 생활을 풍부하게 하고 서로의 경제발전을 촉진했다.[12]

[3] 갈단이 준가르부(部)의 수령을 자임한 이래 청 정부와의 관계는 신속(臣屬) 관계를 유지한다는 전제 아래 기본적으로 밀접했고 또한 부단히 발전하고 있었다 … 1688년에 이르기까지 매년 조공 사신이 입관(入關)했다 … 조공 사신과 상단의 왕래가 빈번해짐에 따라 준가르 지역의 중원 지역과의 무역 관계 또한 날로 강화되었다.[13]

[4] 체왕 도르지남잘이 준가르부를 통치한 이후에도 [준가르는] 계속하여 청 정부와 예속 관계를 유지했고, 중국 내지와 계속하여 밀접한 경제 교류를 진행했다.[14]

요컨대 『준가르사략』은 역사상 '오이라드'라 불린 몽골계 집단이 중국 본토에 살았던 다양한 사람들(특히 漢人들)과 장기간에 걸쳐 밀접한 경제적 상호 관계를 맺어 왔음을 강조한다. 그리고 이러한 밀접한 상호 관계가 오이라드가 중화민족(中華民族)의 일원이자,[15] 중국이라고 하는 다민족 국가의 일원이 될 수 있는 역사적 기반이 되었다고 주장한다.

그러나 원나라 시기의 산림민으로서의 오이라드와 명나라 시기에 몽

---

12 準噶爾史略編寫組, 1985, 위의 책, 62쪽.
13 準噶爾史略編寫組, 1985, 위의 책, 95쪽.
14 準噶爾史略編寫組, 1985, 위의 책, 180쪽.
15 準噶爾史略編寫組, 1985, 위의 책, 241쪽.

골 초원을 지배했던 오이라드 그리고 청나라 시기에 중앙아시아를 지배한 오이라드는 모두 완전히 동일한 집단이라고 보기는 어렵다. 비록 같은 이름으로 불리긴 했지만, 세 오이라드 집단은 지리적인 위치, 지배층의 출신, 국가 체제 등의 측면에서 매우 이질적인 존재였다.[16] 따라서 원나라에서 청나라에 이르는 긴 시기 동안 오이라드라는 단일한 집단이 중국 본토와 지속적으로 밀접한 관계를 유지했다는 주장은 성립하기 어렵다. 아울러 오이라드와 명나라 사이에 조공 및 변경 무역 관계가 형성된 것은 무역을 원한 오이라드 지배층의 끊임없는 군사적 압박의 결과였지,[17] 몽·한 인민들의 경제·문화 교류를 위한 투쟁의 결과는 아니었다. 마찬가지로 준가르와 청나라 사이의 무역 관계에도 잦은 부침이 있었고 양국 관계가 아예 단절된 시기도 많았다.

한편 『준가르사략』은 오이라드의 일파인 준가르인들이 건설한 준가르국(國)을 중국 서북방의 '민족 정권'으로 규정한다. 이는 중국 관변 학계가 고구려와 발해의 역사를 논할 때 사용하는 용어 및 논리와도 같은 것이다.

> 러시아 세력의 동진(東進)과 남침의 위협 및 생산 발전과 경제 교류의 수요를 맞이하여, 오이라드 각 부(部)의 인민들은 모두 전란을 몇 번 겪은 토지에서 안정된 통일 국면이 출현할 수 있기를 바랐다. 바아투르 홍타이지는 바로 이러한 역사의 추세에 적응하여 유력한 조치를 취하여 준가르부로 하여금 점차 오이라드 각 부의 정치 중심이 되게

---

16 오이라드의 각 시대별 역사에 대해서는 Christopher P. Atwood, 2004, *Encyclopedia of Mongolia and the Mongol Empire*, New York: Facts On File, Inc., pp.419~423을 참조.

17 토마스 바필드 지음, 윤영인 옮김, 2009, 『위태로운 변경: 기원전 221년에서 기원후 1757년까지의 유목제국과 중원』, 서울: 동북아역사재단, 483~491쪽.

하였고, … 중국 서북 변경에서 점차 준가르부의 봉건 영주를 핵심으로 하면서 오이라드의 기타 각 부의 수령들이 연합한 민족 정권을 형성했다.[18]

또한 『준가르사략』은 오이라드가 중화민족의 일원이라는 주장에 근거하여, 오이라드인들이 살았던 모든 지역은 역사상 중국 영토의 분할할 수 없는 일부분이라고 주장한다. 그 결과 『준가르사략』은 역사상 한 번도 중국의 영토였던 적이 없거나, 현재 명백히 중국의 영토가 아닌 지역도 역사상 중국의 영토로 간주하기도 한다.

[1] 1581년 러시아의 확장주의자들이 우랄산맥을 넘은 이후, [러시아인들은] 서(西)시베리아 남부의 원래 준가르에 속했던 광대한 영지를 침략하여 점거했다. 예를 들어, 톰스크·옴스크·예니세이스크·크라스노야르스크·세미팔라틴스크 등이 모두 러시아 확장주의자들에 의해 점거당했다. 이 지역들은 모두 중국의 준가르 등의 인민들과 그 조상들이 장기간에 걸쳐 개발했던 곳이다.[19]

[2] 이르티시강 양안(兩岸)의 초원은 칼미크인(=오이라드인)들의 전통적인 유목지였다. 러시아가 타라(Tara) 지역에 침입했을 때 준가르인들은 러시아 식민주의자들에게 다음과 같이 지적했다. "바라빈스크인들과 타라 부근의 다른 투르크인들은 일찍이 그들에게 귀순해 왔고

---

18 準噶爾史略編寫組, 1985, 위의 책, 65~66쪽.
19 準噶爾史略編寫組, 1985, 위의 책, 6쪽.

예로부터 그들의 속민이므로 … "[20]

[3] 17세기 이후 러시아는 토볼스크, 타라 등의 거점으로부터 동쪽과 남쪽을 향해 침투 확장하여 점차 준가르 전통의 유목지에 톰스크(1604), 쿠즈네츠크(1618), 예니세이스크(1619), 크라스노야르스크(1628), 일림스크(1630), 야쿠츠크(1632) 등의 군사 요새를 건립했다. 러시아 침략자들은 요새의 군사 역량을 바탕으로 해당 지역의 인민들에게서 세금을 강제로 징수했고 그들을 협박하여 차르의 통치에 굴복시켰으며 동시에 무장 이민을 진행함으로써 점거한 지역을 공고히 하고 또 확대했다.[21]

[4] 러시아의 침략자들이 정치적으로 명확하게 모욕적인 요구를 하고, 경제적으로 준가르 속민들의 재물을 약탈하며, 군사적으로 준가르의 땅에 불법으로 침입하여 군사 요새를 건립하는 것에 직면하여, 바아투르 홍타이지는 준가르 인민들의 지지하에 러시아의 날로 확대되는 침략에 대해 여러 종류의 저항을 진행하였고, 결국 무장 반항에 이르게 되었다. 1634년에 야미쉬호(湖)를 보위하기 위한 전쟁이 터졌다. 1613년 이후 러시아는 부단히 야미쉬호로 사람을 보내어 약탈을 행하였고, 자원을 보호하기 위해서 준가르의 인민들은 장기간의 투쟁을 진행하였다.[22]

---

20 準噶爾史略編寫組, 1985, 위의 책, 78쪽.
21 準噶爾史略編寫組, 1985, 위의 책, 79쪽.
22 準噶爾史略編寫組, 1985, 위의 책, 81쪽.

[5] 1716년 여름 [러시아는] 한 군관(軍官)을 보내어 원정군을 이끌고 야미쉬호 지역을 다시 한번 점령하도록 했다. 표트르 1세는 [한 서신에서] 우리 준가르의 영지(領地)를 러시아의 시베리아 변구(邊區)에 속하는 것으로 말했다.[23]

위의 인용문 [1]~[3]에 보이는 바와 같이, 『준가르사략』은 서시베리아 남부에 위치한 톰스크·쿠즈네츠크·옴스크·예니세이스크·일림스크·크라스노야르스크·세미팔라틴스크 등의 지역이 모두 '중국의' 준가르 인민들과 그 조상들이 장기간에 걸쳐 개발한 오이라드의 전통적인 유목지였다고 명시했다. 따라서 역사상 오이라드인들이 분포했던 모든 지역이 중국의 영토에 해당한다고 보는 『준가르사략』의 기준에 따르면, 위의 시베리아 남부의 도시들은 모두 역사상 중국의 영토로 간주된다. 그러나 위의 도시들은 모두 17세기 이래로 확고부동한 러시아의 영토이며, 역사상 중국에 근거한 어떤 제국(帝國)도 톰스크를 위시한 시베리아 남부의 도시들에 유의미한 영향력을 행사한 적이 없었다. 따라서 만약 중국이 『준가르사략』의 영토관을 고수한다면, 이는 향후 러시아와의 역사에 근거한 영토 갈등의 계기가 될 수 있다. 인용문 [4]~[5]에 나오는 야미쉬호도 이와 비슷한 경우이다. 야미쉬호는 이르티시강 중류에 위치한 염호(鹽湖, 정확한 위치는 북위 51°52', 동경 77°29')로 오늘날 카자흐스탄 파블로다르(Pavlodar)주에 있다. 이곳은 17세기에 오이라드의 영역이었던 곳이나, 위의 인용문에 언급된 바와 같이 러시아인들이 호시탐탐 지배권을 노리던 지역이었다. 그러나 시베리아 남부의 도시들과 마찬가지로, 중국 본토에

---

23 準噶爾史略編寫組, 1985, 위의 책, 153~154쪽.

근거지를 둔 어떤 국가도 야미쉬호와 그 인근 지역에서 실질적인 존재감을 보인 적이 없었다. 따라서 야미쉬호가 한때 오이라드의 영역이었던 것을 근거로 중국이 이곳을 역사상 자국의 영토인 것으로 간주한다면, 이는 카자흐스탄과의 역사 내지는 영토 갈등의 원인이 될 수 있다. 따라서 역사적인 사실로 보나 오늘날의 지정학적인 현실로 보나, 중국이 이들 지역에서 『준가르사략』의 영토관을 견지하는 것은 바람직하지 않아 보인다.

다음의 인용문은 몽골 지역에 대한 『준가르사략』의 인식을 보여 준다.

[1] 갈단은 러시아의 부추김과 사주 아래 주의를 동방으로 돌리기 시작했다. 그는 타격의 창끝을 먼저 할하 몽골 지역으로 향하게 했다. 이 때문에 1680년대에 <u>우리나라의 할하 몽골 지역</u>의 투쟁의 형세는 복잡한 국면을 드러냈고, 침략 세력과 반침략 세력, 분열 세력과 통일 세력은 장기간 충돌과 투쟁을 경험했다.[24]

[2] 18세기 전기에 … 표트르 1세는 … 동방과 남방을 향해서도 확장을 진행했다. 그는 한편으로 <u>우리나라의 몽골 지역에</u> 항상 사람을 보냈고, 특히 오이라드 몽골 지역에서 정보를 탐색하며 준가르의 봉건 영주에게 러시아에 신복(臣服)하라고 협박했다.[25]

『준가르사략』은 인용문 [1]에서 "우리나라의 할하 몽골 지역"이라고 적음으로써 할하 몽골의 영역이 중국 땅임을 주장하고 있다. 그러나 명칭

---

24 準噶爾史略編寫組, 1985, 위의 책, 99~100쪽.
25 準噶爾史略編寫組, 1985, 위의 책, 146~147쪽.

시대 할하 몽골의 영역은 오늘날 몽골국(Mongolia)의 영토에 해당한다. 할하 몽골 지역이 1691~1911년 시기에 청나라 영역에 포함되긴 했지만, 오늘날 몽골국은 엄연한 독립국이기 때문에 『준가르사략』에 드러나는 이러한 영토 인식은 향후 중국-몽골 간의 갈등으로 이어질 가능성이 있다. 인용문 [2]에서도 『준가르사략』은 러시아 제국의 표트르 1세가 "우리나라의 몽골 지역에" 항상 사람을 보냈다고 함으로써, 오늘날 중국의 신장 위구르 자치구 북부 지역부터 러시아의 부랴트 공화국에 이르기까지 모든 몽골 지역을 중국에 속하는 것으로 간주하고 있다. 따라서 『준가르사략』의 이러한 영토 인식은 부랴트 공화국 혹은 러시아와 영토·역사 갈등으로 이어질 가능성이 있다.

중국-오이라드 관계에 대하여 달라이의 『오이라드 몽골의 역사』는 『준가르사략』과 매우 상반된 인식을 보인다.

[1] 17세기 초반 만주의 침입은 크게 가시화되어 1636년 초 내몽골의 24 아이막 중 16 아이막이 이미 만주를 따르게 되었다.[26]

[2] 만주 측에서 할하에 보인 압박은 더욱 강해져, [할하의] 세 칸국을 자신들끼리 반목하게 하려는 비밀스러운 행동을 적극적으로 실시했다. 특히 만주인들은 몽골 독립의 근간을 지키고 남아 있던 가장 강력한 투시예투 칸 아이막을 내부로부터 분열시키고, 오이라드로부터 분리시키며, [투시예투] 칸을 자신에게로 끌어들이려는 행동을 실시했다. … 바아투르 홍타이지와 오치르투 타이지의 시기에 [오이라드

---

26 Dalai, 2006, 위의 책, pp.78~79.

는] 남쪽으로부터 만주의 위협, 동쪽으로부터 약간의 할하의 위협, 서북쪽으로부터 카자흐의 위협에 각각 직면했다. 특히 만주 황제 측에서는 동남쪽에서 경제적인 압박을 가하여 무역로를 봉쇄했다. 이러한 상황에서 바아투르 홍타이지는 러시아와 관계를 강화하여 특히 무역 관계를 확대하고 속민이 아닌 양상으로 러시아에 기대는 정책을 추구했다.[27]

[3] 바아투르 홍타이지는 경제를 개선하기 위해 만주 청국 정부와 굳건한 관계를 맺기 위해 노력했다. 그것을 위해 두 개의 독립국의 지위에 있어야 했다.[28]

[4] 셍게는 양측의 큰 이웃인 러시아 및 만주와 대적하지 않고 사신을 교환하며 우호적으로 있기 위해 힘썼다. … 그러나 셍게 홍타이지는 만주-청나라가 몽골을 차례차례 차지하려는 정책을 잘 이해하여, 그 위험으로부터 오이라드 민중을 구하기 위해 러시아에 기댈 필요가 있다는 것을 이해했다. 또한 만주에 복속하면 안 된다고 할하의 노얀들에게 상기시켰다.[29]

[5] 당시 만주의 황제는 세 개의 몽골을 차례로 차지하려는 정책을 활발하게 실시했다. … 만주인들은 내몽골과 외몽골에서 배신하는 노얀

---

27 Dalai, 2006, 위의 책, pp.85~87.
28 Dalai, 2006, 위의 책, p.89.
29 Dalai, 2006, 위의 책, p.95.

들을 찾아 대거 이용했다. 이후 만주 황제가 전력을 다해 오이라드 몽골을 침략하여 차지하고 학살하는 해로운 생각을 실행하는 때가 이미 다가오고 있는 것으로 보였다. 그러한 민감한 상황에서 오이라드 몽골인들은 힘을 합하여 하나의 칸의 지도 아래에 들어가 독립을 지키는 것 외에는 다른 목적이 없게 되었다. 위의 상황이 준가르 칸국을 건립하는 데 이르는 주된 원인이었다. 이러한 준가르 칸국을 갈단 보쇽트가 건립했다.[30]

[6] 만주는 내몽골과 할하의 일부 배신자 노얀들을 갈단에 대항하는 세력으로 이용했다. … 이렇게 몽골을 몽골군대로 싸우게 하는 나쁜 전략을 만주 황제가 사용했다. … 만약 할하의 노얀들이 배신하지 않았다면, 그때 몽골인들은 만주의 침략에 매우 큰 타격을 주어 분명히 독립을 지킬 수 있었을 것이다. 울라후이강의 전투에서 승리한 주된 원인은 무엇보다도 전쟁에서 훈련받은 오이라드 군대가 모국(母國)을 지킨다는 믿음과 생각으로 매우 용감하게 싸웠던 것이었다.[31]

[7] 투시예투 칸 차쿤 도르지가 비록 만주 앞에 무릎 꿇는 정책을 행하고 있었음에도 1688년까지 할하인들은 독립된 상태를 유지하고 있었다.[32]

30　Dalai, 2006, 위의 책, p.99.
31　Dalai, 2006, 위의 책, pp.146~147.
32　Dalai, 2006, 위의 책, p.133.

[8] 만주인들은 투시예투 칸 차쿤 도르지와 운두르 게겐 등의 <u>대(大) 노얀과 후툭투들을 배신하도록 끌어들여 갈단과 직접 대적하게 만듦으로써, 할하-오이라드 전쟁을 만주가 할하와 준가르를 연달아 정복하는 침략 전쟁으로 바꾸었다.</u>[33]

위 인용문에 보이는 바와 같이 『오이라드 몽골의 역사』는 내몽골·할하 몽골·오이라드의 세 몽골 지역을 청나라 혹은 중국과 명백히 구별되는 지역으로 간주하고 있으며, 만주-청나라를 몽골 전체를 위협하며 침입하는 존재로 여기고 있다. 또한 청나라에 공식적으로 복속되기 전까지 할하 몽골과 준가르가 엄연한 독립국이었음도 강조하고 있다. 따라서 『오이라드 몽골의 역사』에 따르면, 오이라드·준가르와 중국 간의 관계를 설명함에 있어 가장 두드러지는 역사 내러티브는 '만주-청나라로부터 몽골의 독립을 지키기 위한 오이라드인들의 투쟁'이라 할 수 있을 것이다.

『오이라드 몽골의 역사』에서 중국에 대한 이러한 인식은 갈단 이후의 시대에 대해서도 그대로 이어진다.

[1] 체왕 랍단은 무엇보다 먼저 청나라와 적대하면 안 된다고 보고, 사신을 보내어 서로 우호할 것과 무역을 강화할 것 등을 제안하고 시간을 버는 정책을 따랐다. … <u>만주 황제가 우호적인 척하며 체왕 랍단에게 사신을 보내어 우호 관계를 맺자고 이야기한 것은 표면적인 거짓된 행동이었다. 실제로 이렇게 준가르 칸국의 남쪽에는 매우 강한 큰</u>

---

33   Dalai, 2006, 위의 책, p.165.

만주 국가가 접경하고 있으면서 입을 벌리고 있었다.[34]

[2] 이 두 대국(大國)은 모두 준가르를 복속시키는 정책을 추구하고 있었지만, 주된 위험이 있는 쪽은 실제로 만주-청나라였다. 러시아 정부에게는 당시 준가르를 직접 정복할 정책이 없었고, 또한 준가르를 스스로 복속해 오도록 만드는 것 혹은 만주와 연결되는 국경 지역을 지키려는 목적으로 [준가르를] 독립국으로 만들려는 의도가 있었다. 그러나 만주는 서몽골을 정복하여 준가르 칸국을 붕괴시키는 것이 정책의 주된 방향이었고 [그것을] 직접 실행하려는 의지도 있었다.[35]

[3] [준가르의] 사신 초이남하는 1722년 가을 할하의 영역을 통해 젭춘담바 후툭투와 함께 북경에 이르러 강희제를 알현했다. … 강희제는 체왕 랍단의 우호하고자 하는 바람을 승인했다. 만주 측에서는 준가르를 서둘러 공격하지 않고, 또한 일리 방향으로 보냈던 2만의 군대를 철수하기로 했다. [그러나] 이것은 만주 황제의 교활한 속임수였다. 준가르를 러시아에 잃으면 안 된다고 하는 숨겨진 생각이 숨어있었기 때문이었다.[36]

[4] 준가르 칸국에게 만주의 침략은 가장 위험한 것이었다. 체왕 랍단은 자신이 지배하는 동안 준가르의 독립을 지키기 위해 다양한 시도

---

34 Dalai, 2006, 위의 책, p.169.
35 Dalai, 2006, 위의 책, pp.183~184.
36 Dalai, 2006, 위의 책, p.188.

를 했다.[37]

[5] 준가르국과 만주-청나라 사이에 발생한 호통 노르의 전투는 좋은 조직자인 칸과 함께 오이라드 몽골 인민들이 조국의 독립을 위협하는 외국의 적을 용감한 투쟁으로 무찌를 수 있었던 하나의 예를 보여준다.[38]

[6] 조국 민중의 독립을 위해 외국의 침략자에 대항하여 오이라드 인민들이 목숨을 아까워하지 않고 용감하게 싸웠던 투쟁의 한 예가 바로 이 전투[즉 호통 노르 전투]의 활동이었다.[39]

[7] 건륭제 즉위 이후 만주 정부의 정책은 준가르와 서둘러 싸우는 것을 멈추고, 군대의 조직을 일신하여 성공적이지 않은 관원과 장군들을 교체하고, 갈단 체렝의 약간의 요구를 표면적으로 들어주며, 국경을 확정하는 문제를 대화하고, 준가르의 정치에서 위기가 발생하는 것을 주의 깊게 보고 갈단 체렝에 반대하는 어떠한 힘이라도 지지하고 지원하며, 할하에 대한 통제를 강화하고, 청해와 티베트를 준가르로부터 영구적으로 분리하여 관계를 끊으며, 러시아 정부와 관계를 확대하는 등을 추구하는 것이었다.[40]

---

37 Dalai, 2006, 위의 책, p.190.
38 Dalai, 2006, 위의 책, p.197.
39 Dalai, 2006, 위의 책, pp.202~203.
40 Dalai, 2006, 위의 책, p.205.

[8] [1739년] 양국 사이에 국경이 … 정해져 합의를 만들어 낸 것은 만주가 비록 준가르를 침략하여 차지하려는 장기간의 생각을 버리지 않았음에도, 어쨌든 준가르국의 독립을 인정했다는 증명으로서 역사에 남았다.[41]

위 인용문에 따르면, 준가르를 직접 정복할 정책 및 의도가 없었던 러시아와 달리, 만주-청나라에 있어 오이라드를 정복하고 준가르국을 붕괴시키는 것은 그 대외정책의 주된 방향이었다. 따라서 준가르국의 존립에 대한 최대 위험은 만주-청나라가 침략해 오는 것이었고, 이따금 보이는 만주 황제들의 준가르에 대한 유화책은 교활한 속임수이거나 거짓된 행동에 불과했다. 따라서 오이라드인과 준가르국은 외국의 침략자에 대항하여 독립을 지키기 위해 목숨을 아끼지 않고 용감하게 투쟁해야만 했다. 아울러 달라이는 1739년 준가르와 청나라 사이에 벌어졌던 국경 획정 협상을 언급하며, 양국 간 국경의 획정은 청나라가 준가르국이 독립국임을 인정한 것이라고 강조했다.

III. 러시아-오이라드 관계 서술 방식

『준가르사략』에서 오이라드 역사 서술의 가장 두드러지는 특징 중 하나는 오이라드의 일파인 준가르인들이 건설한 준가르국과 청나라 간의 관계를 서술함에 있어, 양국 간의 관계를 결정하는 가장 중요한 요인으로

---

41 Dalai, 2006, 위의 책, p.207.

러시아 제국의 식민주의적 확장정책을 들고 있다는 점이다. 『준가르사략』의 역사 내러티브에서 러시아 제국은 중국의 서북 변경 영토를 빼앗기 위해 몽골과 오이라드인들에게 지속적으로 군사·외교적인 회유와 압박을 가하는 존재로 묘사된다.

[1] 1580년대부터 러시아는 동쪽으로 우랄산맥을 넘어 서시베리아 지역으로 식민 확장을 시작했다. … 1579년 러시아의 차르는 러시아의 대지주이자 대상인인 스트로가노프를 지지하여 코사크 도주범 예르막을 보내 서시베리아를 모험하게 했다. 1582년 예르막의 군대는 서시베리아 칸국(khanate)의 도성(都城) 시비르를 공격하여 점령했고, 이후 이르티시강을 거슬러 올라갔다. 16세기 말에 이르러 러시아 식민지 확장 세력은 오브강 동안(東岸)에 도달했다. 1586년 그들은 우랄산맥 이동(以東) 지역에 첫 번째 식민 거점인 튜멘을 건립했고, 1587년에는 토볼스크를 건립했으며 러시아의 서시베리아 총독은 이곳을 주둔지로 삼았다. 또한 러시아 세력은 계속해서 동쪽과 남쪽으로 침입했다. 동쪽으로 서시베리아에 침입하는 과정에서 러시아 정부는 중국 북부 변경을 침략하는 죄악 행위를 적극적으로 획책했다.[42]

[2] [1635년경] 러시아 제국의 침략 기세는 이미 할하와 오이라드 지역을 넘보기 시작했다. 압박하고 회유하며 망령되게 몽골 각 부의 수령들을 꾀어 러시아에 신복시키려 함과 동시에 또한 무장 정복, 거주민 약탈, 내전 유발 등의 수단을 통해 침략의 마수를 중국의 북부와 서

42　準噶爾史略編寫組, 1985, 위의 책, 77쪽.

북 변경 지역으로 뻗었다.[43]

[3] 바아투르 홍타이지가 민족의 권익을 보호하기 위해 결연한 투쟁을 진행했기 때문에 러시아의 준가르에 대한 침입을 막을 수 있었다. … 셍게는 바아투르 홍타이지를 계승한 이후 한편으로는 청 정부와의 관계를 강화하고 … 또 다른 한편으로 러시아 식민주의자들의 침략의 위험에 직면하여 자신의 아버지의 러시아에 대한 정책을 계승하여 준가르 인민을 이끌고 러시아의 침략에 저항하는 투쟁을 진행했다. 셍게의 재위 기간에 러시아 정부는 서시베리아의 식민 당국에 명령하여 부단히 셍게에게 사신을 파견하여 정치적 회유와 위협을 진행했다.[44]

[4] 바아투르 홍타이지와 셍게의 러시아 침략자들에 대한 투쟁을 살펴보면, 이는 주로 두 가지 문제에 집중되어 있다: 하나는 예의와 절차를 둘러싼 다툼으로, 이는 민족 존엄을 지키고 민족 굴욕에 반대하느냐, 아니면 민족 존엄을 버리고 민족 굴욕을 감수하느냐를 반영한 것이었다. 두 번째는 텔레우트의 백성들에 대해 실물(實物) 세금을 징수하는 권익을 둘러싼 다툼으로, 민족 주권을 보호하고 무력 침략에 반대하느냐, 아니면 민족 주권을 팔아 버리고 무력 위협에 굴종하느냐를 반영한 것이었다. 이러한 원칙의 문제에서 바아투르 홍타이지와 셍게는 준가르 인민의 근본적인 이익을 체현했고, 러시아가 위협과 이익으로 회유하는 것을 버텨냈으며, 러시아의 준가르에 대한 확장

43　準噶爾史略編寫組, 1985, 위의 책, 58쪽.
44　準噶爾史略編寫組, 1985, 위의 책, 81~82쪽.

침략의 야심을 좌절시켰다.[45]

[5] 준가르 인민들은 근 반세기 동안 러시아 침략자들과 왕래했던 절실한 경험에 근거하여, 경고에만 기대는 것은 러시아의 침략을 막을 수 없으며 반드시 투쟁해야 함을 알고 있었다. … 1667년 5월 셍게는 4천여 명으로 조성된 군대를 이끌고 크라스노야르스크를 포위했고, 분노한 준가르의 군민(軍民)들은 성안에 포위된 러시아 식민주의자들에게 소리 높여 외쳤다. … [46]

위 인용문 [1]과 [2]에 보이는 바와 같이, 『준가르사략』은 러시아의 서시베리아 지역으로의 진출을 중국 북부 및 서북부 변경에 대한 '침략'으로 간주하고 있으며, 이에 따라 할하 몽골과 오이라드의 영역이 이미 중국 북부 및 서북부 변경 지역인 것처럼 서술하고 있다. 이어서 인용문 [3]~[5]에 따르면, 중국 서북방 변경 지역을 차지하려는 러시아 제국의 시도는 준가르국의 군주 바아투르 홍타이지와 그의 후계자인 셍게의 러시아 침략자들에 대한 '투쟁'으로 좌절되었다고 한다. 다시 말해 『준가르사략』은 준가르국 초기 역사를 '중국(혹은 중화민족)의 러시아 제국주의에 대한 저항 및 투쟁'이라는 틀로 설명하고 있다. 물론 바아투르 홍타이지와 셍게가 러시아 제국에 대해 상대적으로 적대적인 태도를 취한 것은 사실이지만, 준가르 초기 역사에 대한 이러한 접근법은 당시의 실상을 왜곡하는 문제가 있다. 먼저 바아투르 홍타이지와 셍게가 당시 러시아를 상

---

45 準噶爾史略編寫組, 1985, 위의 책, 85~86쪽.
46 準噶爾史略編寫組, 1985, 위의 책, 85쪽.

대적으로 적대했던 것은 러시아 측이 원래 준가르에 공납을 바치는 속민이었던 텔레우트인·키르기스인·바라빈인 등에 대해 공물을 징수하기 시작했기 때문이었다. 더욱이 바아투르 홍타이지와 셍게는 재위 중이던 1635~1670년에 러시아 측과 여러 차례 사신과 상단을 교환하기도 했다. 무엇보다도 당시 오이라드와 준가르인들에게는 자신들이 중국인 혹은 중화민족의 일부라는 생각이 전혀 없었다.[47]

『준가르사략』에 따르면, 셍게가 사망한 이후 새로이 준가르국의 군주로 즉위한 갈단의 시대에도 러시아 제국은 '중국 북부 및 서북부 변경 지역'에 대한 침략을 멈추지 않았다.

[1] 갈단은 <u>러시아와 동맹을 맺어야만 비로소 몽골을 정복할 수 있고, 더 나아가 중원을 정복할 수 있다고 인식했다.</u> … <u>러시아는 갈단을 끌어들이고 매수하여 중국에 대한 침략 및 확장을 강화했고, 또한 갈단</u>은 그의 야심을 실현하기 위해 러시아에 의지하는 것을 개의치 않았으니, 이것이 바로 그들이 서로 관계를 맺은 정치적 기초였다. … <u>갈단은 러시아의 부추김과 사주 아래</u> … <u>공격의 창끝을 먼저 할하 몽골 지역으로 향하게 했다.</u>[48]

[2] <u>갈단이 할하 몽골에 출병한 시기는 러시아군이 바이칼호 이동 지

---

47 17~18세기에 준가르인을 포함한 오이라드인들은 중국인(Kitad), 티베트인(Töböd), 무슬림(Khoton), 러시아인(Oros) 등과 분명히 구별되는 독자적인 정체성을 지니고 있었다. 예를 들어, Ghabang Sharab, "Gharban sharawyn zokhioson tod üsgiin dörwön oïradyn tüükh," National Library of Mongolia, Ms. no. 1407/96, ff. 10~11을 참조.
48 準噶爾史略編寫組, 1985, 위의 책, 99~100쪽.

역에서 몽골 인민을 향해 진공했던 군사행동과 밀접히 배합되었고, 갈단과 러시아군은 서로 호응하여 할하 몽골을 협공하여 몽골 초원 지역의 형세를 중국에 불리하게 만들었고 중국 인민들의 러시아의 침략에 대항하는 투쟁을 약화시켰으며, 청 조정이 네르친스크에서 부득불 러시아에 중대한 양보를 하게 만들었다.[49]

[3] 청 정부는 영토의 안녕을 보위하고 러시아의 침략에 저항하기 위해 갈단에 대한 결연한 투쟁을 진행했다.[50]

[4] 청 정부가 준가르가 일으킨 전란을 평정한 것은 <u>국가의 통일을 유지하고 러시아의 침략에 반항하는 정의로운 투쟁</u>이었다. 이 전쟁은 당시 <u>우리나라가 다시 한번 통일로 향해 가는 역사의 추세에 순응</u>하는 것이었고, <u>각 족(族)의 인민들이 통일과 안정을 요구하는 공동의 바람에 부합</u>하는 것이었으며, 이 때문에 그것은 필연적으로 각 족 인민의 지지를 받았다. 이러한 투쟁의 승리는 <u>우리나라의 서북부와 북부 지역을 통일하는 과정</u>에서 중요한 일보를 내딛는 것이었고, 또한 러시아가 서북 지역을 집어삼키고 중국을 침략하려는 야심을 유력하게 타격하였으며, <u>다민족 국가의 독립과 온전함을 보위</u>한 것이었다.[51]

위 인용문에 보이는 바와 같이, 『준가르사략』은 러시아 제국이 준가

49　準噶爾史略編寫組, 1985, 위의 책, 103쪽.
50　準噶爾史略編寫組, 1985, 위의 책, 106쪽.
51　準噶爾史略編寫組, 1985, 위의 책, 120쪽.

르국의 갈단 보슉투 칸을 부추기고 매수하여 준가르국의 군대와 함께 '중국의 북부 변경', 즉 할하 몽골 지역을 침략했다고 보고 있다. 이에 반해 강희제의 청나라가 갈단 보슉투 칸의 군대와 맞서 싸워 승리를 거둔 것은 중국 "국가의 통일을 유지하고 러시아의 침략에 반항하는 정의로운 투쟁"이자, 중국이 "다시 한번 통일로 향해 가는 역사의 추세에 순응하는 것"이자, "다민족 국가의 독립과 온전함을 보위"하기 위한 것이었다고 한다. 그러나 『준가르사략』의 이러한 서술은 다소 무리한 역사 해석이라고 할 수 있다. 실제로 갈단 보슉투 칸이 1688년 할하 몽골을 공격한 역사적 배경에는 자삭투 칸위(位) 계승 문제를 둘러싸고 발생한 할하 몽골 내부의 오랜 분쟁이 있었다. 아울러 갈단 보슉투 칸의 할하 몽골 공격을 촉발한 가장 직접적인 원인은 할하 몽골의 투시예투 칸 차쿤 도르지가 1688년 1월 자삭투 칸의 영역을 공격하여 자삭투 칸을 죽이고, 뒤이어 당시 상황을 파악하기 위해 자삭투 칸의 영역에 와 있던 갈단의 동생 도르지잡을 살해한 것이었다.[52] 따라서 준가르의 갈단 보슉투 칸이 러시아에 매수당해, 혹은 러시아의 사주를 받아 할하 몽골을 침공했다고 보기는 어렵다. 물론 할하 몽골 및 청나라와의 전쟁 과정에서 갈단 보슉투 칸이 러시아에 여러 차례 군사적 지원을 요청한 것은 사실이다. 그러나 러시아는 갈단에게 아무런 실질적인 군사 지원도 해주지 않았다. 따라서 갈단 보슉투 칸이 러시아 제국과 군사동맹을 맺었다거나, 혹은 러시아 군대와 호응하여 함께 할하 몽골 및 청나라와 싸웠다는 서술은 부정확하다 할 수 있다.

『준가르사략』에 따르면, 러시아 제국의 '중국 서북 지역'을 향한 침략 행위는 갈단 보슉투 칸의 뒤를 이어 준가르국의 군주로 즉위한 체왕 랍단

52　烏雲畢力格·白拉都格其 主編, 2006, 『蒙古史綱要』, 呼和浩特: 內蒙古人民出版社, 173~175쪽.

및 갈단 체렝의 치세도 계속되었다.

[1] [러시아 제국의] 표트르 1세는 부단히 사람을 보내어 침입하여 준가르의 유목지에 요새를 건립하고 보루(堡壘)를 설치하며, 준가르 인민을 죽이고 약탈하고 납치하여 준가르의 인민들이 러시아를 향해 모피 실물세(實物稅)를 바치도록 강요했다. … 17세기에 러시아 침략 세력은 남쪽을 향해 확장하여 준가르의 일부 유목지를 탈취했다. 그러나 준가르 인민들의 불굴의 투쟁 때문에, 18세기 초년 이전까지 러시아 확장주의 세력은 여전히 크라스노야르스크·톰스크·옴스크 부근의 일선(一線)에 저지되어 막혀 있었다. … 그러나 러시아 식민주의자들의 탐욕은 억제되지 않았고, 조금의 기회만 있어도 변경의 국경선을 준가르 관할 지역으로 끌어내리려 했다. [준가르 인민들은] 여러 차례 압박을 받았지만, 스스로를 지키며 반격하여 러시아 침략자들에 대해 첨예한 투쟁을 전개했다.[53]

[2] 야미쉬호는 이르티시강으로부터 약 6.5베르스트(verst) 떨어져 있고, 이르티시강을 따라 거슬러 올라가면 우리나라의 서북 지역에 도달할 수 있다. 이외에 그곳은 뒤쪽으로 바이칼호 지역으로 통하는 통로로서 중요한 전략적 의의를 지니고 있어, 러시아 정부가 이 지역에 요새를 건립한 것은 중국을 침략하려는 전략적 수요를 완전히 드러낸 것이었다.[54]

---

53 準噶爾史略編寫組, 1985, 위의 책, 147~148쪽.
54 準噶爾史略編寫組, 1985, 위의 책, 150쪽.

[3] [러시아 원정대를 무찌른] 야미쉬호 전투는 준가르 인민들이 자신의 목지와 가정과 민족 주권을 보위하기 위해 진행한 한 차례 승리의 전투였으며, 그것은 러시아 확장주의 세력에게 심중한 타격을 주었다.[55]

[4] 이후 러시아는 또한 이르티시강 유역에 건립한 보루들을 연결하여 [이것을] 이르티시강 보루선(堡壘線)이라 명명하였는데, 이를 시베리아 보루선이라고도 불렀다. 이는 러시아 확장주의자들이 우리나라의 영토를 침범한 역사적인 증거이다.[56]

[5] 청 정부는 러시아가 부단히 체왕 랍단에게 사람을 보내어 책동을 진행하여 중국의 통일을 파괴할 것을 시도한다는 소식을 … [러시아 사신] 운코프스키는 1722년 2월 5일 모스크바를 출발하여 11월 17일 체왕 랍단의 궁정에 도달했다. 운코프스키는 준가르의 정치·경제·군사·지리·풍속 등의 정황에 대해 전면적인 정찰을 진행하였고, 또한 일리 계곡 일대의 지형을 측량하여 "당시의 요구를 매우 만족시킬 수 있는 지도"를 그려서 우리나라의 서북 지역의 정황과 관련된 대량의 정보를 훔쳐 가, 이후 러시아의 우리나라 서북 지역에 대한 침략에 중요한 근거를 제공했다.[57]

[6] 체왕 랍단으로부터 갈단 체렝에 이르기까지 그들의 관점은 앞뒤

55　準噶爾史略編寫組, 1985, 위의 책, 153쪽.
56　準噶爾史略編寫組, 1985, 위의 책, 156쪽.
57　準噶爾史略編寫組, 1985, 위의 책, 158~159쪽.

로 일치했다. 그들(즉 러시아)의 강포(强暴)함을 두려워하지 않고 용감하게 투쟁하며 민족 주권과 존엄을 보호하기 위해 희생을 두려워하지 않은 일체의 영웅적인 기개는 준가르 인민들이 외래의 침략에 반항하는 영웅적인 인민임을 충분히 보여 준다. 그들의 용감한 투쟁은 러시아의 준가르를 병탄하려는 음모를 유력하게 좌절시켰으며, 러시아 확장주의자들의 침략의 기염(氣焰)에 타격을 주었고, 우리나라 서북의 광대한 지역의 안전을 유효하게 방어했다.[58]

위 인용문에 따르면, 체왕 랍단과 갈단 체렝의 시대에도 러시아는 이른바 '중국 서북 지역'에 진출하려는 의도를 접지 않았다. 이 시기가 되면 러시아 세력은 이르티시강을 따라 요새와 보루를 건설하며 남하하기 시작하는데, 그 결과 이르티시강 유역에는 이르티시강 보루선(혹은 시베리아 보루선)이 형성된다. 그리고 이 과정에서 이반 부흐골츠 및 이반 리햐료프 등이 이끄는 러시아 탐험대가 몇 차례 조직되어, 이르티시강 중류의 야미쉬호와 상류의 자이상호 지역에까지 도달했다. 러시아 탐험대를 맞이한 준가르인들은 야미쉬호 등지에서 러시아 탐험대를 크게 무찌르는 등의 활약을 보였다. 그러나 준가르 군대의 이러한 성공에도 불구하고 준가르국은 러시아인들이 이르티시강을 따라 요새를 건설하며 남하하는 것을 완전히 저지하지는 못했다. 그 결과 이르티시강 중류 유역에서 상당한 규모의 영역을 러시아에 빼앗기고 말았다.[59] 따라서 체왕 랍단 및 갈단 체

---

58 準噶爾史略編寫組, 1985, 위의 책, 161쪽.

59 James Forsyth, 1992, *A History of the Peoples of Siberia: Russia's North Asian Colony 1581~1990*, Cambridge: Cambridge University Press, pp.127~128; Peter C. Perdue, 2005, *China Marches West: The Qing Conquest of Central Eurasia*, Cambridge: The Belknap

렝 시대의 러시아-오이라드 관계에 대한 이러한 역사 내러티브는 그 사실 관계에 있어서는 어느 정도 맞는 편이라 할 수 있다. 그러나 18세기 초중반 당시 준가르 제국을 '통일된 중국'의 일부로 보기 어렵다는 점에서, 준가르인들의 러시아 세력에 대한 투쟁을 중국의 영토와 민족 주권을 보호하기 위한 것으로 보는 『준가르사략』의 역사 서술에는 상당한 문제가 있다고 할 수 있다.

한편 달라이의 『오이라드 몽골의 역사』는 『준가르사략』과 달리 러시아에 대해 매우 우호적인 입장을 보인다.

[1] <u>오이라드 몽골은 러시아와 좋은 이웃 관계를 맺었다.</u> 이는 준가르 칸국 시기에 모두 반영되어 있다.[60]

[2] 만주 황제 측에서는 동남쪽에서 경제적인 압박을 가하여 무역로를 봉쇄했다. 이러한 상황에서 <u>바아투르 홍타이지는 러시아와 관계를 강화하여 특히 무역 관계를 확대하고 속민이 아닌 양상으로 러시아에 기대는 정책을 추구했다.</u> … 이렇게 사신을 교환한 덕분에 오이라드와 러시아의 우호 관계가 확대되고, <u>오이라드의 상인들은 러시아 영토에서 관세와 세금 없이 무역하게 되었다.</u>[61]

[3] 셍게 홍타이지는 만주-청나라가 몽골을 차례차례 차지하려는 정

Press of Harvard University Press, pp.211~213.
60 Dalai, 2006, 위의 책, p.12.
61 Dalai, 2006, 위의 책, pp.86~87.

책을 잘 이해하여, 그러한 위험으로부터 오이라드 민중을 구하기 위해 러시아에 기댈 필요가 있다는 것을 이해했다.[62]

[4] 갈단의 우호적인 이웃으로 나란히 존재하는 것에 대한 편지를 제정 러시아 정부는 기쁘게 받아들였고, 1673년부터 준가르와 러시아 간의 대외관계가 다시 회복되었다.[63]

[5] 준가르 칸국이 러시아와의 관계에서 따랐던 정책의 주된 목적은 러시아와 좋은 이웃 관계를 확립함으로써 아시아의 국제정치에서 자신의 명성을 확대하고, 러시아의 영향력을 국제관계에서 활용하여 자신의 대외적인 지위를 강화하는 것이었다. … 러시아의 입장에서, 그들의 정책은 무엇보다도 준가르 칸국과 관계를 개선하고 우호적인 이웃으로 나란히 존재하는 것이었다. 왜냐하면 갈단이 칸에 즉위한 이후 준가르의 대외정책은 적극적이 되었고, [준가르가] 동투르키스탄과 카자흐 및 중앙아시아의 상당한 나라들을 정복한 것은 동쪽으로 영향력과 힘을 확대하여 시베리아에서 지배력을 확고히 하고 있던 러시아를 곤란하게 할 수 있었기 때문이다. 이에 [러시아는] 준가르 칸국과 우호적인 관계를 맺어 시베리아의 도시들을 잃지 않고, 준가르-러시아 국경선에서 무장 충돌이 발생하는 상황을 격화시키지 않으며, 향후 준가르와 관계를 개선함으로써 만주-청나라와 정치·무역 관계를 확립하여 준가르의 영역을 상인들과 사신들이 자유롭게 통과하게 하려

62　Dalai, 2006, 위의 책, p.95.
63　Dalai, 2006, 위의 책, p.115.

는 목적을 가졌다. 준가르 칸국의 입장에서는 동쪽에서 만주의 침략 정책에 직면하고 있던 시대에 러시아로부터 군사적인 도움을 얻는 것은 중요했다.[64]

[6] 러시아는 극동에서 확장하기 위해 준가르의 칸 체왕 랍단과 긴밀한 관계를 맺으려고 노력했다. 체왕 랍단도 만주의 위험이 커지고 있는 상황에서 러시아에 기댈 생각이 있었다.[65]

[7] 이러한 상황을 준가르의 체왕 랍단 칸은 잘 이해하고, 러시아와 영토 등 일부 문제로 소규모의 논쟁을 했음에도 불구하고, 결국에는 러시아에 의지하여 만주에 대항하는 정책을 적극적으로 실행했다. 준가르 칸국은 단지 스스로를 지키기 위해서 대내적·대외적 상황을 강화하는 것이 아니라, 내몽골·외몽골·서몽골의 힘을 합하여 만주와 투쟁하는 의도를 지니고 있었다.[66]

[8] 남쪽으로부터 만주의 위험에 매우 크게 직면하게 된 매우 어려운 때에 러시아 측의 희망을 받아들여 우호하는 것은 적절한 올바른 결정이라고 갈단 체렝은 보고, … [67]

---

[64] Dalai, 2006, 위의 책, pp.115~116.
[65] Dalai, 2006, 위의 책, p.172.
[66] Dalai, 2006, 위의 책, p.184.
[67] Dalai, 2006, 위의 책, p.185.

[9] 오이라드의 사신 초이남하는 성공을 거두었고 … 1723년 5월 초 이남하는 만주의 사신과 함께 고향에 돌아와 체왕 랍단에게 모든 일을 보고했다. 체왕 랍단은 이러한 상황에서 최종 결정을 내려 러시아 차르에게 "우리는 너희의 속민이 되지 않는다. 뿐만 아니라 요새를 지어 광산을 파는 것을 승인하지 않는다"라는 답서를 지닌 도르지라는 사신을 운코프스키와 함께 표트르 대제에게 보냈다. 러시아의 표트르 대제는 준가르의 사신 도르지를 1724년 4월 4일에 페테르부르그에서 맞이하여 만나고 준가르와 우호적인 관계를 승인했다.[68]

[10] 갈단 체렝은 이 시기에 러시아와 합의에 도달하려고 또한 매우 큰 노력을 했다. [갈단 체렝은] 무엇보다도 먼저 러시아와 평화를 깨지 않고, 러시아의 관할에 들어가지 않으며, 이질의 칼미크로 도망쳤던 롭샹 쇼나를 돌아오게 하고 … 러시아의 포로들을 풀어 주는 것 등의 문제에 주의를 기울였다. 만주와 전쟁을 하기 위해서 러시아와 우호하는 것은 갈단 체렝의 가장 중요한 목적이 되었다.[69]

[11] 그 외에 러시아의 시베리아 당국은 준가르 칸국과 정기적으로 사신을 교환하여 때로는 1년에 2번 사신을 보내곤 했다. 이로부터 볼 때, 러시아와 준가르 양국 간의 정치·경제적 목적을 지향하는 대외관계가 매우 넓어졌음을 확인할 수 있다. 이러한 상황에 대해 말할 때, 몽골과 러시아의 인민들 사이에 친밀한 전통적인 관계가 정해지는 데

---

68 Dalai, 2006, 위의 책, p.188.
69 Dalai, 2006, 위의 책, p.195.

있어 오이라드 몽골 인민들이 큰 역할을 수행했다고 할 수 있다. 그러나 갈단 체렝의 시대에 준가르와 러시아의 관계가 모든 면에서 잘 펴지진 않았고 [준가르와 러시아 간] 국경 충돌은 정기적으로 발생했다.[70]

[12] 아무르사나가 숨을 거둘 때 그의 곁에는 러시아의 하급 관원 글라조프라는 사람이 있었다고 한다. 그 러시아 군관이 서몽골 용사의 머리를 받치고 있었다고 한다. 이것은 몽골과 러시아 인민 간 우호의 상징 중 하나이다. [러시아의] 하급 지휘관 글라조프와 총독 소이모노프가 용사 아무르사나의 곁에서 머리를 숙이고 애도했다는 것을 서몽골 인민들은 잊어서는 안 된다. … 아무르사나가 만주 군대의 손에 들어가지 않은 것은 자신의 힘과 지혜로부터 도입된 것이 아니고, 러시아인들의 성품으로부터 비롯된 것임은 분명하다. 아마도 이것은 몽골과 러시아 인민들의 우호적인 관계를 확정하고 있던 하나의 상징일 것이다.[71]

위 인용문에 보이는 바와 같이, 몽골 학계에서는 몽골과 오이라드인들이 러시아와 전통적으로 좋은 이웃 관계를 맺어 왔고, 러시아의 속민이나 관할이 아닌 상태에서 우호적인 이웃으로 병존해 왔으며, 만주-청나라의 위협과 침략에 대응하기 위해 러시아로부터 군사적인 도움을 받았다고 보고 있다. 특히 아무르사나의 죽음을 둘러싼 일련의 에피소드를 몽골-러시아 간 우호의 상징으로 표상하는 것은 매우 흥미롭다.

---

70 Dalai, 2006, 위의 책, p.196.
71 Dalai, 2006, 위의 책, pp.266~267.

그러나 사실 러시아와 오이라드의 관계가 시종일관 우호적이었던 것은 아니다. 위에서 언급한 것처럼, 러시아 제국과 준가르국은 텔레우트·키르기스·바라빈 등의 산림민들에게 공물을 징수하는 문제를 둘러싸고 오랫동안 반목했다. 아울러 부흐골츠와 리하툐프 등이 이끄는 러시아 탐험대가 각각 이르티시강 중류의 야미쉬호와 상류의 자이상호 지역에까지 진출했을 때, 러시아와 준가르 사이에는 대규모 무력 충돌이 일어나기도 했다. 그러나 흥미롭게도 러시아 제국과 준가르국은 이러한 갈등 상황에도 불구하고 상호 간 사신 교환과 외교협상을 멈추지 않았다. 요컨대 오이라드(준가르 포함)-러시아 관계는 여느 국제관계와 마찬가지로 우호적일 때도, 적대적일 때도 있었던 것이다. 그렇다면 몽골 학계에서는 왜 러시아를 시종일관 우호적인 이웃이었던 것으로 서술한 것일까? 이러한 몽골 학계의 역사 서술 방식에는 러시아 제국과 소련의 도움을 받아 1911년과 1921년에 각각 중국으로부터 독립을 쟁취한 몽골인(여기서는 외몽골인)들의 역사 경험이 반영되어 있는 것으로 보인다. 특히 사회주의 시기를 거치면서 외몽골인들의 인식 속에 친러·반중 정서가 뿌리 깊게 자리 잡았다는 점은 주목할 필요가 있다.[72]

---

[72] 1911년과 1921년의 몽골 독립에 대해서는 Charles R. Bawden, 1968, *The Modern History of Mongolia*, London: Kegan Paul International; 이평래, 2008, 「1911년 몽골 독립과 민족 통합 운동의 초기 과정」, 『동양사학연구』 104호; 橘誠, 2011, 『ボグド・ハーン政權の研究: モンゴル建國史序說 1911~1921』, 東京: 風間書房 등을 참조. 몽골인들의 반중 정서에 대해서는 Uradyn E. Bulag, 1998, *Nationalism and Hybridity in Mongolia*, Oxford: Oxford University Press; Franck Billé, 2015, *Sinophobia: Anxiety, Violence, and the Making of Mongolian Identity*, Honolulu: University of Hawai'i Press 등을 참조.

IV. 개별 사건 및 인물에 대한 평가

이번 장에서는 오이라드 및 준가르의 역사에 등장하는 주요 사건과 인물들에 대한 중국 학계와 몽골 학계의 입장을 비교·분석하도록 한다. 먼저 1640년에 개최된 '몽골-오이라드 대회맹'과 이를 계기로 제정된 『몽골-오이라드 법전』의 성격에 대해 『준가르사략』은 다음과 같이 적고 있다.

> [준가르의] 바아투르 홍타이지와 [할하 몽골의] 자삭투 칸의 노력으로 1640년 9월 초 타르바가타이에서 오이라드와 할하 각 부 봉건 영주들의 회의가 소집되었다. [여기서] 통칭 『1640년 몽골-오이라드 법전』이 제정되었다. … 그 주요 목적은 봉건 영주의 노동 인민에 대한 통치를 공고히 하고, 오이라드와 할하 각 부 사이의 관계를 조정하며, <u>외적을 공동으로 방어하는 동맹을 건립하는 데에 있었다.</u> … 『몽골-오이라드 법전』은 또한 외적의 침입에 연합하여 저항하는 것을 특히 강조하여, 적에 대해 용감하게 싸우는 정신을 선창했다. … 이 법전의 제정은 <u>몽골 각 부의 단결을 강화하고 외부의 침입을 공동으로 방어한다는 점에서 중대한 의의가 있었다. 또한 러시아가 [몽골과 오이라드] 각 부의 관계를 도발하고 내전을 선동하는 것을 시도하는 것에, 부당한 이익을 얻으려 음모를 꾸미는 것에 유력한 타격을 가했다.</u> 법전의 제정 이후 상당히 긴 시간 동안 오이라드의 각 부와 신흥 청조(淸朝) 사이에는 우호적인 관계가 유지되었고 통공(通貢)과 연락이 이어져 끊이지 않았다.[73]

---

73 準噶爾史略編寫組, 1985, 위의 책, 59~61쪽.

위 인용문에서 설명하고 있는 바와 같이, 1640년에 제정된 『몽골-오이라드 법전』은 몽골과 오이라드 각 세력 간의 단결을 강화하고 외부의 침입을 공동으로 방어하는 데 그 주된 목적이 있었다. 그런데 위 인용문에는 당시 몽골과 오이라드의 공통된 주적이 마치 러시아였던 것처럼 기술되어 있다. 그러나 이러한 설명은 부정확한 것으로, 몽골과 오이라드인들이 1640년에 모여 동맹을 맺고 공통의 법전을 제정한 것은 북방의 러시아가 아닌 남방의 청나라의 존재 때문이었다. 다시 말해 할하 몽골과 오이라드인들은 1636년 청나라가 차하르 몽골의 릭단 칸과 그의 세력을 제압하고 오늘날의 내몽골 전역을 장악하는 데 성공하자, 이에 큰 위기감을 느끼고 청나라의 위협에 공동으로 대응하기 위해 서로 동맹을 맺었던 것이다.[74] 따라서 『준가르사략』의 저자들은 '오이라드와 준가르는 예로부터 사실상 중국의 일부였고, 그들에게 위협을 가한 외부의 적은 바로 러시아 제국이었다'는 중국의 공식적인 역사 내러티브에 합치시키기 위해 『몽골-오이라드 법전』의 목적과 성격을 다소 왜곡하여 서술한 것으로 보인다.

반면 달라이의 『오이라드 몽골의 역사』는 1640년의 '몽골-오이라드 대회맹'과 『몽골-오이라드 법전』에 대해 다음과 같이 적고 있다.

> 자삭투 칸 소브다는 할하의 모든 노얀들의 화합에 힘쓰고 [그들을] 통합하여 굳세게 하는 것을 외치는 한편, 오이라드 서몽골과 함께 만주에 반대하여 싸우는 것이 옳다고 보았다. … 만주에 대항하여 싸울 때 할하 혼자의 힘만으로는 부족하다고 보고, 자삭투 칸 소브다는 오이

---

[74] Lhamsuren Munkh-Erdene, 2010, "The 1640 Great Code: An Inner Asian Parallel to the Treaty of Westphalia," *Central Asian Survey* 29-3, pp.269~288.

라드 연합의 칸인 두 명의 타이지에게 사신을 보내어 공동의 힘으로 독립을 지킬 것을 호소하고 통합된 회맹을 소집할 것을 제안했다. … 회맹에서는 몽골의 대외 상황이 매우 긴박해지는 때에 내부의 결속을 되살려 공동의 힘으로 외부의 적의 침략을 격퇴하는 문제를 주로 논의했다. 이렇게 회맹을 통해 『몽골-오이라드 법전』을 만장일치로 승인했다. … 법전의 가장 주된 중요성을 말하자면, 외적에 맞서 함께 싸우기로 한 것이다. 법전에 있는 외적이란 일반적으로 만주를 말하는 것이다. 그러나 법전에서 정확히 만주라고 쓰지는 않았다. … 『몽골-오이라드 법전』이 제정된 이후 몽골의 사정은 잠시나마 안정화되는 상황이 되었다. 만주 황제는 법전이 나왔다는 소식을 듣고 매우 분노하여 몽골 전체를 차지하려는 행동을 … 더욱 적극적으로 실시했다.[75]

다음으로 자삭투 칸위의 계승 문제를 둘러싸고 할하 몽골 내부에서 장기간 지속된 분쟁을 해결하기 위해 1685년 개최되었던 '후렌 벨치르의 회맹'에 대해 『준가르사략』은 다음과 같이 적고 있다.

1685년[康熙(강희) 24년] 청 정부는 할하 몽골 여러 부 간의 불화를 조정하기 위해, 상서(尙書) 아르니(阿爾尼) 등을 파견하여 달라이 라마의 대리인 갈단 시레투와 회동하여 후렌 벨치르에 가서 회맹하게 하였고, 투시예투 칸과 자삭투 칸은 상문포견(相問抱見)의 예를 행하며, "화호(和好)하고 분쟁을 멈출 것"을 표명하였고 "우호 관계로 돌아갈 것을 말하였다." 내부에서 단결이 이루어졌기 때문에 할하 몽골 인민

---

75 Dalai, 2006, 위의 책, pp.79~82.

들의 러시아의 침략에 반대하는 투쟁은 더욱 유력해졌다. 할하 몽골 인민들의 러시아에 대항하는 투쟁은 알바진[雅克薩] 지역을 불법으로 점거하고 있던 러시아 침략자들에게 매우 큰 위협이었다.[76]

요컨대 『준가르사략』은 청나라가 주도한 후렌 벨치르 회맹으로 인해 할하 몽골 여러 세력 간의 불화가 조정되어 상호 우호 관계가 회복되었고, 할하 몽골의 내부적인 단결이 이루어져 할하 몽골인들의 러시아에 저항하는 투쟁에 큰 도움이 되었다고 보았다. 그러나 후렌 벨치르 회맹은 사실 러시아와는 거의 관련이 없었고, 할하 몽골 내부의 갈등을 완전히 해결하지도 못했다. 오히려 회맹 도중 발생한 티베트의 갈단 시레투 라마와 할하 몽골의 젭춘담바 후툭투 간 의전을 둘러싼 논쟁은 이후 갈단 보속투 칸이 할하 몽골을 공격하는 원인 중 하나가 되었다.[77]

후렌 벨치르 회맹에 대해 『오이라드 몽골의 역사』는 『준가르사략』과 매우 다른 관점을 제시한다. 즉 후렌 벨치르 회맹은 만주 황제의 할하 몽골에 대한 간섭과 통제를 강화하기 위한 수단이었고, 오히려 할하 몽골 내부를 혼란에 빠뜨렸으며, 할하 몽골과 준가르 간 갈등을 심화시켰다는 것이다.

[1] 자삭투 칸위 계승 분쟁 때문에 발생한 위기는 할하·오이라드·만주·티베트 간의 다툼으로 변화했다. 관련자들은 모두 각자의 의도를 지니고 있었다. 예를 들어, 만주 황제에게는 자삭투 칸위를 계승하기

---

76 準噶爾史略編寫組, 1985, 위의 책, 100쪽.
77 Atwood, 2004, 위의 책, p.193; Perdue, 2005, 위의 책, pp.147~148.

위해 일어난 그 혼란을 이용하여, 그것을 조정한다는 명목으로 할하를 자신의 지배에 편입하려는 의도가 있었다. 갈단에게는 할하를 만주에 잃지 않고, 1640년 『몽골-오이라드 법전』의 사상을 굳게 실행하려는 의도가 있었다. 달라이 라마에게는 할하와 오이라드의 내부에서 황교(黃敎)의 힘을 더욱 강화하고, 할하 내부의 손상을 자신에게 유리하게 조정하려는 의도가 있었다.[78]

[2] 후렌 벨치르 회맹은 만주의 정치적인 통제와 지시로 이루어진 것으로, 1640년의 몽골-오이라드 회맹의 결정을 무력화시켜 할하와 준가르의 관계를 완전히 단절시키고, 할하 노얀들의 위기를 만주에 유리하게 활용하여 할하와 준가르의 갈등을 더욱 심화시키며, 할하를 만주의 영향권에 더욱 깊이 들어오게 하는 등 준가르에 반대하는 역할과 의도가 다분했고 그 의도를 실현할 수 있었다. 회맹 이후 할하의 내부 사정은 더욱 혼란스러워졌다. 만주인들은 할하 노얀들의 위기를 교활하게 이용하여 애국적인 노얀들을 차별하고 차쿤 도르지를 필두로 한 배신자 노얀들을 지지하여, 내몽골을 차지하는 데 활용했던 교활한 전략을 외몽골에서 실시하기 시작했다. 이에 대항하여 갈단 보쇽투 칸은 용감하게 반대하여 섰다. 준가르의 칸 갈단 보쇽투는 만주의 침략적인 나쁜 생각을 모두 이해하고, 그들의 수족이 된 차쿤 도르지의 배신자적인 행동에 무력으로 대결하는 것 외에 다른 길이 없다고 보았다. ⋯ 후렌 벨치르 회맹은 할하 내부의 사무에 만주 황제가 침

---

[78] Dalai, 2006, 위의 책, pp.122~123.

투하여 간섭하는 것을 더욱 강하게 만들었다.[79]

다음으로 갈단 보쇽투 칸의 준가르 군대가 할하 몽골에 승리를 거둔 이후 1691년에 개최된 '돌론 노르의 회맹'에 대해 『준가르사략』은 다음과 같이 서술한다.

> 할하 몽골의 여러 부 간의 분쟁이 끊이지 않았고, 특히 러시아의 부당한 이익을 취하려는 손길은 할하 지역의 형세를 계속 불안하게 만들었다. 귀부한 할하 인민들을 안치(安置)하고 전란을 막으며 북부의 변경 방어를 더욱 강화하기 위해 청 정부는 할하 몽골 3부가 그의 통할하에 들어오는 것을 정식으로 수용하기로 결정하고, 내·외 몽골의 수령들을 돌론 노르에 모아 회맹 의식을 거행하여 막북(漠北)을 진일보하게 통일했다. 1691년(康熙 30) 4월 강희제(康熙帝)는 돌론 노르에 친히 가서 회맹을 주재했다. … 돌론 노르의 회맹은 청 정부가 막북 지역을 다시 한번 통일하고 북부 변강을 안정화한 중요한 단계였다. 이 단계에서 할하 몽골 지역을 청 정부의 관할하에 다시 한번 통일했을 뿐 아니라, 갈단 군대의 유린을 피하고 동시에 또한 러시아의 침입을 유력하게 제어했으며, 북부 변경의 방어를 강화했다.[80]

한편 『오이라드 몽골의 역사』는 '돌론 노르의 회맹'에 대해 상반된 시각을 보인다.

---

79 Dalai, 2006, 위의 책, p.127.
80 準噶爾史略編寫組, 1985, 위의 책, 110~111쪽.

[1] 1691년 4월 강희제는 할하를 만주-청나라의 구성원으로 포함하는 예식과 회합을 돌론 노르에서 개최하기로 결정했다. 돌론 노르의 회맹으로 인해 할하의 최고 군주는 만주 황제가 되었지만, 몽골의 노얀들은 영토를 다스리는 권리를 그대로 유지했다. … 강희제는 할하의 35명의 배신자 노얀들에게 높은 칭호와 지위를 내리고, 그들 중 34명을 호쇼를 다스리는 통치자로 임명했다. 그들은 만주 황제에게 노예같이 봉사하며 갈단에 반대하는 투쟁에 적극적으로 참여했다. … 돌론 노르의 회맹에서 할하가 만주의 속민이 되기로 정식으로 맹세한 것은 할하와 준가르의 통합된 힘으로 만주에 대항하려는 갈단의 투쟁에 큰 타격이 되어 몽골 전체의 독립에 매우 큰 피해를 발생시켰다.[81]

[2] 만주인들은 할하와 오이라드의 전쟁에서 할하의 힘이 매우 약해지고 영토가 없어진 것을 이용하여, 할하의 노얀들에게 뇌물을 주어 끌어들이고, 할하인들의 마음을 잃지 않기 위해 관대한 군주인 척하는 거짓의 가면을 이용하는 것을 더욱 적극화했다.[82]

[3] 얼마 안 되는 할하의 배신자 노얀들은 만주 황제 앞에 노예처럼 고개를 숙이고, 할하 인민의 권리를 배신했을 뿐만 아니라, 동족인 오이라드 인민들에 대항하여 외국의 군대와 함께 싸울 준비를 했다.[83]

81　Dalai, 2006, 위의 책, pp.140~141.
82　Dalai, 2006, 위의 책, p.134.
83　Dalai, 2006, 위의 책, p.143.

다음으로 갈단 보쇽투 칸과 그의 활동에 대한 『준가르사략』 및 『오이라드 몽골의 역사』의 관점을 확인해 보도록 하자. 『준가르사략』은 갈단 보쇽투 칸의 친러시아적 성향을 강조하며 그와 그의 활동을 매우 부정적으로 평가한다.

[1] 일찍이 셍게 집정 시기부터 갈단은 친러시아적인 태도를 취했다. 1668년 셍게의 사신이 러시아에 약탈당한 준가르의 속민(屬民) 텔레우트인들을 귀환할 것을 요구하고, 또한 전쟁 불사의 각오를 표시했을 때 갈단은 오히려 반대의 논조를 보였다. … 갈단이 준가르의 통치권을 획득한 이후, 그는 자신의 아버지와 형의 [러시아의] 침략에 항거하고 민족의 이익을 지키는 입장에 반하여 점차 러시아와 상호 관계를 맺는 노선을 취하게 되었다.[84]

[2] 1673년 10월 러시아 사신 아블린을 호송하여 토볼스크에 도달한 갈단의 대표는 이후 모스크바에 도착하여 러시아 당국의 예우를 받았다. 그들은 갈단이 러시아에 보낸 두 통의 편지를 휴대하고 있었다. 그 편지에서 갈단은 차르를 위해 복무하기를 원한다고 표명하였고, … [갈단은] 사방을 병탄하고 중원을 넘보았고, 이 때문에 그는 외부 세력의 지지를 찾는 것이 급선무였다. 갈단은 러시아와 동맹을 맺어야만 비로소 몽골을 정복할 수 있고, 더 나아가 중원을 정복할 수 있다고 인식했다. 요컨대 러시아는 갈단을 끌어들이고 매수하여 중국에 대한 침략 및 확장을 강화했고, 또한 갈단은 그의 야심을 실현하기 위해 러

---

84 準噶爾史略編寫組, 1985, 위의 책, 97쪽.

시아에 의지하는 것을 개의치 않았으니, 이것이 바로 그들이 서로 관계를 맺은 정치적 기초였다. … 갈단은 러시아의 부추김과 사주 아래 … 공격의 창끝을 먼저 할하 몽골 지역으로 향하게 했다.[85]

[3] 갈단은 초전(初戰)에서 승리를 거둔 이후 러시아와 관계를 더욱 강화하여 지체 없이 군사동맹을 건립할 것을 시도했다. … 갈단은 [러시아의 사신] 골로빈에게 보내는 서신에서 골로빈에게 즉각 군대를 이끌고 약속한 장소로 와서 회합하여 공동으로 작전할 것을 요구했다. 러시아의 군사원조를 받기 위해 갈단은 민족 주권과 신성한 영토를 팔아 버리는 것을 거리끼지 않았고, … [86]

[4] 갈단은 울란 부통의 패전 이후 계속 호브드 지역에 웅거하며 잔부(殘部)를 모으며 휴양하고 인구를 늘리며 권토중래할 것을 기약했다. 이를 위해 갈단은 다방면으로 음모를 꾸몄다. 먼저 그는 연이어 사람을 파견하여 러시아에 가서 활동하게 했고 더욱 많은 군사 지원을 획득할 것을 기도했다. … 갈단은 [차르에게 보내는] 서신에서 말했다: "우리들은 줄곧 폐하와 같은 사업을 가진 형제로 우호하고 친선해 왔다. 몽골은 폐하와 우리의 적이다. … "[87]

[5] [토볼스크의 행정장관] 마트베이 유딘은 또한 연이어 인원을 파견

---

85 準噶爾史略編寫組, 1985, 위의 책, 99~100쪽.
86 準噶爾史略編寫組, 1985, 위의 책, 103~104쪽.
87 準噶爾史略編寫組, 1985, 위의 책, 111~112쪽.

하여 갈단을 향해 우호와 동정을 표명했다. 러시아 대표의 빈번한 활동으로 인해 갈단은 변경을 안정시키는 활동을 파괴하고 또한 악화시켰다. … 1691년 이후 갈단은 매년 진공(進貢)을 명목으로 [청나라에] 대량의 인원을 보냈다. 이 사람들은 오가는 길에서 평화를 깨고 무리한 분쟁을 일으켰고, 또한 달라이 라마의 사신을 사칭하며 곳곳을 정찰하고 분쟁을 일으키는 활동을 진행했다.[88]

[6] 1695년(康熙 34) 5월, 갈단은 기병 2만 명을 이끌고 바얀 울란 일대에 진출했고, … 러시아의 종용 아래 갈단은 또한 전쟁의 불길을 일으켰다.[89]

이상의 인용문에 보이는 바와 같이, 『준가르사략』은 갈단을 개인적인 야심의 실현을 위해 민족과 "민족의 이익"을 배반하고, 외세와 결탁하여 "민족 주권과 신성한 영토"를 거리낌 없이 팔아 버렸으며, "변경 지역의 안정"을 파괴하고, 다방면으로 음모를 꾸미며, 러시아의 부추김과 사주와 종용을 받아 전쟁을 일으킨 인물로 평가하고 있다.

한편 『오이라드 몽골의 역사』는 갈단 보쇽투 칸과 그의 활동을 매우 긍정적으로 묘사한다.

[1] 일반적으로 갈단 보쇽투 칸은 남쪽의 이웃인 만주-청나라와 언젠가 한 번은 대결한다는 정책을 항상 따르고 있었다. 이러한 상황에서

---

[88] 準噶爾史略編寫組, 1985, 위의 책, 112쪽.
[89] 準噶爾史略編寫組, 1985, 위의 책, 113쪽.

북쪽의 큰 이웃인 러시아와 우호적인 관계를 맺는 것은 누구나 이해할 만한 것이었다. … 1670~1680년대에 준가르 칸국과 러시아의 관계가 이전 시대보다 매우 개선된 것은 양측의 이익에 합치하는 것이었다. 준가르 칸국의 입장에서는, 동쪽에서 만주의 침략정책에 직면하고 있던 시대에 러시아로부터 군사적인 도움을 얻는 것은 중요했다.[90]

[2] 호브드시(市)를 설립한 것은 갈단이었다. 그리고 호브드의 옆에 만주의 침략에 저항하는 투쟁을 위한 요새를 건설했다.[91]

[3] 갈단 보슉투 칸은 남쪽의 이웃인 청나라와 좋은 관계를 갖는 정책을 굳세게 실행했다. 갈단은 만주 황제의 비밀스러운 침략정책을 잘 알고 있었음에도, 그들에 대항하여 가벼이 움직이면 안 된다고 보았다.[92]

[4] 갈단의 대외정책의 주요 목적은 국가의 독립을 해치는 위험으로부터 [몽골과 준가르를] 지키는 것이었다. … 이러한 상황에서 갈단은 할하와 무장 투쟁을 벌여 차쿤 도르지와 같은 배신자 노얀들의 행동을 타파하고 할하의 민중들을 만주의 지배에 들어가지 않게 하는 것을 의도했다.[93]

---

90 Dalai, 2006, 위의 책, pp.115~116.
91 Dalai, 2006, 위의 책, p.112.
92 Dalai, 2006, 위의 책, p.117.
93 Dalai, 2006, 위의 책, pp.120~121.

[5] 준가르국의 갈단 보쇽투 칸이 할하를, 그중에서도 우선순위로 투시예투 칸 차쿤 도르지와 운두르 게겐 자나바자르를 공격한 주요 원인은 개인적인 원한에 사로잡힌 것이 아니었다. 이것은 무엇보다도 할하에서 가장 영향력 있고 힘 있는 투시예투 칸 아이막을 만주에게 잃지 않겠다는 것이었고, [또한] 그렇게 하기 위해 할하의 배신자 지도자인 차쿤 도르지를 공격한 것이었다. 그리고 종교적 숭배물로서 할하의 인민들이 숭배했던 운두르 게겐의 명성을 만주에 반대하는 몽골 인민의 통합에 이용하려는 의도가 있었다.[94]

[6] 할하-오이라드의 전쟁에서는 원래 갈단이 승리를 거두어 할하의 대부분의 땅을 지배하에 넣었다. 당시 오이라드와 할하를 갈단 칸이 다스리는 것을 애국적인 몽골인들은 모두 승인하고 받아들였다.[95]

[7] [내몽골의 많은 타이지와 노얀들은] 갈단의 군대에게 군량과 탈 것 그리고 가축 등을 지원했다. 또한 그들은 만주 군대의 정보를 갈단에게 알려 주기도 했다. 이러한 사실은 몽골인들이 만주의 침략을 속으로 완전히 반대하고 있었음을 분명히 보여 주는 것이다.[96]

[8] 할하의 영역에서 갈단이 약탈을 자행했다고 만주 사료에서 기록한 것은 루머이다. 갈단이 할하의 땅에 있을 때 보통 인민들은 군량 등

---

94 Dalai, 2006, 위의 책, p.134.
95 Dalai, 2006, 위의 책, pp.143~144.
96 Dalai, 2006, 위의 책, p.146.

으로 갈단을 정기적으로 돕고 지지했다.[97]

[9] 갈단의 이번 전쟁의 목적은 할하를 만주의 지배로부터 되찾아 나오게 하고, … 다시는 만주의 국경을 넘어 들어가 싸우지 않으며 단지 할하의 영역을 지키는 활동이었다. … 만주의 침략과 그에 동조하여 음모를 꾸민 배신자 노얀들에 대항하여 오이라드의 힘뿐만 아니라, 할하와 내몽골의 애국적인 힘도 통합하여 일어날 시도를 했다.[98]

[10] 용감한 애국자 갈단 보쇽투 칸은 1697년 3월 13일 54세로 아츠암태라는 장소에서 병으로 사망했다. … 만주의 강희제는 몽골의 독립을 위해 피곤함 없이 분투했던 갈단을 붕괴시키고 제거해 버린 주된 군주가 맞다.[99]

[11] 자신들의 이기적인 이익만을 생각하고 전쟁의 때에는 굴복했던 귀족 및 상층 계급들과 달리 갈단은 자신의 계급적 권리와 이익을 지키는 동시에 몽골의 독립을 위해서도 매우 굳세게 투쟁했던 인물이었다. … 갈단은 단지 오이라드뿐만 아니라 몽골 전체의 독립을 위해 굳세게 투쟁한 사람이 맞다.[100]

---

[97] Dalai, 2006, 위의 책, p.153.
[98] Dalai, 2006, 위의 책, p.158.
[99] Dalai, 2006, 위의 책, p.165.
[100] Dalai, 2006, 위의 책, p.166.

[12] 일반적으로 갈단이 만주와 싸웠던 이 두 번의 전쟁은 섭정 상게 갸초를 필두로 한 티베트 지배층의 명령을 추진한 것이라고 말해도 큰 잘못은 아니다. 그들은 달라이 라마의 제자였던 할하의 젭춘담바의 배신을 매우 싫어했다. 또한 갈단을 이용하여 만주의 힘을 감소시켜 티베트의 독립을 지키려는 숨겨진 생각도 있었던 것 같다.[101]

요컨대 몽골 학계의 역사 내러티브에서는 갈단 보숙투 칸을 만주의 침략정책에 저항하여 오이라드뿐 아니라 할하와 내몽골을 포함한 몽골 전체의 독립을 위해 굳세게 투쟁한 용감한 애국자로 보고 있다. 아울러 갈단 보숙투 칸의 만주-청나라에 대한 투쟁은 애국적인 몽골인들로부터 적극적인 지지를 받았다고 한다. 여기서 한 가지 흥미로운 점은 몽골 학계에서 갈단 보숙투 칸의 할하 몽골 및 내몽골 침입을 부추긴 존재로 러시아 제국이 아닌 섭정 상게 갸초를 필두로 한 티베트 지배층을 들고 있다는 점이다.

다음으로 아무르사나에 대한 『준가르사략』 및 『오이라드 몽골의 역사』의 관점을 살펴보도록 하자. 먼저 『준가르사략』에 따르면, 아무르사나는 갈단 보숙투 칸과 마찬가지로 러시아 제국의 부추김과 사주를 받아 중국 서북 변경 지역에서 반란과 분열과 침략을 획책한 인물이다.

[1] 러시아는 공공연히 중국-러시아 쌍방 간의 협의를 위반하고 힘을 다해 준가르부 상층귀족의 분열 세력을 선동하여 … 부중(部衆)이 밖으로 도망쳐 러시아에 투항하게 하도록 하였고, … 아무르사나가 청나

---

101 Dalai, 2006, 위의 책, p.156.

라에 반란을 일으킨 이후 러시아는 또한 힘을 다해 [그를] 지지하였다. 러시아의 군정 당국은 이미 아무르사나에게 연속하여 편지를 써서 보내어 그의 반란 행동에 지지를 표명하고 또한 부추김을 진행했다.[102]

[2] 1756년 가을 아무르사나는 카자흐로부터 타르바가타이로 몰래 돌아와 잔부(殘部)를 모아 청나라 군대를 향해 반격하였고, 또한 러시아에 사람을 보내어 원조를 요청하여 러시아의 힘을 빌려 최후의 발악을 할 것을 망령되이 시도했다. … [아무르사나는] 러시아 군대가 반란군을 보호하여 청나라 군대의 진공을 막아 주는 것을 러시아에 투항하는 조건으로 삼았다.[103]

[3] 러시아는 아무르사나를 숨기고 받아들이고 수용하기 위해 일찍이 술책을 부렸다. … 러시아가 아무르사나를 이용하여 우리나라의 서부 변강(邊疆)을 분열 및 침략하려는 죄악의 음모를 기도했던 것은 아무르사나의 사망과 함께 파산을 선고받았다.[104]

이와 대조적으로 『오이라드 몽골의 역사』는 아무르사나를 만주의 억압으로부터 조국을 해방하고 독립된 몽골 국가를 부흥시키기 위해 죽는 순간까지 투쟁한 "몽골 인민의 독립 무장 투쟁 지도자"이자 "민중 용사"이자 "애국자"로 평가하고 있다.

---

102 準噶爾史略編寫組, 1985, 위의 책, 203쪽.
103 準噶爾史略編寫組, 1985, 위의 책, 205쪽.
104 準噶爾史略編寫組, 1985, 위의 책, 207쪽.

[1] 이것은 아무르사나가 만주의 군사력을 이용하여 다와치를 밀어내어 실각시키고, 준가르 칸국의 국권을 부활시켜 안정시키며 강화한다는 숨겨진 계획이었다. … 먼 길을 가는 동안 아무르사나·칭군잡·셉텐발지르는 마음과 생각을 공유하여 국가와 민족을 구하는 일을 잊지 않을 것에 대해 마음을 모아 비밀리에 밀접한 연합을 맺었다.[105]

[2] 아무르사나는 준가르를 정복하는 전쟁에서 만주 군대의 중요한 관직을 맡아 참여했음에도 불구하고, 오이라드 몽골 인민에 대항하여 피를 흐르게 하며 싸우지는 않았다. 단지 자신의 기의와 투쟁을 실행하기 위해 만주를 잠시 이용했던 것이었다.[106]

[3] 오이라드 서몽골의 민중들은 준가르 칸국 독립의 마지막 화롯불을 지키려고 용감하게 결정하여 민중 용사 아무르사나의 지도 아래 마지막으로 일어나 투쟁했다. 할하 몽골에서는 칭군잡이 이끄는 무장 투쟁이 일단 일어났다. 이것을 몽골 역사에서는 "몽골 인민들의 1755~1758년의 독립 무장 투쟁"이라고 부른다.[107]

[4] 아무르사나와 칭군잡은 조국을 만주의 억압으로부터 해방시키고, 자체적인 수도와 군대와 의무와 세금의 법률이 있는 독립된 몽골국을 부흥시키려고 의도했다.[108]

---

[105] Dalai, 2006, 위의 책, pp.232~233.
[106] Dalai, 2006, 위의 책, p.237.
[107] Dalai, 2006, 위의 책, p.243.
[108] Dalai, 2006, 위의 책, p.267.

[5] 아무르사나와 칭군잡이 외국인 만주의 잔인한 억압에 대항하는 독립의 대투쟁에서 자신의 인민들을 이끌고 들어가 반란을 이끌며 자신들의 목숨이 끝날 때까지 용감하게 싸웠던 애국자들임은 사실이다. … 아무르사나가 비록 만주에 복속하여 높은 지위와 관직을 얻었음에도 불구하고, 만주 국가를 위해 결코 진심으로 분투한 적은 없었다. … 곧 만주의 지배에 대항하여 조국의 독립을 위한 투쟁을 이끌며 일어났다. 서몽골 인민들의 1755~1758년의 독립투쟁을 준비하고 관리하고 조직하여 이끄는 일에서 아무르사나는 가장 적극적으로 참여하여 특별한 역할을 수행했다. 1755~1758년에 걸쳐 아무르사나는 반란군을 이끌고 외부의 적인 만주인과 내부의 배신자 노얀 타이지들에 대항하여 몇 년에 걸쳐 용감한 투쟁을 하고 나서, 결국에는 어쩔 수 없이 진압당하는 데 이르렀다. 만주 군대에 마지막으로 패배한 뒤에도 아무르사나는 용기가 약해져 낙담하거나 조국의 독립투쟁에 믿음을 잃지 않았고, 이웃해 있는 큰 이웃인 러시아 방향으로 도망쳐 러시아 정부로부터 도움을 구하고 사망하였다.[109]

[6] 아무르사나가 돌아와 조국을 만주의 억압으로부터 해방할 것이라고 하는 전설은 서몽골·우량하이·칼미크의 인민들 사이에 널리 남아 있다.[110]

마지막으로 청나라의 준가르 정복을 바라보는 『준가르사략』과 『오이

---

[109] Dalai, 2006, 위의 책, pp.268~269.
[110] Dalai, 2006, 위의 책, p.270.

라드 몽골의 역사』의 관점은 사뭇 대조적이다. 먼저 『준가르사략』은 청나라의 준가르 정복의 의도와 결과를 매우 긍정적으로 평가한다.

[1] [두르부드의] 세 명의 체렝과 아무르사나 등이 청나라에 복속하여 온 것은 건륭제(乾隆帝)에게 준가르 내부에서 서로를 찬탈하고 살육하는 상황과 군중이 다와치에 반대하고 … 떠나가는 정황을 알려 주었고, 준가르 통치 세력을 평정할 시기가 이미 무르익었다는 것을 설명해 주었으며, 청 정부가 일리로 군사를 내어 신장(新疆) 지역을 통일해야 한다는 결심을 결정하게 해주었다. 건륭제가 보기에 준가르 귀족 통치 세력이 … 평정되지 않으면 … 국가의 통일도 실현될 수 없었다. 이 때문에 그는 준가르부의 동란의 시기를 이용하여 일리 지역에 진병(進兵)하기로 결심했다.[111]

[2] 준가르부의 인민들은 사분오열하는 정권에 이미 염증을 느끼고, 일 년 내내 안녕을 얻을 수 없는 전란 속에서의 생활에 매우 피로를 느껴, 통일과 화평의 국면이 이른 시일 내에 출현하기를 바랐다. … 오이라드 各部의 인민들이 힘을 다해 지지했기 때문에 [청나라의] 양로군(兩路軍)은 거침없이 쳐들어가 승리하며 전진할 수 있었다.[112]

[3] 청 정부가 신장을 통일한 이후 취했던 각 항의 정치·군사적 조치들은 정치적으로 또한 행정적으로 신장과 중원 지역을 더욱 긴밀하게

---

111 準噶爾史略編寫組, 1985, 위의 책, 190쪽.
112 準噶爾史略編寫組, 1985, 위의 책, 192쪽.

연결하고 일체가 되게 하여, 우리나라의 서부 변경 방어를 공고하게 하여 러시아의 확장과 침략을 저지할 뿐만 아니라, 또한 이 지역의 경제와 문화를 회복하고 발전시키기 위한 유리한 조건을 만들어 냈다. 청 정부가 톈산(天山)의 남북을 통일한 이후, 경제적으로도 또한 상응하는 조치를 취하여, 이로써 신장 지역의 경제적 회복과 발전을 촉진했으며 … 특히 호둔(戶屯)의 대대적인 실시는 중국 내지의 한족 농민들을 신장으로 대거 이주시켜 황무지를 개간하게 하였고, 곧 내지의 선진적인 생산도구와 경작 기술을 가지고 와서, 신장 지역의 농업 생산기술의 낙후된 상황을 변화시켰으며, 따라서 농업노동생산율을 높임과 동시에 또한 중국 내지와 신장 지역의 경제·문화적 교류를 촉진하여, 각 민족 간의 교류 관계를 증진하고, 백성을 이주시켜 변경을 채워 각 민족이 공동으로 신장을 개발하고 공동으로 발전하는 적극적인 효과를 거두었다.[113]

[4] [청나라의 신장 정복 이후] 많은 도시가 건설되고 발전했던 것은 특히 톈산북로 지역에 건설된 일련의 성시(城市)들이었고, [이로 인해] 이 지역의 황망하여 성곽이 없는 낙후된 상황을 변화시켰다. … 점차 신장 지역의 문화적으로 낙후된 상황을 변화시켰고, 신장의 각 족 인민들과 내지 한족 인민들의 사상과 문화의 교류를 촉진하였다. 요컨대 정치상의 통일로부터 톈산 남북의 각 족 인민들은 한 시기의 비교적 안정된 사회 환경을 얻어 노동 생산에 종사했으며, 사회·경제 생활을 회복 및 발전시켜 인구 또한 신속히 증가했다. 인구의 대폭적인 증가

---

113 準噶爾史略編寫組, 1985, 위의 책, 213~214쪽.

는 또한 사회의 정치·경제·문화적인 발전을 촉진했다.[114]

즉 건륭제가 1754년 준가르 공격을 결정한 것은 "통일과 화평의 국면이 이른 시일 내에 출현하기를 바라는" '준가르 인민들의 희망을 실현'하기 위한 것이었고, 더 나아가 '신장 지역과 국가의 통일'이라는 대의와 역사의 추세를 완성하기 위한 것이었다고 한다. 아울러 청나라의 준가르 정복과 통일의 결과 신장 지역은 과거에 비해 정치·경제·사회·문화적으로 크게 발전했다고 한다.

이와 대조적으로 『오이라드 몽골의 역사』는 건륭제의 준가르국 공격과 정복을 '오이라드인들의 독립을 위한 정의로운 투쟁을 분쇄'한 것이자 '무고한 오이라드인들에 대한 학살'로 규정하고 있다.

[1] 만주의 침략자들은 오이라드 몽골의 땅에 침입해 들어와 평범한 민중들에게 매우 잔혹한 고통을 주었으며 다양하게 모욕하며 억압했다. … 당시 만주 군대의 관리와 장군들은 오이라드 서몽골 백성들을 다시 부흥하여 일어날 어떠한 능력도 없어질 때까지 쇠퇴시키라는 칙령을 황제로부터 받았기 때문에, 마음껏 멋대로 행동하여 다양한 공격적인 행동을 극한으로 실시했다.[115]

[2] 1757년 2월 … 조혜(兆惠) 장군이 이끄는 군대를 완전히 무찌른 다음, 준가르의 정의로운 타이지들은 만주의 군대와 계속해서 싸워

114　準噶爾史略編寫組, 1985, 위의 책, 215~216쪽.
115　Dalai, 2006, 위의 책, p.235.

자신들의 땅에서 쫓아내기로 결정했다. … 건륭제는 일리에서 다시 반란이 일어나 만주의 장군과 군대를 죽이고 무력화시킨 것을 듣고 나서, 새로이 양로의 대군을 동원하여 서몽골의 민중들을 학살하고 그 지역을 영구적으로 차지하기 위해 움직이게 했다. 다시 말해 서몽골의 평범한 평화로운 백성들과 아들들, 여성들을 학살하여 파괴하는 건륭제의 유혈 공격이 이렇게 시작되었다.[116]

[3] [아무르사나의 죽음으로] 독립을 위한 모든 정의로운 투쟁이 손상을 입고 진압되었다.[117]

[4] 만주의 군대는 이렇게 반란군 부대를 연이어 공격하면서 반란을 완전히 진압하여 끝장냈다. 그러나 만주 정부의 주된 목적은 반란을 단지 진압하기만 하는 것은 아니었고, 반란의 모든 군대와 서몽골의 인민들을 학살하고 나서 그 영역을 완전히 정복하는 것이었다. … 진실로 만주의 군대는 자신들의 주군인 황제의 명령에 따라 서몽골 인민들을 반란을 일으켰든 아니든 간에 남녀노소를 가리지 않고 학살했다.[118]

---

116 Dalai, 2006, 위의 책, p.255.
117 Dalai, 2006, 위의 책, p.258.
118 Dalai, 2006, 위의 책, p.261.

V. 맺음말

이 글은 『준가르사략』과 『오이라드 몽골의 역사』의 비교·분석을 통해, 중국 관변 학계와 몽골 학계의 공식적인 오이라드 역사 내러티브를 비교해 보았다. 그 결과 오이라드사에 대한 양국 학계의 입장에는 큰 차이가 있다는 점을 확인할 수 있었다. 먼저 중국 학계의 시각은 다음과 같이 요약할 수 있다.

중국의 공식 오이라드 역사 내러티브는 ①오이라드와 준가르의 역사를 기본적으로 중국 역사의 일부로 파악하고 있으며, 심지어 할하 몽골(지금의 몽골국)의 역사도 중국사의 일부로 기술하고 있다. ②준가르 제국을 중국의 지방 민족 정권으로 간주하고 한때 오이라드와 준가르의 지배 아래 있었던 모든 지역을 역사상 중국의 영토인 것으로 보고 있다(따라서 러시아 및 카자흐스탄과 역사 분쟁의 소지가 있다). ③오이라드와 준가르의 역사를 러시아 침략주의자 혹은 식민주의자들에 대한 투쟁의 역사로 해석함으로써 중국의 애국주의적 역사관을 노골적으로 드러내고 있다. ④러시아 제국을 중국 북방과 서북방 변경 지역에 대한 최대의 위협으로 간주하고 있다. ⑤오이라드와 준가르가 청나라와 분쟁을 벌인 경우 그것을 러시아 침략주의자들이 사주하거나 위협을 가한 결과로 해석한다.

다음으로 몽골 학계의 입장은 다음과 같이 정리할 수 있다.

①오이라드의 역사는 몽골 역사의 분리할 수 없는 한 부분이다. ②오이라드 몽골인들은 몽골의 독립을 위해 외부의 침략자들에 용감하고 영웅적으로 투쟁해 온 역사를 지녔다(여기서 외부 침략자는 만주인과 그들이 세운 청나라를 지칭). ③만주-청나라의 침략에 투쟁하는 과정에서 러시아와 우호적인 관계를 맺고 도움을 받았다. 그러나 ④결국 오이라드인들의 독

립을 위한 정의로운 투쟁은 만주-청나라에 의해 분쇄되고, 오이라드인들은 남녀노소를 가리지 않고 학살당하는 운명에 처하게 되었다.

이상과 같은 중국과 몽골 간 오이라드 역사를 둘러싼 인식의 차이는 향후 양국 간의 역사 및 영토 분쟁으로 비화할 가능성이 있다. 따라서 오이라드의 역사를 둘러싼 중국·몽골 양국 학계의 입장 변화를 추적하는 것은 중국과 여러 가지 역사 분쟁을 겪고 있는 우리나라에도 큰 참고가 될 것이다.

참고문헌

〈사료〉

Ghabang Sharab, "Gharban sharawyn zokhioson tod üsgiĭn dörwön oĭradyn tüükh," National Library of Mongolia, Ms. no. 1407/96.

〈단행본〉

강현사 등, 2008, 『중국 학자들의 소수민족 역사 서술』, 서울: 동북아역사재단.

김장구 등, 2007, 『중국 역사가들의 몽골사 인식』, 서울: 고구려연구재단.

이근명 등, 2010, 『동북아 중세의 한족과 북방민족: 최근 중국학계의 연구 동향과 그 성격』, 서울: 동북아역사재단.

정병준 등, 2008, 『중국학계의 북방민족·국가연구』, 서울: 동북아역사재단.

토마스 바필드 지음, 윤영인 옮김, 2009, 『위태로운 변경: 기원전 221년에서 기원후 1757년까지의 유목제국과 중원』, 서울: 동북아역사재단.

馬大正, 成崇德 主編, 2006, 『衛拉特蒙古史綱』, 烏魯木齊: 新疆人民出版社.

烏雲畢力格·白拉都格其 主編, 2006, 『蒙古史綱要』, 呼和浩特: 內蒙古人民出版社.

準噶爾史略編寫組, 1985, 『準噶爾史略』, 北京: 人民出版社.

橘誠, 2011, 『ボグド·ハーン政權の研究: モンゴル建國史序說 1911-1921』, 東京: 風間書房.

Atwood, Christopher P., 2004, *Encyclopedia of Mongolia and the Mongol Empire*, New York: Facts On File, Inc.

Bawden, Charles R., 1968, *The Modern History of Mongolia*, London: Kegan Paul International.

Billé, Franck, 2015, *Sinophobia: Anxiety, Violence, and the Making of Mongolian Identity*, Honolulu: University of Hawai'i Press.

Forsyth, James, 1992, *A History of the Peoples of Siberia: Russia's North Asian Colony 1581-1990*,

Cambridge: Cambridge University Press.

Perdue, Peter C., 2005, *China Marches West: The Qing Conquest of Central Eurasia*, Cambridge: The Belknap Press of Harvard University Press.

Uradyn E. Bulag, 1998, *Nationalism and Hybridity in Mongolia*, Oxford: Oxford University Press.

Dalai, Ch., 2006, *Oirad Mongolyn tüükh*, Bibliotheca Oiratica 3, Ulaanbaatar: Soyombo printing.

Ochir, Ayuudain, 1993, *Mongolyn Oiraduudyn tüükhiin towch*, Ulaanbaatar: Sükhbaatar KhK.

Moiseev, B. A., 1998, *Rossiia i Dzhungarskoe khanstvo v XVIII veke: Ocherk vneshnepoliticheskikh otnoshenii*, Barnaul: Izdatel'stvo AGU.

Zlatkin, I. Ia., 1964, *Istoriia Dzhungarskogo khanstva (1635-1758)*, Moskva: Nauka.

〈논문〉

이평래, 2008, 「1911년 몽골 독립과 민족 통합 운동의 초기 과정」, 『동양사학연구』 104호.

Munkh-Erdene, Lhamsuren, 2010, "The 1640 Great Code: An Inner Asian Parallel to the Treaty of Westphalia," *Central Asian Survey* 29-3.

7
근대 중국 지식인의 대일 협력론과 그 내러티브들

이동욱 동북아역사재단 연구위원

I. 머리말

이 글은 일본의 대륙 침략이 반복되고 반일의 역사 내러티브가 주류를 이루던 19세기 말에서 20세기 전반기에 이르기까지 중국의 지식인들이 일본에 대해 보여 준 화해 협력 시도가 어떠한 시대적 배경 속에서, 어떠한 의도로 시도되고, 어떠한 역사서사의 전략을 취하며, 어떠한 조건에서 포기되거나 철회되는지를 문명론적 차원, 동아시아 지역적 차원, 국가적 차원, 정파적 차원, 개인적 차원 등 여러 층위에서 살펴보고자 한다.

동아시아 근대사에서 중국과 일본의 대립과 갈등은 중요한 비중을 차지하는데, 그중에서도 일본의 중국 침략은 동아시아 근대사에서 많은 부분을 차지한다. 특히 청일전쟁(1894~1895)부터 중일전쟁(1937~1945)에 이르는 반세기는 일본이 단계적으로 중국의 영토를 침략하여 직·간접적인 지배 영역을 확대하고, 이로 인해 중국인들의 민족주의운동이 태동하고 발전하는 과정의 연속이었다. 그 과정에서 일본의 침략에 대한 중국의 무력함은 국가적 치욕(國恥)으로 인식되었으며, 난징대학살, 731부대의 인체 실험 등 전쟁범죄는 중국인들에게 씻어내기 어려운 역사적 트라우마를 남겼다.

그러나 양국의 관계가 시종 대립과 갈등으로 점철된 것은 아니었다. 일찍이 19세기 중반부터 중국의 지식인과 관료들 사이에서는 일본에 대한 경계와 적대 의식 속에서도 서양의 백인종에게 대항하기 위해서는 아시아의 이웃 나라이며 '동문동종(同文同種)', 즉 같은 한자를 쓰고 같은 인종으로 구성된 일본과 협력해야 한다는 인식이 존재했다. 중국의 생존과 국가 재건을 위한 협력과 연대의 대상으로 주목하는 지적·정치적 경향은 일본의 아시아주의의 발전과 궤를 같이하며 일본과의 전쟁 직후 또는 일본과의 전쟁 중에도 지속적으로 등장했다.

물론 일본과의 협력과 연대가 일본의 침략에 대한 경각심과 적개심의 부정을 의미하는 것은 아니었다. 여론의 주류는 침략자이자 가해자인 일본에 대한 적개심과 저항 의식을 표출하고 있었으나, 일부 정치가와 지식인의 국내외 정세에 대한 판단과 현실적 수요가 이를 극복한 연대와 협력을 추구한 것이었다. 이는 청일전쟁 직후부터 일본 유학 열풍과 캉유웨이(康有爲) 등 변법유신파의 일본식 근대화 추진 및 일본과의 연합을 통한 러시아 침략 제어 시도, 쑨원(孫文)의 아시아주의 언설 등으로 나타났으며, 일본의 대륙 침략이 본격화하는 1930년대에는 일본과의 협력을 통한 전쟁 회피, 평화 회복 등을 명분으로 하는 친일 협력자들의 등장으로 표면화되었다.

요컨대, 19세기 후반부터 20세기 전반까지 중국인들 사이에서는 일본에 대한 경계와 적대감, 동시에 우호적 태도와 경외심이 혼재되어 있었다. 이는 서양 및 러시아에 맞선 일본과의 국제적 연대에 대한 기대, 근대 국가 건설을 위한 일본 정부와 민간의 협력 및 지원에 대한 기대, 나아가 중일전쟁 시기의 친일·부일 협력 활동까지 이어졌다. 이러한 인식은 중국 정부와 관료, 지식인들 사이에서 대일 협력을 주장하고 실천하는 다양한 형태로 나타났다.

   이 글에서는 이러한 시대적 배경 속에서 중국의 지식인들이 '침략자' 일본에 대한 화해와 협력을 주장하는 것을 특정한 정치적 의도에 따라 시도하는 일종의 '역사 화해'라고 파악하고자 한다. 이상적인 역사 화해는 가해자가 피해자에게 진심 어린 사과를 표명하고 피해자가 이를 수용하여 과거를 극복해 나가는 모습이겠지만, 다양한 층위의 이해관계가 복잡하게 얽힌 현실 속에서 이는 보다 복잡한 양상으로 나타날 수밖에 없다. 한일 역사 갈등을 보더라도, 사과가 충분하지 않다는 지적과 언제까지 사과를 반복해야 하는지에 대한 불만이 교차하는가 하면, 외교 전략의 변화에 따라서 과거사에 얽매이지 말고 미래지향적인 관계를 만들어야 한다는 명분 하에 그동안 양국 갈등의 원인이 되었던 역사 문제를 그대로 덮고 넘어가기도 한다. 다수의 국민이 동의하지 않더라도 정권의 필요와 전략적 고려에 따라 '화해'가 주도되기도 하는 것이다. 그러나 우리는 양국 국민의 사회적 합의와 충분한 협의 없이 이루어진 '화해'가 오히려 양국 관계를 악화시키고, 국내 분열과 갈등을 초래한다는 것을 보아 왔다.

   이러한 맥락에서 이 글은 19세기 후반에서 20세기 전반에 걸쳐 이루어졌던 중국인들의 침략자 일본에 대한 – 자발적이든, 부득이한 것이든 – '화해'의 시도를 추적한다. 특히 가까운 과거와 현재의 역사적 사건에 대한 적개심과 복수심을 뒤로 하고 일본과의 협력을 추진하는 언설과 행위가 어떠한 의도로 시도되고, 어떠한 역사 서사의 전략을 취하며, 어떠한 조건에서 포기되거나 철회되는지, 그리고 그러한 선택이 장기적으로 이후의 역사 전개에 어떠한 영향을 미치는지를 살펴봄으로써 타산지석(他山之石)의 교훈을 얻고자 한다.

II. 근대 중국인의 대일 인식의 기원

19세기 후반 청과 일본의 국교 수립 전까지 일본은 청 왕조를 중심으로 하는 중화질서의 외연에 위치한 존재였다. 도쿠가와 시대의 일본은 청에 조공하지 않았고, 조선이나 류큐(琉球)를 통한 중국과 일본의 삼각무역이 진행되었으나 청과 일본 사이에 공식적인 접촉은 없었다. 일본은 청이나 조선의 해금(海禁) 정책과 마찬가지로 쇄국 정책을 실시하고 나가사키 한 곳에서만 네덜란드 상인의 무역을 허가했다. 따라서 청과 일본 사이에서 공식적으로는 민간 교류도 존재하지 않았다. 따라서 중화 제국의 질서에서 보자면 일본은 동양(東洋: 동쪽 바다) 너머의 편벽한 지역에 있어서 '중화(中華)'인 청 왕조에 조공을 바치러 오지 않는 섬나라 오랑캐가 사는 소국(小國)에 불과했다. 또한 오랫동안 일본에 대한 정보가 불충분해서, 중국인들이 일본에 대해 가지고 있던 지식은 명대의 왜구(倭寇)나 도요토미 히데요시의 조선 침략 등 일본인의 호전성에 대한 것이었다.

따라서 근대 초기 중국인들이 서구 문물을 적극적으로 수용하여 근대화를 추진하고 있는 일본을 조우했을 때, 그들은 적극적으로 근대화를 통한 부국강병을 추진하는 일본의 정책에 대한 긍정, 중국 문화의 영향을 받은 전통 복식까지 서양식으로 바꿔 가며 서구화를 추진하는 것에 대한 비판과 조소, 일본의 호전성에 대한 경계심을 함께 가지게 되었다.

잘 알려져 있듯, 제1차 아편전쟁(1840~1842)과 제2차 아편전쟁(1856~1860)을 겪으며 동아시아 국제질서는 크게 흔들렸다. 청은 '천조(天朝)'로서의 위상에 타격을 입고 불평등조약 체제를 수용해야 했으며, 일본 역시 아편전쟁의 결과에 크게 충격을 받고 서양에 문호를 개방했다. 웨이위안(魏源)이 『해국도지(海國圖志)』 서문에서 주장한 '서양의 뛰어난 기술을 배워 서양을 제압하자(師夷長技以制夷)'[1]는 사상이 중국뿐 아니라 일본에도 큰 영향을 끼쳐, 일본은 개항 직후부터 서양에 유학생을 파견하여 적극적으로 서양의 학문과 기술을 수입하고 자강(自强)을 위한 개혁을 추진하였다. 청이 제2차 아편전쟁을 겪은 후 수도 베이징에 총리각국사무아문(總理各國事務衙門: 이하 총리아문)을 설치하고 공친왕(恭親王)과 쩡궈판(曾國藩), 리훙장(李鴻章) 등 개혁파 관료들이 주도하는 양무운동(洋務運動)을 추진하기 시작할 무렵인 1862년, 일본의 막부는 센자이마루(千歲丸)라는 함선을 보내어 네덜란드 영사관을 통해 청나라에 통상조약 체결을 요구했다가 거절당하기도 했다.[2]

이러한 변화 속에서 청의 지식인과 관료들은 일본을 개혁의 타산지석이자 경계의 대상으로 여기기 시작했다. 예를 들어, 당시 남양대신(南洋大臣)으로서 양무운동을 주도하던 리훙장은 1864년 총리아문에 보낸 보고서에서 일본이 분발하여 서양에 유학생을 파견하여 기술을 습득하고 기계를 구입하여 무기의 국산화를 시도하고 있으며, 중국도 일본을 본받아

---

1 위원(魏源) 저, 정지호·이민숙·고숙희·정민경 역주, 2021, 『해국도지』1, 세창출판사, 46쪽.

2 佐々木 揚, 2000, 『清末中國における日本觀と西洋觀』, 東京大學出版會, 15~16쪽.

자강에 힘써야 한다고 주장했다. 또한 일본은 명대의 왜구로서 중국을 침략한 역사가 있기 때문에, 중국이 강해지면 중국과 손잡고 서양에 대항할 수도 있지만, 중국이 자강에 실패하면 일본은 서양 열강과 함께 중국을 침략할 것이라고 보았다.[3]

근대 중국과 일본의 교류는 일본이 메이지유신(1868) 2년 뒤인 1870년 7월, 야나기와라 사키미쓰, 하나부사 요시모토를 파견해 국교 수립을 위한 예비회담을 요구하면서부터 시작되었다. 물론 중국 측은 총리각국사무아문(總理各國事務衙門) 설치 이후 꾸준히 일본을 포함한 외국과 관련된 정보를 수집하고 있었다. 1867년 1월 광저우(廣州)의 신문인 『중외신문(中外新聞)』에 게재된 팔호순숙(八戸順叔)이라는 필명의 일본인이 기고한 정한론 기사를 입수하여 조선에 전달해 주기도 하였다. 팔호순숙(八戸順叔)은 일본이 군비를 대폭 확장하여 증기선 군함이 80여 척이나 되며, 조선이 에도시대부터 5년에 한 번 조공해 온 옛 관례를 중단했기 때문에 막부가 군사를 일으켜 이를 벌하려 한다고 주장하였다.[4]

당시 조선은 이제 막 병인양요를 치른 뒤였으며, 프랑스 함대가 영국 및 미국과 연합하여 다시 조선에 쳐들어간다는 소문이 흉흉하게 돌고 있었다. 그럼에도 총리아문은 명대에 일어났던 임진왜란의 역사를 예로 들며, 서양 열강은 통상과 선교만을 요구하지만 일본은 땅을 탐내기 때문에 더욱 위험한 존재라고 지적하였다.[5]

---

3 佐々木 揚, 2000, 앞의 책, 15~16쪽.
4 「摘錄新聞紙(上摺附件)」, 文慶 等編, 中華書局 整理, 2008, 『同治朝籌辦夷務始末』卷四十五, 中華書局, 1612쪽.
5 「恭親王等奏呈新聞紙關涉朝鮮事」, 文慶 等編, 中華書局 整理, 2008, 『同治朝籌辦夷務始末』卷四十五, 中華書局, 1611쪽.

…근년 일본의 군비가 성대하고, 군함이 많다고 합니다. 게다가 조선과 분쟁을 일으키려 한다는 말이 있습니다… 조선은 작은 나라이지만, 영국과 프랑스 등이 조선과 분쟁을 일으키는 것은 그 뜻은 전교와 통상에 있을 뿐이며, 영국과 프랑스가 서로 견제하여 조선의 땅을 자신의 것으로 하려 하지는 못할 것입니다. 그러나 일본은 … 땅을 탐하지 않는다고 보장할 수 없습니다. 만약 조선이 일본 차지가 되면, 중국과 이웃이 되니, 근심이 더욱 가까워지게 됩니다… 조선이 일본 군대에게 침략당하는 것의 후환이 프랑스 군대에게 침략당하는 것보다 더 심각할 것입니다.[6]

한편, 일본은 메이지유신 이후 조선에 왕정복고를 알리고 새로운 국교 수립을 시도하였으나, 대원군 집권하의 조선이 서계(書契)의 형식을 문제 삼아 이를 거부하였다. 조선과의 근대적 외교관계 수립이 난항을 겪자, 먼저 청과의 국교 수립으로 방침을 바꾸었다. 청 조야에서는 같은 아시아 국가인 일본과 조약을 체결하여 서양 열강과 대등한 지위를 인정하는 것에 반대하였으나, 리훙장은 일본이 청의 속국(屬國)이 아니므로 조약을 체결해도 무방하다고 주장하며 1871년 「청일수호조규(淸日修好條規)」 체결을 주도하였다.[7] 그 배경에는 일본에 대한 지정학적 고려가 있었다. 서구 열강과 러시아 등 강력한 적들은 지리적으로 중국에서 멀리 떨어져 있는 것에 반해 일본은 중국과 지리적으로 매우 가까웠기 때문에, 리훙장

---

6 「奕訢等又奏日本進兵朝鮮患較法國爲甚且爲中國切膚之患片」, 文慶 等編, 中華書局 整理, 2008, 『同治朝籌辦夷務始末』卷四十七, 中華書局, 2008~2009쪽.

7 「又奏與日通商宜委員住該國摺」, 文慶 等編, 中華書局 整理, 2008, 『同治朝籌辦夷務始末』卷七十九, 中華書局, 1834~1835쪽.

은 일본을 중국의 '문호(門戶)'라 표현하며 그 중요성을 강조했다. 청은 조약 체결을 통해 일본이 유사시 중국의 편에 서지 않더라도 서양 열강의 편에 서지 못하도록 제어할 수 있으며, 나아가 일본과 연합하여 동아시아에서 서양 세력을 억제할 수도 있을 것이라 보았다.[8]

요컨대 리훙장은 근대 중국에서 대일협력 정책을 처음으로 제기하고 실행에 옮긴 인물이었다. 그러나 그는 동시에 일본의 호전성과 조선 침략 가능성을 우려하여 이에 대비하기 위해 '양국에 속한 방토(邦土)는 침월(侵越)할 수 없다'는 조항을 삽입하였다.[9] 훗날 리훙장은 "'방(邦)'은 속방(屬邦), 즉 조선을 가리키며, '토(土)'는 속토(屬土), 즉 내지를 가리킨다"라고 풀이했다.[10]

이로부터 청일전쟁(1894) 전까지 중국의 일본에 대한 인식은 편벽한 '작은' 섬나라라는 무시와 메이지 유신 이후의 급속한 근대화 성취와 군비 확장에 대한 경계심, 청이 주권 또는 종주권을 가진다고 여기고 있던 타이완, 류큐, 조선에 대한 일본의 침략에 대한 반감, 서양 및 러시아에 저항하는 중일 협력이 유지되어야 한다는 이상론적인 희망이 뒤섞인 것이었다.

일본은 1873년 타이완 원주민의 류큐인 살해를 빌미로 타이완 출병을 단행하였으며, 1875년에는 운요호 사건을 일으키고 1878년에는 류큐 병합을 단행했다. 이후 리훙장은 조선과 미국 등 열강의 조약 체결을 주

---

8   李細珠, 2013, 「李鴻章對日本的認識及其外交策略―以1870年代爲中心」, 『社會科學輯刊』 2013-1, 147~149쪽.
9   「奏議定日本修好並通商章程摺」, 文慶 等編, 中華書局 整理, 2008, 『同治朝籌辦夷務始末』 卷七十九, 中華書局, 1889쪽.
10 「照錄李鴻章與森有禮問答節略」, 王彥威 編, 王亮 輯, 1963, 『淸季外交史料』 卷五, 文海出版社, 91쪽.

선하고, 임오군란 이후 청의 조선에 대한 종주권을 주장하며 간섭 정책을 지휘하였다. 그러나 일본은 1884년 청프전쟁의 기회를 이용하여 갑신정변에 관여하고, 1880년대 초반 이후 군비를 증강하며 청과의 전쟁을 준비한 끝에 1894년 동학농민운동 진압을 위한 청군의 파병을 계기로 전쟁을 도발하였다. 많은 관찰자가 아시아 최강의 해군력을 자랑하던 북양함대를 보유하고 국력의 우위를 점하고 있는 청의 승리를 예상했으나, 청군은 패배를 거듭하여 북양함대가 전멸당한 끝에 일본과 강화조약을 체결할 수 있었다.

1895년 시모노세키(下關)에서 체결된 강화조약의 결과, 청은 그동안 종주권을 주장해 온 조선의 완전한 독립을 인정하고, 타이완과 랴오둥반도를 일본에 할양하는 수모를 겪어야 했다. 그나마 러시아·독일·프랑스의 삼국간섭을 통해 배상금 2억 냥을 추가하는 조건으로 랴오둥반도를 돌려받았으나, 이는 1896년 이후 열강의 중국에 대한 식민지 쟁탈전을 가속화하는 원인이 되었다. 청일전쟁은 이후 1945년까지 50년에 걸쳐 진행된 일본의 중국 침략의 첫 단추가 되었다.

당시 중국의 관료와 지식인들은 전쟁 결과에 큰 충격을 받았다. 1870년대와 1880년대를 거치며 동아시아에서 강대국의 면모를 회복해 가던 청이 서양 열강이 아닌, 아시아의 소국이라 경시하던 일본에게 처참히 패배하여 영토를 떼어주며 평화를 구걸하게 된 것은 국치(國恥)라 여겨졌다. 청일전쟁 당시 호광총독(湖廣總督)으로서 양강총독(兩江總督) 겸 남양대신(南洋大臣)의 중책을 맡게 된 장즈둥(張之洞)은 시모노세키조약 비준 거부와 전쟁 재개를 주장하고, 타이완 민주국 수립을 지지하기도 했다. 캉유웨이(康有爲) 역시 마침 과거 시험을 보기 위해 수도 베이징에 체류하고 있다가 동료들과 연명으로 공거상서(公車上書)를 올려 시모노세키조약 비준을 거부하고 수도를 옮기고 외채를 빌려서 전쟁을 계속하자고 주장했다. 그만큼 중국인들은 청이 일본에 패배했다는 사실을 받아들이기 어려워했다. 그러나 그로부터 3년 뒤, 이들의 일본에 대한 태도는 완전히 달라졌다.

III. 청일전쟁 직후의 국치(國恥) 서사와 중일 협력 주장

중국에서 청일전쟁을 떠올릴 때 가장 많이 쓰이는 구호는 '국치를 잊지 말자(勿忘國恥)'이다. 청일전쟁으로부터 130년이 지난 오늘날에도 청일전쟁은 국치의 서사로 기억되는 것이다. 청일전쟁은 동시에 중국인들이 미몽에서 깨어나 국가와 민족을 멸망의 위기에서 구하기 위해 본격적인 변혁을 추구하는 계기가 된 사건으로 평가된다. 청일전쟁 패배 후 3년 뒤인 1898년, 량치차오(梁啟超)는 "중국이 4천여 년의 긴 꿈에서 깨어나기 시작한 것은 실로 갑오년(1894)의 패배로 인해 타이완을 할양하고 2억 냥의 배상금을 물게 되면서부터였다"[11]라고 썼다. 중국에서 청일전쟁을 평가할 때 가장 많이 인용되는 구절이다.

그만큼 청일전쟁의 패배는 중국 지식인들에게 엄청난 충격을 준 사건이었다. 그러나 그로부터 3년 뒤인 1898년, 시모노세키조약의 비준 거부를 주장하던 장즈둥(張之洞)은 「권학편(勸學篇)」을 저술하여 젊은 청년

---

11 梁啟超, 1898, 「戊戌政變記」, 湯志鈞, 湯仁澤 編, 2018, 『梁啟超全集』 1, 中國人民大學出版社, 478쪽.

들의 일본 유학을 장려하고 있었다. 서양의 제도와 학문을 학습하기 위해 출국하는 유학생의 대부분은 일본으로 향했다. 일본에서 번역한 서양 서적들은 '서양 학문의 정수를 선별하여 번역한' 것으로 받아들여졌고 서양 책보다 독해와 번역이 쉬웠기 때문에, 빠르게 번역되어 국내에 널리 유통되었다. 그 결과, 메이지유신 이후 일본의 제도는 중국 지식인들에게 모방과 학습의 대상이 되었다. 문명론적 관점에서도 일본은 단순한 '편벽한 섬나라의 오랑캐(蠻夷)'에서 벗어나, 군주와 백성이 힘을 합쳐 구습을 타파하고 근대 서구 문명 세계로 성공적으로 진입하려는, 사회진화론적 측면에서 중국보다 앞선 존재로 인식되었다.

장즈둥의 경우는 일본 유학을 권장하는 것이 서양 학문을 배우기 위한 저비용·고효율의 방법일 뿐 학습 목표는 어디까지나 서양 학문이었다. 그러나 같은 시기에 변법유신(變法惟新) 운동을 전개한 캉유웨이, 량치차오 등 변법파 지식인들은 일본을 중국의 개혁을 위한 모델이자 협력 대상으로 간주하고 있었다. 그들은 메이지유신을 무술변법(戊戌變法) 또는 백일유신(百日惟新)이라 불리는 근대화 개혁의 모델로 삼았을 뿐 아니라, 일본인 아시아주의자가 집필한 『대동합방론(大東合邦論)』의 영향을 받아 아시아 연방 또는 청과 일본, 미국, 영국의 '합방(合邦)'을 구상하기도 했다. 또한 초나라의 인재를 진나라에서 등용한 춘추전국시대의 고사를 활용하여 청일전쟁 당시 일본의 수상이자 시모노세키조약 체결 당시 리홍장의 상대였던 이토 히로부미를 객경(客卿)으로 초빙하여 청 정부의 개혁을 위한 조력자로 등용하고자 했다.[12] 그러나 이러한 시도는 보수파의 우려와 반발을 불러일으키는 행동이었다.

---

12 민두기, 1990, 『중국 근대 개혁운동의 연구』, 일조각, 231~234쪽.

흔히 청일전쟁 이후 일본에 대한 학습 열풍이 불게 된 것을 청일전쟁의 패배를 양무운동 모델의 실패로 간주하고, 국치를 극복하기 위한 새로운 개혁의 모델로서 '강적을 스승으로 삼자(以强敵爲師)'는 인식이 유행했다고 설명한다. 한편으로는 캉유웨이나 량치차오 등 서양의 언어를 읽을 수 없었던 이들에게 일본에서 번역된 서양서의 중역(重譯)이나 일본 유학은 서양 학문과 제도를 학습하기 위한 가장 손쉽고 빠른 방법이기도 했다. 그러나 캉유웨이 등이 전쟁의 상처를 극복하기에는 매우 짧은 시간에 원수나 다름없는 적국과 합방을 논하고 적국의 전 수상을 초빙하여 등용하려는 계획을 세우는 것은 위와 같은 이유로는 납득하기 어렵다.

그렇다면 무엇이 이들로 하여금 '국치'의 상처를 미봉하고 일본과 적극적인 협력으로 나아가게 했을까? 아마도 청일전쟁 이후 중국을 둘러싼 열강의 각축과 국제정세의 변화에 대한 위기의식이 중요한 원인으로 작용하였을 것이다.

전술했듯, 리훙장과 이토 히로부미가 청일 양국의 전권대표로 협상하여 체결한 시모노세키조약은 원래 조선의 독립, 타이완과 랴오둥반도의 할양을 포함하고 있었으나, 삼국간섭의 결과 청은 일본으로부터 랴오둥반도를 돌려받고 2억 냥의 배상금을 추가로 지급하게 되었다.

그러나 러시아가 삼국간섭의 대가를 요구하자, 리훙장은 일본의 추가적인 침략에 대응하기 위해 러시아와 상호 방어 동맹을 결성하는 대신 동청철도 부설권과 철도 부속토지에 대한 관할권을 주고 러청은행을 설립하는 밀약을 체결하였다. 1897년 11월, 독일이 산둥반도에서 일어난 선교사 살해사건을 빌미로 군대를 파견하여 자오저우만(膠州灣)을 점령하고 삼국간섭의 보상으로서 해당 지역을 조차해 줄 것을 요구하였다. 청 정부가 이를 수용하여 1898년 3월 자오저우만 조차를 명기한 독청조약을 체결하자, 러시아 역시 1898년 3월, 랴오둥반도의 뤼순(旅順)과 다롄(大連)을 25년간 조차하고 동청철도와 이 도시를 잇는 철도부설권을 얻어 군항과 철도의 건설에 착수했다. 러시아가 시베리아철도와 뤼순·다롄을 장악하게 되면서 만주에서의 군사적 영향력이 강화되는 것을 우려한 영국은 1898년 5월에 발해만을 사이에 두고 뤼순과 마주한 산둥반도의 웨이하이를 조차하였다. 이어 프랑스가 광저우만을 조차하고, 일본이 다시 타이완과 마주보는 푸젠성의 샤먼(廈門) 일대를 조차하면서 중국의 지식인들은 중국의 영토가 열강에 의해 조각조각 분할되는 것에 대한 공포심을 가지게 되었다.

원래 리훙장은 청일전쟁 직후 일본의 만주 침략에 대비하기 위해 러시아와의 비밀 동맹을 추진했으나, 오히려 이를 계기로 러시아가 만주를 차지하고 독일, 프랑스, 영국 등이 각각 중국 내에서 독점적인 세력범위를 형성하게 되었다. 캉유웨이를 위시한 변법파는 러시아와 연맹하여 일본을 견제하려는 리훙장의 정책이 결국 중국의 과분(瓜分)을 초래했다는 위기의식을 느끼게 되었다. 한편, 중국 내의 영국 상인과 선교사, 영자신문 기고자들은 중국이 영국과 동맹을 체결하면 영국은 러시아와 달리 중국의 영토를 보전해 줄 것이라고 선전하였다.[13]

변법파는 러시아와 영국이 청나라 영토 안에서 전쟁을 벌여서 러시아가 승리하여 영국의 견제가 사라지게 된다면 러시아는 중국을 전면 지배하려 할 것이고, 영국이 승리하면 중국이 러시아와 동맹관계에 있는 이상 중국은 영국의 적국이 되어 지배를 받게 될 것이기 때문에, 중국은 영국의 편에서 동맹을 맺어야 하며, 이를 위해 영일동맹을 체결하고 있는 일

13　민두기, 1990, 앞의 책, 260쪽

본과 연대를 강화하고자 했다.

한편, 일본은 삼국간섭 이후 청이 러시아와 동맹을 맺고 일본을 견제하자, 이를 타개하기 위해 영국과의 동맹을 강화하는 한편, 민간단체인 흥아회(興亞會)와 그 후신인 아시아협회의 상하이 지부를 활용하여 청의 개혁파 인사들을 대상으로 일본과의 연대를 유도하는 공작을 진행하였다. 이들은 '황인종을 보전하고 동아시아가 러시아와 독일에 다 침식되지 않도록' 해야 한다는 취지로 영국 및 일본과의 연맹을 통해 러시아를 견제할 것을 주장하는 개혁론자들을 포섭했다. 일본의 군부 또한 장즈둥을 방문하여 같은 황인종으로서 같은 문화권에 속한 중국과 일본이 백인인 러시아에 공동으로 대항해야 한다는 취지로 군사학 학습을 위한 중국 유학생의 일본 파견을 제안했으며, 베이징의 일본공사관도 청 정부에 유학생 파견 지원을 약속하면서 중국 관료들의 마음을 움직였다.

요컨대, 일본 측은 청일전쟁의 결과 청이 러시아와 연대하여 일본을 견제하는 것을 막기 위해 중국 지식인들의 과분에 대한 공포와 러시아에 대한 반감을 적절히 활용하며 같은 인종으로서 같은 문자를 쓰는(同種同文) 중국과 일본의 연대라는 아시아주의적 비전 제시, 그리고 러시아를 견제할 수 있는 영일동맹의 존재를 활용해 무술변법 시기 청 정부의 외교 노선을 자국에 유리하게 전환시킬 수 있었다.

그러나 변법파가 순진하게 영국이나 일본의 의도를 온전히 신뢰했던 것은 아니었다. 제국주의 열강에 대한 경계심 속에서 청일전쟁이라는 과거사에도 불구하고 일본과의 협력을 추진하게 된 것은 삼국간섭 이후 진행된 러시아와 서구 열강의 중국내 식민지 쟁탈전에 대한 위기감 때문이었다. 1898년 광서제의 「변법상유(變法上諭)」에서 비롯된 캉유웨이 등의 무술유신은 본질적으로 과분에 의한 망국의 위기를 극복해야 한다는 조급함과 성급함으로 점철되어 결국 보수파의 반격으로 백일 만에 실패하고 말았다. 그 과정에서 나타난 연일론 역시 러시아에 대한 위기의식이 과거의 적이었던 일본과의 협력 시도로 반영된 것이었다. 그 결과 일본에 대한 유학생 파견의 수준을 넘어서 일본과의 '합방'을 모색하고, 마침 일본 수상직에서 물러나 러시아에 대항하기 위한 중국과의 연대를 모색하던 이토 히로부미를 베이징으로 초빙하기에 이르렀다. 그러나 그들의 선택은 보수파의 지지를 받을 수 없었다. 애당초 취약한 지지기반에도 불구하고 과거사에 대한 사회적 합의 없이 시도한 가해자와의 협력은 실패로 돌아갔다.

IV. 중일전쟁 시기의 항전(抗戰) 서사와 협력의 스펙트럼

무술변법(1898) 실패 후 캉유웨이와 량치차오가 일본으로 망명하고, 쑨원(孫文)을 중심으로 한 동맹회 역시 국내 봉기 실패 후 일본을 혁명운동의 중요한 거점으로 삼으면서 일본은 청 정부가 반체제 세력으로 지목한 두 주요 세력의 활동무대가 되었다. 캉유웨이와 량치차오를 중심으로 하는 변법파(變法派)는 입헌파(立憲派)로 발전하여 무술변법 실패 후 연금 상태에 있는 광서제에게 권력을 되찾아주고 그를 중심으로 하는 입헌군주제 개혁을 완성하는 것을 목표로 하였다. 반면 쑨원 등 혁명파(革命派)는 만주족을 배제하는 한족 민족주의 혁명을 통한 공화제 수립을 목표로 하였다. 이들은 일본의 아시아주의 지식인들과 연대하는 한편, 재일 유학생들 사이에서 경쟁적으로 세력을 확장하며 일본을 중국의 개혁이나 혁명을 위한 해외 기지로 활용하였다.

의화단 전쟁(1900) 패배 이후 청 조정이 신정(新政) 개혁을 추진하고, 일본이 러일전쟁에서 승리하면서 더욱 많은 중국인 유학생들이 서구의 새로운 학문을 익히기 위해 유럽과 미국에 비해 지리적으로 가깝고 언어도 쉽게 익힐 수 있는 일본으로 건너갔다. 그 결과 청말부터 중화민국 시기에 걸쳐 중국의 엘리트 정치가와 관료, 지식인들 사이에는 일본 유학 경험이 있는 지일(知日) 인사들이 대거 포진하게 되었다.

이들에게 일본은 협력과 연대의 대상이기도 했다. 러일전쟁 승리를 전후로, 일본은 구미와 러시아 등 서양의 침략에 맞서 일본을 중심으로 아시아가 연대해야 한다는 '동양평화론'과 아시아주의를 통해 제국주의적 확장을 정당화하고는 했다. 일본 정계와 재야에서 다양한 형태로 제시된 이러한 논의들은 일본 지식인들과 중국 지식인들의 사상 교류와 연대를 통해 쑨원(孫文)과 동맹회(同盟會)의 반청 혁명 활동, 훗날 중국공산당 성립으로 이어지는 사회주의 사조의 유입 등 중국 정치 지형의 변화에 큰 영향을 끼쳤다.

그러나 한편으로 일본의 중국에 대한 지속된 침략은 중국 내 민족주의운동의 형성과 발전을 자극했다. 일본은 1895년 청일전쟁의 전리품으로서 타이완을 할양받은 뒤, 1905년에는 러일전쟁에서 승리하여 10년 전 삼국간섭 이후 러시아가 청으로부터 조차했던 다롄(大連)과 뤼순(旅順) 일대를 빼앗아 관동주(關東州)를 설치하였다. 다시 10년 뒤인 1914년 제1차 세계대전이 일어나자 독일의 조차지였던 산둥반도의 칭다오(靑島)를 중심으로 한 자오저우만(膠州灣) 일대를 점령하고 독일의 권리를 계승하는 산둥 21개조를 제기하였다. 이는 5·4 운동이 일어나는 계기가 되었다. 일본의 산둥 출병과 21개조 요구는 중국인들 사이에서 있었던 "일본에서

배우자(師日)"는 인식이 반일(反日)의 추세로 돌아서는 계기가 되었다.[14]

1920년대 군벌 할거와 내전이 지속되던 시기, 일본은 만주의 군벌 장쭤린(張作霖)을 지원했으나, 그가 국민정부의 북벌에 밀려 본거지인 만주로 돌아오던 열차를 폭파하여 살해하였다. 결국 장쭤린의 아들 장쉐량(張學良)이 국민정부에 투항하자 1931년 만주사변(9.18사변)을 일으켜 만주 전체를 장악하고 괴뢰국인 만주국을 세웠다. 이후에도 일본은 러허(熱河), 상하이 등에서 중국군과 군사 충돌을 일으켜 점령지를 확대해 갔다. 결국 1937년 베이징의 교외인 루거우차오(盧溝橋)에서 일어난 중국군과 일본군의 충돌을 계기로 양국은 전면전에 들어갔다. 중일전쟁은 아시아·태평양전쟁으로 확대되어 1945년 일본이 패망하고서야 끝을 맺을 수 있었다.

중일전쟁기와 전후 중국에서, 침략자 일본에 대한 중국인의 태도에 대한 내러티브는 본질적으로 저항의 서사이다. 중국인들은 중일전쟁을 항일전쟁(抗日戰爭), 줄여서 항전(抗戰)이라 부른다. 중국공산당과 국민당은 오랫동안 자신의 정치세력이 항전에서 중심적인 역할을 담당했음을 강조하고, 상대를 폄하했다. 그나마 최근에는 '전체 인민의 항전'을 강조하면서 이러한 경향이 해소되고 있다. 그러나 침략자에 대한 저항의 문제는 그리 단순하지 않다.

사실, 일본의 점령지역이 만주 지역에서 남쪽의 광저우까지 확장되면서 2억 명 이상의 중국인이 일본인 점령자들과 부득이하게 공생해야 했던 상황에서 친일 협력 현상이 나타나는 것은 자연스러운 일이었다. 중국

---

14 彭雷霆, 2008, 「近代中國人的日本认识(1871~1915年)」, 華東師範大學博士學位論文, 176쪽.

의 민족주의 역사학은 중화민족의 거국적 단결을 통한 항일 전쟁의 승리라는 신화를 창조하려 하지만, 티모시 브룩은 중일전쟁 당시 모든 전쟁과 피정복의 보편적인 역사에서 나타나듯 소수의 일부를 제외한 대부분의 사람들은 저항하지 않았다고 지적한다.[15]

국가적 또는 정파 차원에서의 이익을 위한 일본과의 연대에 대한 기대, 평화의 회복 또는 점령지 질서 유지, 개인적 영달에 대한 추구가 뒤섞여서 왕징웨이(汪精衛)의 괴뢰정부 수립과 같은 친일 협력자(collaborator)의 출현으로 이어졌다.

중국의 주류 학계에서는 이들을 애국주의 역사학의 관점에서 "위(僞)정권", "괴뢰(傀儡)", "한간(漢奸)" 등으로 폄하해 왔다. 한 중국학자는 친일 협력 정권을 수립한 이들의 친일 협력의 동기 중에서 침략자 일본에 영합하려는 심리, 반공과 출세욕을 지적하기도 하였다.[16]

그러나 보일(J. H. Boyle)의 고전적인 연구가 천명하듯, 친일 협력자들의 행위에는 "숭고하고 애국적인 동기"와 "저열하고 이기적인 동기"가 공존한다.[17]

동맹회 출신의 혁명가로서 정통성을 가진 국민당의 거물 왕징웨이의 경우는 이러한 모습을 잘 보여 준다. 그러나 그는 중일전쟁이 한창이던 1939년 충칭을 탈출하여 쿤밍과 하노이를 거쳐 난징으로 돌아가 1940년 괴뢰정권으로 불리는 국민정부를 수립했다. 그는 1932년부터 중일전쟁

---

15 티모시 브룩 지음, 박영철 옮김, 2008, 『근대 중국의 친일합작』, 한울.

16 黃美眞, 張雲, 1987, 『汪精衛集團叛國投敵記』, 河南人民出版社, 1987, 4~15쪽; 47쪽; 95쪽.

17 John Hunter Boyle, 1972, *China and Japan at War, 1937-1945: The Politics of Collaboration*, Stanford Univ. Press, p.3.

발발 직전인 1937년까지 일본에 대한 저항과 교섭의 병진을 주장했다. 이는 중국의 군사, 경제 역량을 감안하여 일본의 진공을 늦추고 난징국민정부의 중국 통일 완성을 위한 시간을 벌기 위한 전략이었다. 그러나 서안사변과 제2차 국공합작의 성립, 1937년 루거우차오 사건에 이은 전면 항전에서 중국군의 패퇴와 국민정부의 천도를 겪으면서 왕징웨이에게는 '교섭', 즉 사실상 양보라는 선택지만 남게 되었다.[18] 그와 그의 추종자들은 자신들을 '로키(Low Key) 클럽(低調俱樂部)'이라 부르며 주전파의 결사항전 주장이 현실을 무시한 무책임한 언동일 뿐, 중국은 항전이 아닌 타협을 통해 생존할 수 있다고 보았다.[19] 결국 왕징웨이 집단은 1938년 초부터 일본과 비밀 교섭을 통해 일본군의 철수와 중국 주권의 존중을 포함하는 밀약에 동의한 뒤 충칭을 탈출했다. 즉, 고유의 정치관을 통해 국가 존망의 위기를 해결하고자 했던 왕징웨이 집단의 자발적인 동기가 존재했던 것이다.[20]

왕징웨이 정권은 비시 정권 등 제2차 세계대전 당시 유럽의 괴뢰정권들과 달리 일본이 주장하는 이데올로기와 정치 주장에 동조하지 않았고, 중일전쟁 이전의 국민정부가 주창한 정치 이념-예를 들면 삼민주의-과 차별화되는 새로운 정치 이념을 내세우거나 과거 국민정부가 무시했던 사회계급들의 지지를 얻으려 하지도 않았다. 왕징웨이 정권은 오히려 자신들이 국민당과 국민정부의 "정통"을 회복하려 한다고 주장하였으며,

---

18 Wang Ke-wen, "Wang Jingwei and the Policy Origins of the 'Peace Movement', 1932-1937", in David P. Barrett and Larry N. Shyu, eds., *op.cit.*, pp.21-37.
19 박상수, 2007, 「중일전쟁 전후 대일 협력자 왕징위 집단의 형성(1928~1938)」, 『사총』 65, 127쪽.
20 박상수, 2007, 위의 논문, 127쪽.

이를 통하여 자신들의 정당성과 존재 이유를 증명하고자 했다. "친일 괴뢰"라는 오명과 달리, 왕징웨이 정권은 자신들이 정통 국민정부라 주장하며 1937년 이전 국민당의 정책들을 더욱 효율적으로 추진하는 데 몰두하였다. 왕징웨이 정권은 "삼민주의 이념의 실행, 계파투쟁, 왕징웨이 또는 장제스(蔣介石)라는 국가 지도자의 타인이 대체할 수 없는 지위, 국가지도자 개인에 대한 숭배, 신국민운동과 신생활운동, 청향운동, 반공 정책, 지방의 군사분열주의와 중앙정부의 적계(嫡係) 군대 양성 등 여러 측면에서 1937년 이전의 국민정부 및 당시 충칭에 있었던 장제스 정권과 뚜렷한 연속성을 가지고 있었다."[21]

사실, 왕징웨이 정권을 비롯한 중국인들의 전시 친일 협력은 '생존(survival)'의 문제와 연결되어 있다. 이는 변명과 합리화의 도구로서의 '생존'이라는 층위와 실질적인 '생존'이라는 층위로 나누어 논의될 수 있다. 전자의 경우, 자신들이 인민 개개인의 복리를 보호하기 위해 친일의 길을 선택했다는 것은 고위층 친일 협력자들의 자기변호와 자기합리화의 대표적인 논리이다. 다만 왕징웨이의 경우는 다소 예외적이어서 국가의 이익과 개인의 국가에 대한 책임과 헌신만을 강조했다.[22]

실질적인 "생존"의 문제는 많은 중국 민중이 직면했던 문제였다. 중국인들의 대일 합작의 실제 문제에서, "생존"은 단지 개인의 안전을 의미할 뿐만 아니라 정치계파나 군사계파, 가족, 지역사회라는 여러 층위의 공동체의 생존을 의미했다. 따라서 개인과 국가라는 두 층위 사이에는 여

21　David P. Barrett, "The Wang Jingwei Regime, 1940-1945: Continuities and Disjunctures with Nationalist China", in David P. Barrett and Larry N. Shyu, eds., *op. cit.*, pp102-115.

22　*Ibid*, pp.118-123.

러 층위의 생존의 문제가 존재하였으며, 충성의 대상의 분열과 이익의 충돌을 야기했다. 예를 들어 일본 점령지역인 정저우(鄭州)의 부일협력자에게 있어 지방사회의 평화와 안정은 민중을 버리고 남쪽으로 퇴각한 정권에 대한 충성보다 더욱 중요했고, 많은 사람들이 개인과 종족(宗族)의 생존을 위해 지방의 친일 협력 정부를 지지하였다. 물론, 대다수의 엘리트들은 선택할 수 있다면 협력자가 되어 한간(漢奸)의 오명을 뒤집어쓰는 것을 원치 않았다. 그러나 일본의 점령군이 협력자를 모집했을 때 국민정부 치하에서 기회를 얻을 수 없었던 많은 이들이 이에 호응하기도 하였다.[23]

이러한 상황 속에서 친일 협력에 대한 도덕적인 판단은 사회 고위층 인사들에게 더 복잡한 문제가 되지만, 일반 민중들에게는 크게 고려할 문제가 되지 못하였다. 왜냐하면 그들이 직면한 현실에서는 선택의 기회가 거의 없었기 때문이었다.[24] 제2차 세계대전이 끝난 뒤, 중국에서는 친일 협력자에 대한 청산이 이루어졌다. 전쟁의 승리를 통해 항전을 주장한 정치세력이 새로운 국가 건설을 주도하게 되면서 생존을 위한 친일 협력의 논리와 행위는 극복과 청산, 은폐의 대상이 되었다. 국민당과 중국공산당은 철저하게 협력자를 색출해냈다. 일본과 협력을 주장하거나 실제 협력한 이들에게는 패배주의, 타협주의, 기회주의 등의 동기로 인해 민족을 배신했다는 딱지가 붙었다. 전시의 광범위한 친일 협력은 국민정부가 주도한 난징재판에 의해서, 그리고 신중국 성립 이후의 삼반오반(三反五反), 반우파투쟁(反右派鬪爭), 문화대혁명 등 지속적인 대규모 정치 동원 운동을 통해서 청산되거나, 은폐되었다. 그 결과, 적어도 중국 대륙에서는 '전

---

23 티모시 브룩 지음, 박영철 옮김, 2008, 『근대 중국의 친일 합작』, 한울.
24 *Ibid*, pp.123-130.

민항전(全民抗戰)'의 신화가 완성되었다. 이는 제국주의에 대한 모든 인민의 저항을 통해 새로운 중국을 건설했다는 역사 서사의 완성을 위한 사회적 합의이기도 했다.

요컨대, 20세기 전반의 친일 협력 주장과 실천이 전쟁의 회피, 또는 전시의 생존이 필요하다는 시대 인식의 수요에서 나왔다면, 일본이 전쟁에서 패했을 때, 이 노선은 폐기될 수밖에 없었다. 전쟁의 승리와 국가 재건 과정에서 '반혁명 세력 청산'과 국민 통합의 필요성 속에서 역사 화해보다는 철저한 청산이 먼저 고려되었다. 그 결과, 21세기가 된 지금도 중국근현대사의 일본 관련 내용은 침략자이자 가해자로서의 일본과 그에 저항하는 중국 인민이라는 서사 구조를 가지며, 역사적 트라우마를 배경으로 하는 중국인의 반일 정서는 쉽게 해소되기 어려워 보인다. 이는 과거사에 대한 반성과 사과의 진정성을 의심하게 만드는 일본 정부의 태도 때문이기도 하다.

V. 맺음말

이 글에서는 청과 일본이 국교를 수립한 1871년을 전후한 시기부터 근대 중국의 지식인과 관료들이 일본에 대하여 연대 또는 협력을 주장할 때 그것을 정당화하기 위하여 어떠한 내러티브를 취했는지를 추적해 보았다.

근대 중국인들에게 일본은 명대의 왜구와 임진왜란처럼 역사적으로 호전적인 침략자로서의 선험적인 이미지를 가지고 있었다. 근대에 들어서도 청일전쟁부터 중일전쟁, 제2차 세계대전 종전까지 50년 동안 단계적으로 진행된 일본의 중국 침략은 침략자로서 일본의 이미지와 그에 저항하는 중국 인민의 이미지를 함께 만들어 냈다. 그러나 근대 중국의 대일관에는 성공적으로 서구식 근대화를 이루어 낸 일본식 근대화 모델에 대한 긍정, 동문동종(同文同種)인 아시아의 이웃으로서 함께 러시아 등 서양의 침략에 대처한다는 아시아주의적 협력의 기대가 공존했다. 그러한 기대로 인해 '국치(國恥)'로 기억되는 청일전쟁 직후 중국의 개혁파들은 삼국간섭과 러청밀약이 초래한 과분(瓜分)의 위기 속에서 일본식 근대화 개혁, 일본과의 연대를 통한 국가의 생존을 도모하고자 했다. 20세기 들어서도 일본은 중국인들에게 침략자이자 학습의 대상, 연대의 대상으로 기능하였다.

일본의 중국에 대한 지속적인 등장한 대일 협력자들의 공통적인 화두는 궁극적으로 생존의 문제와 관련이 있다. 전쟁 종식과 국가 주권의 유지에서부터 소속 집단과 개인의 생존에 이르기까지 다양한 이유로 저항보다는 협력을 선택한 이들이 있었다. 침략과 점령, 지배의 기억이 채 사라지지 않거나 여전히 진행 중인 상황에서 피해자는 국가부터 개인까지 다양한 층위의 생존을 위해서, 또는 다른 전략적 고려 속에서 가해자와 화해하고 협력을 추진하는 모습을 보였다.

청일전쟁 직후 캉유웨이와 같은 개혁가들이 이토 히로부미를 초빙하면서 보수파의 우려를 사고 결국 개혁에 실패한 것이나, 중일전쟁 시기의 왕징웨이 정권을 포함한 광범위한 협력자들이 전민항전(全民抗戰)의 신화 속에서 한간(漢奸)이나 괴뢰로 평가받고, 쉽사리 복권될 수 없는 것은 역사 화해의 어려움을 잘 보여 준다.

참고문헌

〈국문〉

가와시마 신·모리 가즈코 지음, 이용빈 옮김, 2012, 『중국외교 150년사: 글로벌 중국으로의 도정』, 한울.

배경한, 2012, 『현대 중국민족주의의 굴절-왕징웨이 연구-』, 일조각.

王曉秋, 신승하 譯, 2002, 『근대 중국과 일본』, 고려대학교 출판부.

김형열, 2014, 「淸末民初 中國知識人의 日本留學과 동아시아 인식-戴季陶와 李大釗의 일본유학 경험을 중심으로-」, 『일본근대학연구』 43.

박상수, 2017, 「내셔널리즘의 張力과 對日 '協力(collaboration)'의 이해-중일전쟁기 '漢奸' 문제 再考-」, 『중국근현대사연구』 76.

박상수, 2007, 「중일전쟁 전후 대일 협력자 '汪精衛集團'의 형성(1928~1938)」, 『사총』 65.

박상수, 2006, 「중일전쟁기 화북의 대일 '협력자': 국내정치의 역학관계를 통해 본 협력정권의 형성」, 『아세아연구』 49(4).

배경한, 2011, 「신해혁명 전후시기 孫文의 아시아 인식」, 『중국근현대사연구』 52.

桑兵, 2011, 「신해정변과 일본」, 『중국근현대사연구』 52.

윤해동, 2012, 「'협력'의 보편성과 근대국가-'친일반민족행위' 진상규명 작업의 성과와 과제」, 『한국민족운동사연구』 71.

윤휘탁, 2006, 「'만주국'의 통치체제 구축과 현지인 협력자」, 『아세아연구』 49(4).

장옥평, 2012, 「憧憬에서 敵對로-辛亥革命 전후의 戴季陶와 일본-」, 『중국근현대사연구』 55.

황동연, 2005, 「20세기초 동아시아 급진주의와 '아시아' 개념」, 『대동문화연구』 50.

〈영문〉

Barrett, David P. & Shyu, Larry N. ed. 2002, *Chinese Collaboration with Japan, 1932-1945*: The Limits of Accommodation, Stanford University Press.

Boyle, 1972, John Hunter. *China and Japan at War, 1937-1945*: The Politics of Collaboration,

Stanford: Stanford University.

Bunker, Gerald E, 1972, *The Peace Conspiracy: Wang Ching-wei and the China War, 1937-1941*, Cambridge, Mass.: Harvard University Press.

Hwang, Dongyoun, 1999, "Wang Jingwei, The Nanjing Government and the Problem of Collaboration", Ph.D. Dissertation, Duke University.

Lin, Han-sheng, 1967, "Wang Ching-wei and the Japanese Peace Efforts", Ph.D. dissertation, University of Pennsylvania.

Zanasi, Margherita, 2008, "New Perspectives on Chinese Collaboration", *The Asia-Pacific Journal: Japan Focus*, Vol.6, Issue 7.

〈중문〉

劉傑·川島真 編, 韋平和·徐麗媛 譯, 2015, 「對立與共存的歷史認識: 日中關係150年」, 社會科學文獻出版社.

茅海建, 2005, 『戊戌變法史事考』, 三聯書店.

孫雪梅, 2001, 『清末民初中國人的日本觀-以直隸省爲中心』, 天津人民出版社.

山口一郎, 1970, 「近代中閩對觀的研究」, 亞洲經濟研究所.

段雲章, 1993-2, 「1923年後孫中山與日本的關系」, 『歷史研究』.

段雲章, 1990, 「孫中山與山東問題-兼探孫中山的對日觀」, 『中山大學學報論叢·孫中山研究論從』 7.

羅曉東, 1998-4, 「張之洞師觀的形成及其效日主張」, 『貴州文史從刊』.

劉思格, 1987-3, 「孫中山的對日態度及演變」, 『貴州社會科學』.

劉學照, 1990-3, 「略論李鴻章的對日觀」, 『歷史研究』.

劉學照, 1989-6, 「清末民初中國人對日觀的變遷」, 『近代史研究』.

李慶, 1994-4, 「論黃遵憲的日本觀—以日本雜事詩爲中心」, 『複旦學報』(社會科學版).

李洪河, 2002-2, 「五四時期戴季陶的日本觀」, 『遼寧師範大學學報(社會科學版)』.

李喜所, 1997-1, 「甲午戰後年間留日學生的日本觀及其影響」, 『社會科學研究』.

班瑋, 2004-3, 「梁啟超的日本觀」, 『天津師範大學學報(社會科學版)』.

傅大中, 1985-3, 「近代中國人日本觀散論」, 『學術研究』.

徐冰, 1994-3, 「戴季陶的日本觀」, 『日本問題研究』.

滕井升三, 1983,「孫中山的對日態度」, 中華書局編輯部 編,『紀念辛亥革命七周年學術討論會論文集』下冊, 中華書局.

楊木武, 2003-6,「論七·七事變前蔣介石的日本觀和抗戰觀」,『培訓與研究-湖北教育學院學報』.

楊永興, 2006-1,「力行社的日本觀—以前途雜志爲個案的考察」,『江蘇社會科學』.

楊際開, 2002-6,「作爲思想範式的日本觀-宋恕與變法運動」,『二十一世紀』網絡版.

王汎森, 2001,「"思想資源"概念工具—戊戌前後的幾種日本因素」,『中國近代思想與學術的系譜』, 河北教育出版社.

王如繪, 1998-5,「論李鴻章對日認識的轉變(1870-1880)」,『東嶽論叢』.

王弋, 1984,「孫中山與日本明治維新」, 東北地區中日關係研究會 編,『中日關係史論文集』, 黑龍江人民出版社.

王仁榮, 2001-1,「談孫中山對日外交思想的轉變」,『遼寧師專學報』.

王曉秋, 1991,「近代中國人日本觀的變遷」,『日本學』3, 北京大學出版社.

臧世俊, 1995-3,「康有爲的日本觀」,『學術論壇』.

張鐵榮, 1994-3,「周作人"語絲時期"之日本觀(上)」,『魯迅研究月刊』.

趙豔玲, 於多珠, 1996-4,「日本侵台至全面侵華時期中國近代知識分子的本觀」,『承德民族師專學報』.

鍾叔河, 1985,「甲午以前的日本觀」,『走向世界—近代中國知識分子考察西方的曆史』, 中華書局.

左漢卿, 2001-4,「章太炎在日本的活動及其日本觀變化」,『中國文化研究』.

周啟乾, 1997-6,「晚清知識分子日本觀的考察」,『日本學刊』.

陳衛平, 1994-1,「近代中國的日本觀之演進」,『社會科學』.

肖建傑, 2005-1,「張學良的日本觀與其政治思想的演變」,『唐都學刊』.

焦潤明, 1996-1,「梁啟超的日本觀」,『近代史研究』.

韓小林, 2004-3,「論近代中國從"輕日"到"師日"的轉變」,『安徽史學』.

許育銘, 2002-4,「從曆史視點所見的孫文對日觀」,『東華人文學報』.

黃福慶, 1980,「論中國人的日本觀—以戴季陶〈日本論〉爲中心」,『中央研究院近代史研究所集刊』9.

雷家聖, 2009,「失落的真相: 戊戌變法時期的'合邦'論與戊戌政變的關係」,『中國史研究』61.

桑兵,「留日學生發端與甲午戰爭後的中日關係」,『華中師範學院學報』1986年4期.

桑兵, 1990,「試論孫中山的國際觀與亞洲觀」,『孫中山研究論叢』第7集.

桑兵, 1995,「辛亥時期戴季陶的對日觀」,『中山大學史學集刊』第3輯, 廣東人民出版社.

桑兵,「日本在中國接受西方近代思想中的作用――梁啟超個案國際研討會述評」,『歷史研究』1999年1期.

桑兵,「排日移民法案與孫中山的大亞洲主義演講」,『中山大學學報(哲社版)』2006年6期.

桑兵,「清季變政與日本」,『江漢論壇』2012年5期.

桑兵,「黃金十年與新政革命―評介〈中國, 1898―1912: 新政革命與日本〉」,『燕京學報』1998年4期.

〈일문〉

岡本隆司·川島眞, 2009,『中國近代外交の胎動』, 東京大學出版會.

劉傑·川島真 編, 2013,『對立與共存的歷史認識: 日中關係150年』, 東京大學出版會.

8
마오쩌둥 사상과 적대적 대외 인식의 기원

이재준 한국국방연구원 선임연구원

I. 머리말

중국의 적대적 대외관계에 대한 인식은 어떻게 출발했을까? 최근 중국은 시진핑 집권 시기 애국주의라고 하는 중국식 민족주의를 강조하면서, 미국, 일본, 한국을 비롯한 국가들에 대한 적대적 인식을 심화해 오고 있다. 이 연구는 최근 벌어지고 있는 중국의 적대적 대외 인식의 기원을 마오쩌둥(毛澤東) 사상에서 찾고자 한다. 마오쩌둥은 중일전쟁, 국공내전에서 중국 공산당을 이끌면서 중화인민공화국을 건국했다. 마오쩌둥의 국제정치 사상은 현대 중국의 외교 정책의 바탕이 될 수 있는 이념적 유산이라고 할 수 있다.

중국 공산당은 2021년 11월 제19기 중앙위원회 제6차 전원회의(19기 6중전회)에서 적대적인 대외 인식을 표출한 바 있다. 이 회의에서는 '당의

100년 분투의 중대한 성과와 역사적 경험에 관한 결의(中共中央關於黨的 百年奮鬥重大成就和歷史經驗的決議, 이하 제3차 역사 결의)[1]가 통과되었는데, 중국 공산당은 이 문건에서 외부 세계와의 투쟁적 서사를 다음과 같이 밝혔다. "당 중앙은 외부의 각종 포위, 억압, 교란, 전복 책동에 직면하여 위협과 공갈을 두려워하지 않는 정신을 발양한다. 중국 공산당의 영도와 우리나라 사회주의 제도의 전복을 시도하거나, 중화민족의 위대한 부흥 과정을 지연, 심지어 저지하려 시도하는 모든 세력에 끝까지 맞서 싸워야 한다." 미국과의 체제 이념 대결에서 중국 공산당은 적극적인 체제 경쟁, 대결 의지를 선언한 것이라고 할 수 있다.

제3차 역사결의는 적대적인 대외 인식과 함께 개혁개방 이전 중국 공산당의 이념적 순수성을 강조했다는 점이다. 개혁개방이 초래한 문제들을 비판하면서, 마오쩌둥 시기의 중국 공산당이 지녔던 사회주의 혁명에 대한 강력한 지향이 나타난 것이다. 개혁개방 이후 공산당 간부와 당원들 사이에서 정치적 신념이 사라지고, 대신 형식주의와 관료주의가 만연했으며, 향락과 사치 풍조가 퍼졌다고 지적했다. 공산당에 만연한 이러한 문제들은 당과 군중 사이의 관계를 훼손하고, 당원, 간부, 군중의 공분을 유발하는 등 공산당의 위기로 이어졌다고 했다. 공산당의 위기를 극복하기 위해선 공산당 조직의 정치적 신념을 확보해야 한다는 것이다. 결국 이러한 사회주의 정치적 신념은 중국의 사회주의를 가로막는 외부 세력에 대한 대결이라는 인식과 결부된다고 할 수 있다.

시진핑 시기 중국 공산당은 새로운 사회 변화에 대한 적응보다는 혁

1　中共中央, 關於黨的百年奮鬥重大成就和歷史經驗的決議 [EB/OL]. http://big5.www.gov.cn/gate/big5/www.gov.cn/zhengce/2021-11/16/content_5651269.htm

명 정당으로서의 정체성을 복원하는 경향을 보였다. 이는 일당독재 체제에서 집권당이 취하는 일반적인 경로와 다르다. 사무엘 헌팅턴[2]에 따르면, 일당독재 체제에서 집권당은 혁명 과정에서 대중들을 광범위하게 동원하며, 사회주의 혁명이나 제국주의 세력과의 전쟁 과정에서 이룩한 승리를 자신의 정치적 정당성의 근거로 삼기도 한다. 이러한 혁명 정당으로서의 정체성은 일당독재 체제를 정당화하는 기제로 작용하는데, 이후 사회 변화에 따라 집권당은 사회적 적응을 통해 새로운 사회 세력을 적극적으로 포섭해 나가며 집권을 유지해 나간다. 민주주의 체제에서 정당은 사회적 균열을 활용해 특정 계층을 권력 기반으로 삼는 반면, 일당독재 체제에서 집권당은 다양한 사회 세력을 광범위하게 포섭하고, 대중적 지지를 동원하는 것이다.

일당독재 체제에서의 일반적인 경로와 달리, 시진핑 시기 중국 공산당은 사회 변화에 대한 적응보다는 과거 제국주의와의 대결에서 승리를 거둔 혁명 정당이라는 정치적 정당화에 중점을 두고 있다. 따라서 시진핑 시기 마오쩌둥의 사상적 유산은 다시 중요한 의미를 갖게 되었다. 시진핑은 마오쩌둥의 사상적 유산을 활용해 자신과 당의 위상을 제고하고자 했다. 덩샤오핑의 개혁개방 정책을 뒤로 하고 대신 마오쩌둥을 다시 복원한 것이다.[3] 2012년 11월 중국 공산당 제18차 당대회 연설에서, 시진핑은 중국이 혼란에 빠지지 않도록 '마오쩌둥 사상'을 받아들여야 한다고 주장

---

2   Samuel Huntington, 1970, "Social and Institutional Dynamics of One-Party Systems," in Samuel P. Huntington, and Clement Henry Moore eds, *Authoritarian Politics in Modern Society: The Dynamics of Established One-Party Systems*, Basic Books.

3   Suisheng Zhao, 2016.7, "Xi Jinping's Maoist Revival," Journal of Democracy 27, no. 3, pp.83-97.

했다. 이어 2013년 12월 26일엔 마오쩌둥 탄생 120주년을 맞아 마오쩌둥을 "국가의 얼굴을 바꾸고 중국 인민을 새로운 운명으로 이끈 위대한 인물"이라고 격찬했다.

특기할 점은 중국 정치에서 마오쩌둥 시기에 나타났던 수사들이 다시 등장했다는 점이다. 시진핑은 2013년 6월 18일 '당 군중노선 교육실천활동 공작회의'에 참석해 마오쩌둥 시기의 정풍(整風) 운동의 필요성을 역설했다. 그는 형식주의, 관료주의, 향락주의, 사치풍조를 중국 공산당의 4대 문제로 규정하고, 이러한 당의 기풍을 바로잡아야 한다고 주장했다. 또한 마오쩌둥의 군중노선을 거론하기도 했다. 대중의 지지를 얻느냐 잃느냐 하는 것은 당의 존망이 걸린 문제이며, 혁명시대에 했던 것처럼 대중과의 유대를 개선하기 위해 군중노선을 채택해야 한다는 내용이었다. 군중노선은 마오쩌둥의 사상으로, 당의 정책이 올바르고 효과적이려면 반드시 군중으로부터 나와야 하며, 인민의 요구와 이익이 내포되어야 한다는 것을 의미한다.[4]

미국과 중국의 무역 갈등이 벌어지기 시작한 2018년엔 자력갱생이라는 마오쩌둥의 수사가 등장하기도 했다. 시진핑은 미국의 무역 제재에 따라 가로막힌 첨단 기술 부품 생산을 중국 국유기업이 맡아야 한다며 자력갱생을 강조했다. 마오쩌둥은 문화대혁명 시기 자본주의 착취와 미국을 비롯한 서구의 대중 고립 정책에 대응하기 위해 '자력갱생'이라는 용어를 제시했다. 이는 중국 경제가 세계로 통합되는 덩샤오핑의 대외 경제 정책

---

4 「党的群众路线教育实践活动工作会议召开 习近平发表重要讲话」, 『人民日报』, 2013.6.19, http://jhsjk.people.cn/article/21888765

과 반대된다고 할 수 있다.[5]

마오쩌둥의 유산이 다시 나타나게 된 데엔 중국 공산당의 취약해진 정치적 정당성이 하나의 원인으로 작용했다. 중국 공산당은 마오쩌둥 사후 개혁개방 정책으로 인해 오히려 정치적 정당성이 약화했다. 대중의 중국 공산당에 대한 지지도 흔들리게 된 것이다. 시진핑의 중국 공산당은 마오쩌둥 시기의 민족주의 이데올로기를 부활시킴으로써 중국 공산당의 정치적 정당화를 다시 복원하고자 한다는 해석이 가능하다. 중국 공산당이 제국주의 세력에 승리를 거두고 중국을 건국했다는 혁명 정당으로서의 정체성을 다시 회복하는 것이다. 이는 중국 공산당의 집권을 정당화할 수 있는 기제이다. 중국에서 민족주의는 다양한 계급과 집단이 공유할 수 있는 이념적 기반이라고 볼 수 있다.[6]

시진핑 시기 마오쩌둥 사상은 다시 중요한 의미를 갖게 되었다. 이 같은 맥락에서 이 연구는 마오쩌둥의 국제정치 사상과 관념에 대한 역사적 기원을 살펴보는 데 목적을 둔다. 이로써 현대 중국의 외교 정책을 관철하는 이념적 사유의 궤적을 이해할 수 있을 것으로 기대한다. 나아가 중국에서 마오쩌둥의 유산과 그 극복 과정을 밝힘으로써, 중국의 적대적 대외 인식의 기원을 찾고자 한다. 마오쩌둥의 국제정치 사상의 유산과 극복은 동아시아 지역에서 전개되는 갈등을 완화할 수 있는 하나의 단초일 수 있기 때문이다. 마오쩌둥의 국제정치 사상에 대한 이해를 바탕으로, 이 연구는 동아시아 지역에서 화해·평화에 대한 함의를 찾고자 한다.

---

5   Gabriel Wildau. 2018.11.12, 「China's Xi Jinping Revives Maoist Call for 'Self-Reliance'」, *The Financial Times*.

6   Zhao, 2016, 앞의 책.

연구는 마오쩌둥의 국제정치 사상의 형성 및 전개 과정을 세 시기로 구분하고자 한다. 첫째, 옌안 시기이다. 이 시기는 천두슈(陳獨秀)의 초기 중국 공산당의 사회주의 혁명 운동이 국민당 정부의 토벌로 실패하면서 시작되었다. 둘째, 건국 시기 이후 대미 갈등 시기이다. 중국에게는 제2차 세계대전 이후 초강대국으로 부상한 미국이 새로운 위협으로 부상했다. 셋째, 중소 분쟁 이후 시기이다. 중국은 소련과 갈등을 겪으면서, 소련을 미국과 함께 새로운 위협으로 인식하게 되었고, 마오쩌둥은 이에 대응하기 위해 새로운 국제정치 사상을 제시했다.

II. 마오쩌둥 국제정치 사상의 기원과 전개

1. 옌안 시기: 마오쩌둥 사상의 형성

마오쩌둥 사상은 1927년 중국 공산당의 대봉기 실패에서 기원했다. 1920년대 천두슈가 이끌었던 중국 공산당의 사회주의 혁명 운동이 국민당 정부의 토벌로 실패했고, 마오쩌둥은 초기 공산당의 사상과 노선의 오류를 비판했다. 마오쩌둥은 중국 공산당의 사회주의 운동에서 겪은 실패 경험을 바탕으로, 새로운 중국의 사회주의 노선을 제시하였다. 그 기원은 중국에 맞는 사회주의 혁명의 방식을 재설정하는 것이다. 중국이 처한 정치적 상황 속에서 적과 동지를 규정하고, 동지들과 공동 전선을 구축함으로써, 적에게 사회주의 혁명을 달성하는 것이다. 적으로 둘러싸인 중국, 중국 내부의 적이라는 마오쩌둥의 피포위의식이 발현된 시기이기도 하다. 이렇게 형성된 마오쩌둥 사상은 옌안 정풍 운동을 거치면서 정리되었다.

마오쩌둥은 천두슈를 우경기회주의자로 규정하면서, 천두슈가 국민당의 반동적인 압박에 겁을 먹고 농민들의 혁명 봉기를 지지하지 않는 오류를 저질렀다고 비판했다. 농민을 버림으로써 공산당과 노동자가 고립무원의 상황에 처하게 했다는 것이다. 1927년 마오쩌둥은 후난성에서 벌어진 농민혁명투쟁을 32일 동안 시찰하면서, 공산당의 동맹으로서 농민의 역할에 주목했다. 그렇게 나온 보고서가 '후난 농민 운동에 대한 고찰 보고'[7]였다. 마오쩌둥은 이 보고서에서 농민의 역할에 주목했다. 전통적인 마르크스주의에선 혁명의 주력을 도시의 프롤레타리아 노동자로 보았지만, 마오쩌둥은 중국에서 혁명의 주도 세력으로 농민에 주목했다.

마오쩌둥은 농민운동에 반대하는 모든 주장은 빨리 변경해야 한다고 했다. 혁명 당국은 다양한 농민 운동에 대한 잘못된 취급을 바로잡아야 하며, 그래야만 혁명이 성공을 거둘 수 있다는 것이다. 마오쩌둥은 당시 중국에서 부상하던 농민 봉기에서 다음과 같이 혁명의 실마리를 찾았다. "중국에서 아주 짧은 시간 동안 중국의 중부, 남부, 북부 지방에서 농민 수천만 명이 봉기해 그 기세가 폭풍우처럼 거세질 것이며, 그 어떤 세력도 이를 진압할 수 없을 것이다. 농민들은 자신을 묶고 있는 모든 굴레를 부수고 해방의 길을 향해 달려갈 것이다." 중국 공산당은 농민들을 이끌어 나가야만 혁명을 성공시킬 수 있다고 본 것이다.

그는 농민과 함께 무너트려야 할 적을 외부의 제국주의 세력과 중국 내 지주로 설정했다. 제국주의와 봉건주의를 타도할 때 중국의 민족 혁명이 달성될 수 있다고 본 것이다. 마오쩌둥은 농촌의 봉건세력을 타도하기 위해 일어나는 주체는 농민이라고 주장했다. 그는 중국의 봉건주의를 지

---

[7] 毛泽东,「湖南荣民运动考察报告」.

주와 농민 간의 관계로 설정하고, 이러한 봉건주의를 지탱하는 정치적 기제로 제국주의 세력, 군벌, 관료들을 지적했다. 마오쩌둥은 이들 봉건세력을 타도하는 것이 민족혁명의 진정한 목표라고 보았다.

농민 혁명에 대한 마오쩌둥의 관심은 신민주주의 혁명론으로 발전했다. 신민주주의 혁명론은 반제국주의를 강조한 것으로, 마오쩌둥의 적대적인 대외 인식을 드러낸 것이었다. 마르크스주의에서의 부르주아 민주주의 혁명론은 중국에 맞지 않기 때문에, 새로운 신민주주의 혁명론이 필요하다는 내용이었다. 중국은 식민지 및 반식민지 상황에 처해 있었기 때문에 사회주의로의 발전을 모색하면서 중국 현실에 맞는 사회주의 혁명 단계를 설정해야 했다. 신민주주의 혁명은 세계 프롤레타리아 사회주의 혁명의 일부분으로서 제국주의, 즉 국제자본주의에 단호히 반대하는 것이었다.

신민주주의 혁명론은 정치적으로 여러 혁명적 계급이 연합하여 제국주의자, 배반자, 반동파에 대하여 독재를 실시하는 것이었다. 또한 경제적으로는 제국주의자 및 배반자, 반동파의 대자본, 대기업체들을 몰수하여 국영으로 만들고 지주계급의 토지를 농민에게 분배하여 그들의 소유로 만드는 것이다. 다만 일반적인 개인 자본주의의 기업을 보존하며 부농경제를 폐지하지 않는 것이다. 신민주주의 혁명이란 프롤레타리아트 영도하에서의 인민대중의 반제국주의, 반봉건적 혁명이다. 마오쩌둥은 중국 사회가 반드시 이 혁명을 거쳐야만 한 걸음 더 나아가 사회주의 사회로 발전할 수 있으며 그렇지 않으면 사회주의로의 진전이 불가능하다고 밝혔다.[8]

---

8 毛泽东, 1991, 「中国革命和中国共产党(一九三九年十二月)」, 『毛泽东选集』 第2卷, 北京:

중국은 제국주의 침략으로 큰 고통을 겪은 국가 중 하나입니다. "제국주의 열강이 중국을 침략한 목적은 봉건 중국을 자본주의 중국으로 바꾸는 것이 아니었습니다. 제국주의 열강의 목적은 정반대로 중국을 그들의 반식민지나 식민지로 만들려는 것이었습니다."[9] 제국주의자들은 자신들의 라이벌을 만들기 위해 식민지와 반식민지에 자신들의 자본주의 체제를 통째로 이식하지 않았습니다. 그렇기 때문에 그들은 중국을 제국주의를 위한 영구적인 원자재 공급처, 상품 판매처, 자본 수출처로 만들기 위해 중국을 침략하고 중국의 독립과 중국 자본주의의 발전에 반대했습니다. 제국주의의 야만적인 침략으로 현대 중국은 국가의 독립과 인민의 자유를 잃었고, 제국주의와 그 하수인들의 잔인한 억압으로 인민의 풍요와 국가의 근대화를 잃었습니다. 중국 민족이 인류에 큰 공헌을 하고 찬란한 문명을 창조했지만 현대에 이르러 뒤처진 결과입니다. 이러한 후진성은 전적으로 외국 제국주의자들과 그들 자신의 반동 정부에 의한 억압과 착취의 결과입니다. 이 상황을 바꿀 수 있는 유일한 방법은 혁명뿐입니다.[10]

마오쩌둥의 신민주주의 혁명론은 중일 전쟁 과정에서 출현했다. 일본의 침략에 대한 중국 공산당의 대항 과정에서 출연했다. 마오쩌둥은 중국의 다양한 계급과 정치 세력과 연합해 우선 일본과의 전쟁에서 승리해야 한다고 주장했다. 일본에 대항한 통일전선의 구축이었다. 무산계급의 영

人民出版社, 621~656쪽.
9   毛泽东, 1991, 『毛泽东选集』第2卷, 人民出版社, 1991年版, 第628页.
10 毛泽东, 1991, 『毛泽东文集』第5卷, 人民出版社, 1996年版, 第344页.

도 아래 혁명적 계급들의 통일전선의 독재를 수립한다는 것이다. 여러 혁명적 계급들이 연합하여 실시하는 독재이다. "오직 항일을 찬성하고 또 민주주의를 찬성하는 사람이라면 그가 어느 당, 어느 파이거나를 불문하고 모두 이 정권에 참가할 자격이 있다"고 한다.[11]

마오쩌둥은 중국 혁명에 대한 자주적이고 독립적인 입장을 내세웠다. 1930년 5월 마오쩌둥은 중일 전쟁 과정에서 국민당 정부의 소련과 영국에 대한 의존에 반대하면서 동시에 중국 공산당 일부 인사들의 소련과 코민테른에 대한 맹목적인 복종에 반대한다고 밝혔다. 중국의 문제는 중국이 자주적으로 해결해야 한다는 주장이었다.[12] 1944년 마오쩌둥은 미국 외교관과의 회담에서 중국 독립과 자립을 강조하면서, 이것이 외국에 의존하는 장제스의 국민당과 다른 점이라고 했다. 마오쩌둥은 독립과 자립 정책을 고수해야만 무적이 될 수 있고 최후의 승리를 거둘 수 있다고 믿었다.[13]

마오쩌둥의 이 같은 이념은 중일전쟁 과정에서 중국 공산당의 비약적인 성장과 확대를 가져올 수 있었던 요인이었다. 중국 공산당의 군대는 100만명 이상의 병력을 보유한 군대로 성장했다. 마오쩌둥이 내세운 반일 민족주의가 중국 국민들의 지지를 얻었던 데 따른 결과였다. 1937년 일본의 침략으로 시작된 중일전쟁 과정에서 중국 공산당은 일본에 대한 전국민적 저항을 내세웠다. 장제스의 국민당이 일본에 침략에 무기력하

11　毛泽东, 1991, 「目前形势和我们的任务(一九四七年十二月二十五日)」, 『毛泽东选集』 第4卷, 北京: 人民出版社.

12　毛泽东, 1991, 『毛泽东选集』 第1卷, 北京: 人民出版社, 111~112쪽.

13　毛泽东, 1991, 『毛泽东选集』 第4卷, 北京: 人民出版社, 1188쪽.

게 대응했던 것과 달리, 마오쩌둥이 이끄는 중국 공산당은 농촌 지역에서의 유격전을 통해 효과적으로 일본군에 맞섰다. 중국 공산당은 일본의 침략에 대항하는 민족주의적 상징으로 부상했던 것이다. 중국 도시 지역의 학생과 지식인들 수천명이 항일 투쟁에 가담하기 위해 당시 중국 공산당의 근거지였던 옌안으로 몰려들었다.[14]

반일 민족주의에 기초한 마오쩌둥은 사상은 옌안 체제의 수립 과정에서 완성되었다. 옌안체제는 1935년 쭌이회의(遵義會議)에서 시작되어, 1940년대 전반 옌안정풍운동을 통해 완성되었다.[15] 1935년 쭌이회의에서 공산당 지도자로 부상한 마오쩌둥은 유격전을 기본 방침으로 삼았다. 1935년 쭌이회의에서 공산당 지도자로 부상한 마오쩌둥은 유격전을 기본 방침으로 삼았다. 공산당의 군사력이 열세인 상황에서 정규전으로 일본군을 이길 수 없다는 판단에서였다. 마오쩌둥은 유격전(게릴라전)을 통해 일본군을 분산시켜야 한다고 주장했다. 1937년 중국 공산당은 독립, 자주, 분산 작전을 핵심으로 한 유격전 원칙을 하달했다. 각 지역 군은 작전을 자유롭게 운용하며, 산간 지역에 근거지를 구축해, 의용군을 모집할 수 있도록 했다. 이에 따라 공산당은 중국 각지에 근거지를 두고 일본군과 교전했다.[16]

---

14 Maurice Meisner, 1999, *Mao's China and after: A history of the People's Republic*, Simon and Schuster.

15 안치영, 2015, 「마오쩌둥(毛澤東) 의 옌안(延安) 체제 재편과 가오강(高崗) 사건」, 『서강인문논총』 제44집.

16 中共中央党史研究室, 1991, 『中国共产党历史』 第一卷, 北京: 中共党史出版社, 477~480쪽; Lyman Van Slyke, 1983, "The Chinese Communist Movement During the Sino-Japanese War 1937-1945," in *The Cambridge History of China*, ed. John King Fairbank, Denis Twitchett, New York: Cambridge University Press.

마오쩌둥은 소련 유학파 출신의 왕밍과 이념적 노선 투쟁을 벌였다. 소련 유학파 출신의 공산당 간부들은 소련에서 사회주의에 대한 이념적 훈련을 받았다. 다른 공산당 지도자들에 비해, 이념적으로 우위를 점할 수밖에 없었다. 마오쩌둥은 이념적 정당성을 획득해야 하는 과제에 직면했다. 마오쩌둥은 1938년 6기 6중전회에서 마르크스 이념에 대한 학습 방법을 제시한 바 있다. 그는 "마르크스, 엥겔스, 레닌, 스탈린의 사상을 모두 연구하면서, 중국의 역사, 정세와 상황에 대한 연구까지 나아가야 한다"고 했다. 그는 "공산당원은 국제주의적인 마르크스주의자이지만, 마르크스주의가 일정한 민족적 양식과 서로 결합했을 때, 비로소 현실에 실현할 수 있다"고 했다.[17]

마오쩌둥은 중국의 역사적 유산에 대한 계승과 민족적 특징을 강조했다고 해석할 수 있다. 이러한 입장은 소련 유학파의 이념과 달랐으며, 마오쩌둥의 이념적 색깔을 드러낸 것이라고 볼 수 있다. 결국 마오쩌둥은 마르크스주의를 중국에 적용하는 문제를 두고, 왕밍 등 소련 유학파와 이념적 노선 투쟁을 벌였다고 볼 수 있다. 옌안 정풍이 본격화하기 직전인 1941년 9월 정치국 회의에서, 마오쩌둥은 왕밍과 소련 유학파의 문제를 강력 비판했다. 소련 유학파들이 공산당 지도부로 소비에트 운동을 주도하면서 공산당에 커다란 해악을 끼쳤다고 했다. 마오쩌둥은 이들을 좌경 기회주의, 주관주의, 파벌주의로 몰아붙였다. 마오쩌둥은 "마르크스주의를 교조적으로 이해하지 말고, 마르크스주의를 통해 실제 문제를 연구해야 한다"고 했다. 중국에서의 풍부한 실천 경험을 마르크스주의화해야

---

17 毛泽东, 2009, 「中国共产党在民族战争中的地位(一九三八年十月十四日)」, 『毛泽东选集』 第2券, 北京: 人民出版社.

한다는 것이다. 마오쩌둥의 이 같은 발언은 정풍운동의 기조를 밝히는 것으로, 그 시작을 예고했다고 볼 수 있다.[18]

옌안정풍운동은 단순히 공산당 당원에 대한 마르크스주의 교육을 의미하지 않았다. 마르크스주의를 중국에 적용하는 문제를 두고, 마오쩌둥의 사상이 당의 지배적 이념으로 자리잡는 과정이기도 했다. 1942년 2월 마오쩌둥은 '당의 일하는 방식을 바로 잡자'는 제목의 문건을 발표하면서 옌안정풍운동을 본격화했다. 그는 여기에서 마르크스, 레닌주의를 중국의 현실, 실천과 무관하게 이해하는 교조주의를 강력하게 비판했다. 마오쩌둥은 마르크스, 레닌주의 입장, 관점, 방식으로 역사, 혁명 과정에서 발생하는 실천의 문제들을 정확하게 해석할 수 있어야 한다고 주장했다. 이런 역할을 할 수 있는 사람이 바로 이론가라고 했다.[19]

1942년부터 3년 동안 옌안 정풍 운동을 통해 중국 공산당의 이념을 주도하게 되었다. 이 과정에서 이른바 '마오쩌둥 사상'이 정립되었다. 이로써 마오쩌둥은 조직 차원뿐만 아니라 이념 차원에서도 최고지도자 지위를 확립하게 되었다. 옌안 체제는 조직과 이념 두 차원에서 그 성격을 설명할 수 있다. 먼저, 조직 차원에서 공산당의 정점인 마오쩌둥 지휘 아래, 공산당 하부조직의 지도자들이 마오쩌둥에 개인적 충성을 바탕으로 결합했다. 다음, 이념 차원에서 마오쩌둥 사상에 따라 중국 공산당이 이념적 단일성을 갖추었다.[20]

---

18 胡乔木, 2014, 『胡乔木回忆毛泽东』, 北京: 人民出版社, 193~195쪽.
19 毛泽东, 2009, 「整顿党的作风(一九四二年二月一日)」, 『毛泽东选集』 第3卷, 北京: 人民出版社.
20 Huang, Factionalism in Chinese Communist Politics, pp.119-125.

2. 건국 이후 시기: 마오쩌둥 사상의 전개

마오쩌둥은 중일전쟁과 국공내전에서 중국 공산당을 이끌며 중화인민공화국을 건국하였다. 이후 과거 제국주의 국가들의 잔재를 청산하는 대외정책을 추진하며, '새롭게 시작한다(另起爐灶, 부뚜막을 다시 쌓는다)'·'과거를 청산한다(打掃房子再請客, 집 청소를 하고 손님을 초대한다)'를 외교정책의 기조로 삼았다. '새롭게 시작한다'는 것은 과거 청나라 말기에 체결한 불평등한 외교 관계를 청산하고, 사회주의 중국이 다른 국가들과 평등한 외교 관계를 새롭게 수립하겠다는 뜻이다. '과거를 청산한다'는 것은 과거 제국주의 국가들이 중국에서 누렸던 혜택과 영향력을 제거한 후 평화·민주·평등에 기반하여 다시 외교 관계를 수립하겠다는 의미다.

이러한 외교정책 방향은 1949년 3월 5일 중국 공산당 제7기 중앙위원회 제2차 전체회의 보고인 '중국인민정치협상회의공동강령(中國人民政治協商會議共同綱領)'에서 나타났다. 이 문건에서 마오쩌둥의 중국 공산당은 중국이 추구해야 할 새로운 외교정책 기조를 명확히 제시했다. 과거 정부가 체결했던 일련의 불평등조약에 대해 다시 심의하여 폐기하거나 수정, 갱신 및 승인 절차를 밟겠다고 밝혔다. 과거 중국에서 제국주의 국가들이 누렸던 특혜를 청산하고 다시 관계를 수립하겠다는 의미의 '과거를 청산한다'는 것은 대내적으로 어떤 권위의 간섭도 배제하고 공산당의 통치 조직이 효과적으로 통제하겠다는 의미다. 결국 공산당 정부가 대내외적으로 최고 권위의 합법성을 인정받을 수 있도록 일련의 새로운 조치를 취해 나가겠다는 선언이다.[21]

---

21 김애경, 2021, 「마오쩌둥 시기 중국의 주권 정책: 중·소 동맹과 중·영, 중·일 수교 과

마오쩌둥은 과거 제국주의의 침략 유산을 청산하고 새로운 대외적 관계를 수립하는 데 그치지 않았다. 중국 공산당은 새로운 국가를 건설하는 데 성공했지만, 마오쩌둥은 중국이 여전히 제국주의 국가로부터 위협 받고 있다고 보고 중국을 위협하는 외부 세력을 다시 설정했다. 그의 세계에 대한 인식은 제국주의와 식민지·반식민지 사이의 대결과 투쟁이 바탕이 되었다. 이러한 세계적 대립의 한 차원에서 중국 역시 제국주의와의 대결이 불가피하다고 본 것이다.[22]

마오쩌둥은 중국의 대외 정책 기조에 대해 "중국 인민은 세계 모든 민족과 우호 협력을 실천하고, 생산과 경제 번영을 위해 국제 무역과 통상을 재개하고 발전시킬 의향이 있다"고 하면서도 제국주의와의 대결 의지를 밝혔다. 그러면서 "중국 인민에 대한 제국주의 세력의 기획에 단호하게 반대해야 한다", "제국주의자들은 항상 새로운 중국에 적대적이었다"고 강조했다. 중국이 생존을 위해선 제국주의의 전쟁 위협, 중국에 대한 고립 정책과 경제 봉쇄에 맞서야 한다는 한다고 했다.[23] 이처럼 마오쩌둥은 중국 건국 이후에도 제국주의 세력이 중국을 포위하고 위협한다는 적대적 대외 인식을 견지했다.

마오쩌둥의 대외적 위협 인식은 '중간 지대'라는 관념으로 나타났다. 그는 1946년 미국 언론인 안나 루이스 스트롱(Anna Louise Strong)과의 대담에서 미국과 소련의 대립이라는 국제정치 현상을 설명하는 개념으로

정을 중심으로」, 『국제정치논총』 61.3: 47~81쪽.
22　李久林, 2012, 『毛泽东在建国后的国际战略思想及其实践效应』, 中国社会科学出版社, 175쪽.
23　毛泽东, 1991, 『毛泽东选集』 第4卷, 北京: 人民出版社, 1466쪽.

'중간 지대'를 제시하며, 미국과 소련 사이의 매우 광대한 지역을 '중간 지대'라고 불렀다. 미국과 소련이 경쟁을 벌이는 지역이라는 것이다. 미국은 광대한 '중간 지대' 국가들을 복속시키기기 전까지 소련을 공격하기 어렵다고 했다. '중간 지대' 개념이 제시될 당시 중국에선 중국 공산당과 미국의 지원을 받는 장제스의 국민당이 내전을 벌이고 있었다. 마오쩌둥은 중국 내에서 벌어지고 있던 상황을 미국과 소련의 국제 정치적 갈등과 연관시켜 설명하기 위해 '중간 지대'라는 개념을 제시했던 것이다.[24]

이후 마오쩌둥은 국제 정세를 이해하는 주요한 관점으로 '중간 지대' 개념을 발전시켰다. 미국의 반공(反共)·반소(反蘇) 정책의 본질은 '중간 지대' 국가들의 경제와 영토를 복속하고, 미국의 패권을 확대하는 것이라고 지적했다. 그는 아시아 국가들에 대한 외교정책을 '중간 지대'라는 지정학적 개념을 바탕으로 구성했다. 그러면서 중국 주변의 아시아 국가들은 미국과 소련의 중간지대이며, 지정학적 경쟁의 무대라고 보고 이들과 우호적 외교 관계 수립을 추진해야 한다고 했다.[25] 또 중국은 아시아·아프리카 대륙의 '중간 지대' 국가의 인민들과 연합해 미국의 침략에 맞서야 한다고 주장했다.[26]

1950년 한국전쟁에 대한 중국의 군사 개입에서도 마오쩌둥의 적대적 대외 관계 인식이 나타났다. 그는 한국전쟁을 북한의 남침에 의해 시작된 것이라고 보지 않았고, 전쟁의 성격을 제국주의 미국의 공격이라고 보

---

24 毛澤東, 1946, 「和美国记者安娜·路易斯·斯特朗的谈话(8月6日)」, 『毛泽东选集』第4卷, 1193~1194쪽.
25 李捷, 2003, 『毛泽东与新中国的内政外交』, 北京: 中国青年出版社, 42쪽.
26 叶自成, 2001, 『新中国外交思想: 从毛泽东到邓小平』, 北京: 北京大学出版社, 129쪽.

았다. 마치 미국이 장제스와 함께 중국 공산당과 인민들을 공격했던 것처럼 한반도에서도 한국 인민들을 침략했다는 것이다. 마오쩌둥은 한국전쟁을 통해 제국주의자들과 세계 인민들에게 교훈을 주어야 한다고 주장했다. 미국은 두려워할 대상이 아니며, 제국주의의 오만한 침략에 심각한 타격을 입혀야 한다고 했다.[27]

'중간 지대'라는 적대적 대외 인식은 마오쩌둥의 대만에 대한 군사력 사용으로 나타나기도 했다. 그는 북한 문제를 해결한 후 1954년 미국의 대만 철군을 요구했다. 이어 1955년 8월부터 미국과 대만 문제에 대해 협상했지만, 미국이 소극적인 자세로 일관했다고 보았다. 결국 1957년 미국과 중국의 대만 협상이 중단되었다. 마오쩌둥은 미국이 레바논에 군사적 개입을 단행하자, 제국주의 미국에 대항하는 또 다른 국제적 이슈로 대만 문제를 제기할 수 있다고 판단했다. 아랍 인민과 중국 인민이 함께 미국의 제국주의에 맞서 연대한다는 의미였다. 이에 따라 마오쩌둥은 1958년 8월 진먼(金門)·마주(马祖)를 포격하며 직접적으로 장제스를 공격했지만, 간접적으로는 미국에 대한 공격이라고 규정했던 것이다.[28]

1958년 레바논 내전에 미국이 개입하자, 마오쩌둥은 대만에 군사력을 사용할 수 있는 기회라고 판단했다. 그는 8월 23일 정치국 상무위원회 회의에서 대만 해협 도서 침공에 대해 두 가지 이유를 들었다. 하나는 제국주의 미국에 맞서는 아랍 인민들을 지원해야 할 필요성, 그리고 다른 하나는 대만 문제에 개입하는 미국을 혼내기주기 위해서라고 밝혔다. "미국은 지난 수년 동안 중국을 경시해 왔다. 미국은 대만에 군사력을 주둔시

---

27 毛泽东,「朝鲜战局和我们的方针 (1950年9月5日)」,『毛泽东文集』第6卷, 92~94쪽.
28 党的文献编辑部, 2005, 앞의 책, 151-152쪽.

키고, 미 해군 참모총장이 대만해협에서 상륙 작전 준비를 마쳤다"고 발언하는 등 대만 해협에서 긴장을 조성했다.

미국 제7함대는 대만해협을 오가기도 했다. 진먼다오(金門島)·마주다오(馬祖島) 열도에 대한 중국 인민해방군의 포격은 미국의 반응을 보는 데 가장 중요한 의미를 갖는다.[29]

중국의 대만에 대한 군사력 동원은 미국의 대만 정책 변화를 배경으로 했다. 미국은 대만을 중국 공산당이 통치하는 본토와 분리해 두 개의 중국 원칙을 취하려는 움직임을 보였다. 1955년 1월 미국 의회는 대만 결의안(Formosa Resolution)을 통과시켰다. 미국 대통령에게 대만을 방위하기 위해 군사력을 사용할 수 있는 권한을 부여한 것이다. 이어 3월엔 미국과 대만 사이의 공동방위조약이 발효되었다. 대만 해협에 대한 국제 정세의 변화에 대응해 중국 공산당 중앙위원회·중앙군사위원회는 해군과 공군의 확대를 추진했다. 1956년까지 동남부 해안에 비행장을 비롯한 군사기지 건설을 추진했다. 마오쩌둥의 지시에 따라 중국군은 1958년 4월 대만 진먼·마주에 대한 포격과 봉쇄 준비를 마쳤다. 대만을 중국 본토와 분리하려는 미국의 정책에 대응해 중국이 대만 해협 방면에 군사력 증강을 추진했던 것이다.[30]

미국 덜레스 국무장관이 추진하려던 두 개의 중국 원칙을 차단하고자 하는 의도도 작용했다. 마오쩌둥은 진먼·마주 열도 포격을 결정했다. 그는 미국 정부의 '두 개의 중국' 정책 추진을 막기 위해 대만 해협에 의도적으로 긴장을 조성했다. 하지만 마오쩌둥은 대만에 상륙하는 문제에 대해

---

29 吳冷西, 1995, 앞의 책, 75쪽.
30 中国人民解放军军史编写组, 2011, 앞의 책, 214-215쪽.

선 반대했다. 인민해방군은 미 해군 함정은 포격하지 않고 대만 해군 함정만 포격했다(吳冷西 1995, 79~80). 마오쩌둥은 대만 해협에 위기를 조성함으로써 미국에게 대만 연루의 위험을 각성시키고자 했다는 해석이 가능하다.

대만 해협 위기가 마오쩌둥의 대약진 운동 시기에 이뤄졌다는 점은 의미 있는 대목이다. 대약진 운동은 농업 집단화·인민공사로 대표되는 마오쩌둥의 급진 사회주의 정책이다. 마오쩌둥은 급진 사회주의 혁명에서 인민들을 동원하고 단결시킬 수 있는 기제로 제국주의 침략 국가로 설정한 미국을 제시했다. 그는 1958년 9월 5일 최고국무회의에서 국제 정세를 분석하면서 제국주의 미국의 군사 행동은 인민들에게 유익할 수 있음을 밝혔다. 미국에 의해 조성된 군사적 긴장으로 인해 인민들의 정신을 고양시키고, 인민 동원이 유리해졌다고 분석했다. 적대시할 대상, 대결해야 할 대상이 있어야 한다는 것이다. 미국과의 군사적 긴장은 인민에 대한 교육적 효과를 갖는다고 했다(毛澤東外交文選 343~344).

마오쩌둥은 제2차 대만 해협 위기가 끝난 직후 제국주의와의 전쟁 의지를 밝히는 '종이 호랑이'을 제시했다. 1958년 12월 1일 마오쩌둥은 우창에서 "제국주의자와 모든 반동파는 이중성을 가지고 있으며, 그들은 진짜 호랑이이자 종이 호랑이"라고 했다. 제국주의 세력이 중국에서 100여 년 동안 사람을 잡아 먹은 진짜 호랑이였다. 그런데 중국 인민들은 제국주의·봉건주의·자본주의와 맞서서 승리를 거두었고, 결국 장기적으로 제국주의는 종이 호랑이, 죽은 호랑이로 전락할 수밖에 없다고 했다. 다만 종이 호랑이가 된 제국주의 세력은 언제든 다시 진짜 호랑이처럼 나타나 중국 인민들을 잡아먹을 수 있다고 했다. 중국 인민은 양면성을 갖고 있는 제국주의 세력을 계속 경계해야 하며, 전략적 사고를 견지해야 한다고

마오쩌둥은 주장했다.[31]

3. 중소 분쟁 이후 시기: 마오쩌둥 사상의 변용

중국은 미국과 소련이라는 양대 초강대국을 동시에 위협으로 인식하고, 이를 위해서 마오쩌둥은 두 개의 '중간 지대'라는 관념을 제시했다. '중간 지대론'은 중소 분쟁 시기 '두 개의 중간 지대'라는 개념으로 발전했다. 1960년대 초 중국은 미국뿐 아니라 소련 역시 위협으로 인식했다. 수정주의 소련에 맞서는 '중간 지대'와 제국주의 미국에 맞서는 '중간 지대'가 존재한다는 것이다. 마오쩌둥은 남과 북 양방향에서 주적에 대항하고, 중국의 고립을 탈피하기 위해 미소와 우호적 관계를 유지하고 있지 않은 국가들과의 국제적 통일전선 구축이 필요하다고 했다.[32] '두 개의 중간 지대론'에 따르면 제1지대는 유럽, 캐나다, 일본, 호주, 뉴질랜드 등 발전 자본주의 국가이며, 제2지대는 아시아, 아프리카, 남미 등 저개발 국가이다. 따라서 중국은 '두 개의 중간 지대'에 속한 국가들과 국제적 통일전선을 구축하여 미국과 소련의 위협에 동시에 대응해야 한다는 것이다.[33]

　마오쩌둥은 중소 분쟁이 시작되면서 '두 개의 중간 지대론'이라는 지정학적 담론을 전개하며 국제 정세를 이해하는 주요한 관점으로 '중간 지대' 개념을 발전시켰다. 미국이 펼치는 반공(反共)·반소(反蘇) 정책의 본

31　毛泽东, 1999, 「关于帝国主义和一切反动派是不是真 老虎的问题」, 『毛泽东文集』 第7卷, 北京: 人民出版社, 455~457쪽.

32　叶自成, 2001, 앞의 책, 130쪽.

33　毛泽东, 1994, 「中间地带有两个(一九六三年九月, 一九六四年一月, 七月)」, 『毛泽东外交文选』, 北京: 外文出版社, 506~509쪽.

질은 '중간 지대' 국가들의 경제와 영토를 복속하고, 미국의 패권을 확대하는 것이라고 지적했다. 그는 아시아 국가들에 대한 외교정책을 '중간 지대'라는 지정학적 개념을 바탕으로 구성하며, 중국 주변의 아시아 국가들은 미국과 소련의 중간 지대이며, 지정학적 경쟁의 무대라고 보았다. 그러면서 중국은 아시아·아프리카 대륙의 '중간 지대' 국가의 인민들과 연합해 미국의 침략에 맞서야 한다고 주장했다.[34]

'두 개의 중간 지대론'은 소련과 미국의 관계 개선으로 인해 더욱 강화된다. 1963년 7월 6일부터 20일까지 중소 회의가 모스크바에서 개최되었다. 그런데 회의 기간 중인 7월13일 미·영·소 3국 간 '부분적 핵실험 금지' 협상을 위한 모스크바 회담이 개최된다는 사실이 서방 언론을 통해 발표됐다. 중국 지도부는 소련이 미국과 연합하여 중국을 봉쇄하려는 전략으로 급선회했다고 판단했다. 중국은 미국 제국주의의 위협과 소련 수정주의 위협에 동시에 노출된 것이다. 이런 위협 인식을 바탕으로 마오쩌둥의 두 개의 중간 지대론은 현실에 적합하다는 설득력을 갖게 된 것이다.[35]

마오쩌둥의 적대적 대외 인식은 1970년대 초 중국의 대미 외교정책을 두고서도 나타났다. 이는 마오쩌둥과 저우언라이의 이념적 대립으로 이어졌다. 애초 마오쩌둥과 저우언라이 모두 소련의 패권주의에 반대하며 미국과 연합해야 한다는 데에선 생각이 같았다. 그러나 마오쩌둥은 자신의 문화대혁명 이념이 훼손되는 수준의 중미 관계에 대해선 반대했다. 1973년 11월 당시 미국 국무장관 헨리 키신저가 중국을 방문했다. 키신저는 '핵우산' 계획을 협상 의제로 들고 나왔다. 소련이 중국의 핵능력 무

---

34 叶自成, 2001, 앞의 책, 129쪽.
35 최명해, 2009. 『중국·북한 동맹 관계』, 서울: 오름, 218~219쪽.

력화를 목적으로 중국에 대규모 군사 행동을 할 경우, 미국이 공군을 바탕으로 중국을 지원한다는 내용이었다. 미국의 핵우산 제안은 저우언라이가 마오쩌둥의 결심 없이 결정할 수 없는 사안이었다. 다만 저우언라이는 키신저의 제안에 대해 수용하고 협의를 진행하겠다는 협상 태도를 취했다. 미국의 핵우산 계획에 대한 협의 내용에 마오쩌둥은 불만을 가졌다. 미국의 군사적 보호는 문화대혁명을 주도한 마오쩌둥의 자존심에 흠집을 낸 것이다. 그는 미국이 소련의 중국 압박을 이용해 중국의 체면을 깎아 내리고, 중국을 통제하려는 의도로 인식했다.[36]

마오쩌둥은 중미 협상 직후 정치국 회의 열고, 저우언라이를 예젠잉과 함께 비판하도록 지시했다. 11월 21일부터 시작된 정치국 회의에서 저우언라이는 수정주의를 택했다는 비판을 받았다. 장칭, 장춘차오 등은 "주권을 상실한 국가의 치욕, 투항주의", "미국 밑에 무릎을 꿇었다"라면서 저우언라이를 비판했다. 이들은 저우언라이가 1971년 이후 주도했던 중미 협상 전체를 싸잡아 비난했다. 결국 저우언라이는 회의에서 과도할 정도로 자아비판을 해야 했다. 마오쩌둥은 저우언라이를 지지하지 않았다. 저우언라이는 대외 정책에서 거둔 실용주의적 성과를 바탕으로 중국 내에서 극좌 노선을 바로잡고자 했지만, 마오쩌둥은 이를 용인하지 않았다. 저우언라이는 린뱌오 사건에서 린뱌오를 극좌로 규정하고 극좌 노선의 오류를 지적했지만, 마오쩌둥은 그를 우파로 규정했다. 저우언라이의 문화대혁명 이념 수정을 차단하기 위한 조치였다.[37]

---

36 史雲, 李丹慧, 2008, 『從批林到批鄧: 1972~1976. 難以繼續的 "繼續革命"』, 香港: 香港中文大學當代中國文化研究中心, 178~184쪽; Henry Kissinger, 2012, *On China*, New York: Penguin Books.

37 史雲, 李丹慧, 『從批林到批鄧: 1972~1976. 難以繼續的 "繼續革命"』, 174~177쪽; 필

마오쩌둥은 1974년 2월 잠비아의 쿤다 대통령과 알제리 혁명평의회 부메디엔 의장을 만난 자리에서 적대적 대외 인식을 드러냈다.

"제국주의 침략은 세계 민중의 빈곤과 후진성의 주요 원인일 뿐 아니라 현대 전쟁의 주요 원인이기도 하다. 영원한 평화를 믿지 말라. 사회 체제가 변하지 않는다면 우리끼리 또는 혁명을 일으킨 인민에 의해 전쟁이 불가피하다. 이 세상에는 제국주의가 존재한다. 러시아는 사회 제국주의라고도 불린다. 제국주의의 침략과 전쟁 정책에 단호하게 반대해야 하나? 이것은 중요한 원칙의 문제다. 현대 중국이 독립 봉건 국가에서 반식민지 국가로 점진적으로 변모한 것은 주로 제국주의에 의해 초래되었다. 국가의 독립과 인민의 해방을 위한 투쟁은 현대 중국의 첫 번째 역사적 임무였으며, 이 임무는 주로 제국주의에 대한 것이었고, 투쟁의 첫 번째 대상은 중국을 침략하고 억압한 제국주의 국가들이었다. 세계 현대사에서 아시아·아프리카·라틴 아메리카 국가들이 식민지 또는 반식민지가 된 가장 직접적이고 근본적인 이유는 식민주의와 제국주의의 침략 때문이었다. 이것은 현대의 대다수 아시아·아프리카·라틴 아메리카 국가들이 빈곤과 후진성을 겪게 된 주된 이유이기도 하다. 제국주의는 현대 전쟁의 주요 원인이며, 전 세계에 걸친 제국주의의 침략과 개입은 세계 평화에 심각한 위협이 되고 있다. 제국주의의 침략과 전쟁 정책에 단호하게 반대하지 않는다면 세계 평화를 유지하고, 인류 발전의 대의를 진전시키는 것은 불가능하다."[38]

립 쇼트, 양현수 역, 2019, 『마오쩌둥(Mao: The Man Who Made China)』 2, 서울: 교양인, 459~461쪽.

38 毛泽东, 1998, 『建国以来毛泽东文稿』 第13 册, 中央文献出版社, 379~380쪽.

III. 계속혁명론과 내부의 적 개념

마오쩌둥 사상에서 나타나는 적 개념은 대외 관계에만 있었던 것은 아니었다. 그의 적대적 대외 인식은 이른바 내부의 적이라는 개념으로도 나타났다. 마오쩌둥은 중국 공산당 내부의 적들이 제국주의 세력과 결탁해 자본주의로 복귀를 획책한다고 보았다. 자본주의로 복귀시키려는 적들은 보이지 않게 기회를 노리고 있기에 혁명은 계속되어야 한다는 것이다. 이것이 마오쩌둥의 계속혁명론이었고, 이러한 그의 세계관은 문화대혁명으로 이어졌다. 소련은 이미 스탈린 사후 그에 대한 재평가가 이뤄지며 탈급진주의로 나아간 반면, 마오쩌둥 시기 중국은 오히려 사회주의 이념이 급진화하는 양상이 전개되었다.

소련은 스탈린 사후 탈급진화하는 모습을 보였다. 흐루시초프는 1959년 소련 공산당대회에서 사회주의가 승리했으며, 사회주의에 대한 위협이 더는 존재하지 않는다고 선언했다. 이에 따라 프롤레타리아 독재국가는 전 인민의 사회주의 국가로 변모했다고 밝혔다. 흐루시초프는 프롤레타리아 독재라는 명분으로 자행된 스탈린의 공포 정치를 청산하려 한 것이다.

하지만 마오쩌둥은 흐루시초프의 노선을 거부했다. 그는 1962년 8기 10중전회에서 프롤레타리아(무산 계급) 독재를 통한 계속혁명이론을 주장했다. 자본주의로 복귀를 기도하려는 사람들이 남아 있기에 프롤레타리아 독재를 통한 계급 투쟁이 계속되어야 한다는 것이다. 마오쩌둥의 이 같은 생각은 극좌 이념에 입각한 문화대혁명의 이념적 바탕이 되었다.[39]

---

39 Clemens Dutt, 1963, *Fundamentals of Marxism-Leninism*, Moscow: Foreign Languages

마오쩌둥의 적대적 대외 인식은 중국 공산당 내부로 향했다. 그는 공산당 내부에 제국주의와 결탁한 세력이 존재한다고 보았다. 그 첫 희생자는 국방부장 펑더화이(彭德懷)였다. 1958년 루산회의에서 마오쩌둥에게 7월 14일 보낸 개인적 서신이 문제가 되었다. 서신은 대약진 운동이 위대한 성과를 거두었지만, 사회주의 건설 과정에서 피할 수 없었던 잘못이 있었다는 내용이었다.

"대약진 운동 과정에서 소자산가 계급의 광적인 열정으로 인해 좌경 오류를 범했으며, 군중 노선과 실사구시라는 방식으로부터 이탈했다"

마오쩌둥은 펑더화이의 의사를 묻지 않은 채 서신을 '펑더화이 동지의 의견서'라는 제목으로 7월 16일 배포하고, 회의 의제로 선포했다. 펑더화의 서신은 마오쩌둥을 직접 비판한거나 대약진 운동의 성과를 부정하는 것은 아니었다. 그런데도 마오쩌둥은 펑더화이의 비판을 묵과하지 않았다.[40]

마오쩌둥은 펑더화이 비판에 앞서 군의 움직임에 대비했던 것으로 추정된다. 그는 펑더화이의 서신을 배포한 16일 베이징에 있던 인민해방군 총참모장 황커청(黃克誠)을 루산으로 소환했다. 마오쩌둥이 펑더화이를 비판하는 상황에서 황커청이 군대를 장악하는 일을 우려했던 것이다. 또 중앙군사위원회 부주석이자 국방부부장이었던 린뱌오를 루산으로 불렀다. 이밖에 류샤오치, 저우언라이, 양상쿤, 펑전, 쑹런충(宋任窮), 안즈원

    Publish House, pp.595~596; 양호민, 2004, 「'프롤레타리아 혁명'과 '프롤레타리아트 독재'론의 재고: 고전적 맑스주의에서 소련의 붕괴까지」, 『북한학보』, 29.

40   逢先知, 冯蕙, 2013, 『毛泽东年谱(1949~1976)』第4卷, 北京: 中央文献出版社, 102~103쪽.

(安子文) 등 공산당 고위 간부들도 루산으로 소환했다.[41]

펑더화이의 서신에 대한 회의는 17일부터 22일까지 이어졌다. 회의에 참석한 후차오무, 마오쩌둥의 비서 리루이(李锐), 후난성 제1서기 저우샤오저우(周小舟), 외교부 부부장 장원톈 등 다수가 펑더화이의 편지에 동의했다. 특히 인민해방군 총참모부 장비계획부부장 완이(万毅)는 적극 찬성하고 나섰다. 황커청 총참모장은 펑더화이의 주장에 대해 "기본 정신이 맞다"고 동조했다. 이 같은 회의 분위기는 마오쩌둥의 23일 연설로 순식간에 바뀌었다. 마오쩌둥은 펑더화이와 그에 동조하는 이들에게 "너희들은 우파가 되기까지 30킬로미터 남았다"고 비난했다. 마오쩌둥이 펑더화이의 서신을 당의 이념적 노선 투쟁으로 전환한 것이다.[42]

마오쩌둥의 발언 이후 펑더화이와 그를 동조했던 황커청, 저우샤오저우 등에 대한 비판이 쏟아졌다. 이를 건국의 업적을 이룩한 마오쩌둥의 카리스마만으로 설명할 수 있을지는 의문이다. 그보다는 마오쩌둥의 대중적 영향력이 공산당 간부들에게 상당한 충격을 주었던 것으로 볼 수 있다. 보이보의 회고에 따르면 다음의 발언에 특히 주의를 기울일 필요가 있다고 했다. 마오쩌둥은 연설에서 "남이 나를 범하지 않으면, 나도 남을 범하지 않지만, 남이 나를 범하면 나도 반드시 남을 범한다"라고 하면서, "당신들 해방군이 나와 함께 가지 않는다면, 나는 홍군(紅軍)을 찾아 갈 것이며, 별도의 해방군을 조직하겠다"고 했다. 마오쩌둥은 펑더화이로부

---

41 楊繼繩, 『墓碑: 中國六十年代大饑荒紀實』下編, 861~862쪽. 逢先知, 冯蕙, 『毛泽东年谱(1949-1976)』第4卷, 105~106쪽.

42 逢先知, 金冲及, 2013, 『毛泽东传』第5券, 北京: 中央文献出版社, 1950~1956쪽; 楊繼繩, 『墓碑: 中國六十年代大饑荒紀實』下編, 869~872쪽; 李维民, 1995, 「万毅张军在庐山会议」, 『淡黄春秋』第3期.

터 공격을 받았으니, 자신도 펑더화이에게 반격을 가하겠다는 뜻이다. 그리고 그 방식이 농민과 노동자로 이뤄진 새로운 혁명군을 동원하는 것이었다.[43]

마오쩌둥은 대약진 운동을 비판한 이들을 반당 분자로 규정하고 직무를 박탈했다. 8월 2일 중앙위원회 회의를 소집하고, '중국 공산당 8기 8중전회 펑더화이 동지를 수괴로 하는 반당 집단의 착오 결의'를 통과시켰다. 이 결의는 펑더화이의 서신과 발언을 마오쩌둥과 공산당 중앙에 대한 공격으로 규정했다. 그리고 "펑더화이를 수괴로 황커청, 장원톈, 저우샤오저우 등 우경 기회주의 반당 집단이 공산당의 총노선, 대약진, 인민공사를 반대하는 맹렬한 공격을 발동했다"고 했다. 이에 따라 반당 집단으로 몰린 이들은 각각 직무를 박탈당했다.[44]

마오쩌둥은 펑더화이의 직무를 박탈하면서 군에 대한 통제를 강화했다. 루산회의 직후 군사위원회 확대회의가 9월 5일 개최되었다. 루산회의의 결정을 학습하고, 펑더화이, 황커청 등 반당 집단을 비판하기 위한 취지였다. 회의는 펑더화이 대신 국방부장에 오른 린뱌오가 주재했다. 대군구, 야전군, 각 성의 군구 등의 사령관을 비롯한 군 고위 간부 1,070명이 참석했다. 회의는 펑더화이와 황커청을 마오쩌둥에 반대하는 반당 분자로 규정했다. 그리고 루산회의에서 펑더화이를 지지했던 완이와 함께 펑더화이와 밀접한 관계에 있던 군 간부들이 집중적으로 비판을 받았다.[45]

---

43 薄一波, 『若干重大決策与事件的回顧』 上卷, 604쪽.
44 李锐, 2001, 『庐山会议实录』, 郑州: 河南人民出版社, 315~318쪽.
45 李维民, 1995, 앞의 책.

Ⅳ. 맺음말: 마오쩌둥의 유산

중국 공산당은 조직, 이념, 대외 관계에서 위기에 직면했다. 중국 공산당은 사영 기업가를 비롯한 다양한 사회 세력을 포섭했지만, 사회주의 혁명을 추구하는 정당이라는 중국 공산당 정체성에 균열이 발생했다. 사회주의 혁명 이념은 더는 중국 국민들에게 설득력을 갖지 못한다. 그리고 대외적으로는 미국과 중국의 무역 전쟁이라는 대외적 위기에 직면했다. 이 같은 난제들과 관련해 2021년 중국 공산당 19기 6중전회에서 나온 제3차 역사 결의는 중국 공산당의 외부 세계에 대한 적대적 인식을 드러낸 것이었다. 중국 공산당을 위협하거나 중화민족의 위대한 부흥을 저지하려는 외부 세계와의 대결 의지를 밝힌 것이다. 제3차 역사 결의는 시진핑의 세 번째 연임을 정당화하는 문건이면서, 중국 공산당의 이념과 정책 방향을 가늠할 수 있는 나침반이라고도 할 수 있다.

이러한 중국 공산당의 모습은 마오쩌둥 시기의 대외 인식과 유사하며, 덩샤오핑의 개혁 개방 시기와는 차이가 있다고 볼 수 있다. 개혁 개방 시기 중국은 서구의 경제 제도와 기술을 수용하면서 세계와 통합되는 모습을 보였다. 마오쩌둥은 중일전쟁과 국공내전을 거치면서 중국을 건국하고, 문화대혁명을 촉발하며 제국주의, 제국주의와 결탁한 내부의 반동 세력과의 부단한 투쟁을 강조했다. 그의 대외 관계 인식은 기본적으로 적대적이라고 할 수 있다. 특히 저우언라이가 1972년 미중 데탕트를 추진했을 때에는 장칭을 비롯한 문화대혁명 급진 세력을 동원해 저우언라이가 우경 오류를 저질렀다는 비판했다. 마오쩌둥은 미국을 비롯한 제국주의 세력이 중국을 고립시키고 위협하면서 자본주의 체제로의 전복을 꾀한다고 보았다.

특기할 점은 마오쩌둥의 적대적인 대외 인식이 중국 내부에 대한 적대적 인식과 결부되어 있다는 것이다. 중국에 대한 위협은 외부뿐 아니라 내부에도 존재한다는 것이다. 외부의 제국주의자들과 내부의 반동 세력이 중국의 적이라는 것이다. 이러한 마오쩌둥의 관념은 1958년 루산회의에서 자신의 대약진 운동에 문제를 제기했던 펑더화이를 반동으로 몰아 숙청하는 사건으로 이어졌다. 마오쩌둥에게 혁명은 대내외적인 적을 설정하고, 이들과 끊임없이 투쟁하는 것이었다. 이것이 마오쩌둥의 계속혁명론이었다. 1976년 마오쩌둥 사후 중국 공산당은 마오쩌둥의 계속혁명론을 극복하고 개혁 개방으로 나아갔다. 그러나 시진핑 시기 중국은 다시 외부의 적을 설정하면서 민족주의를 강화하고 있다. 마오쩌둥의 유산이 다시 중국에 모습을 드러내고 있다는 해석이 가능한 이유다.

참고문헌

〈국문〉

김애경, 2021, 「마오쩌둥 시기 중국의 주권정책: 중·소 동맹과 중·영, 중·일 수교과정을 중심으로」, 『국제정치논총』 61.3, 47~81쪽.

안치영, 2015, 「마오쩌둥(毛澤東)의 옌안(延安) 체제 재편과 가오강(高崗) 사건」, 『서강인문논총』 제44집.

양호민, 2004, 「'프롤레타리아 혁명'과 '프롤레타리아트 독재'론의 재고: 고전적 맑스주의에서 소련의 붕괴까지」, 『북한학보』 29권.

최명해, 2009, 『중국·북한 동맹관계』, 서울: 오름.

필립 쇼트, 양현수 역, 2019, 『마오쩌둥』 2권, 서울: 교양인.

Dutt, Clemens, 1963, *Fundamentals of Marxism-Leninism*, Moscow: Foreign Languages Publish House.

Huntington, Samuel. 1970, "Social and Institutional Dynamics of One-Party Systems," in Samuel P. Huntington, and Clement Henry Moore eds, *Authoritarian Politics in Modern Society: The Dynamics of Established One-Party Systems*, New york: Basic Books, 1970.

Jing, Huang, 1994, *Factionalism in Chinese Communist Politics*. Cambridge: Harvard University Press.

Kissinger, Henry, 2012, *On China*. New York: Penguin Books.

Meisner, Maurice, 1999, *Mao's China and after: A history of the People's Republic*. New York: Simon and Schuster.

Slyke, Lyman Van, 1983, "The Chinese Communist Movement During the Sino-Japanese War 1937-1945," in *The Cambridge History of China*, ed. John King Fairbank, Denis Twitchett. New York: Cambridge University Press, 1983.

Wildau, Gabriel, 2018 "China's Xi Jinping Revives Maoist Call for 'Self-Reliance'." *The Financial Times*, November 12.

Zhao, Suisheng. "Xi Jinping's Maoist Revival," *Journal of Democracy* 27, no. 3(July 2016): 83-97.

胡乔木, 2014, 『胡乔木回忆毛泽东』, 北京: 人民出版社.

李久林, 2012, 『毛泽东在建国后的国际战略思想及其实践效应』, 北京: 中国社会科学出版社.

李捷, 2003, 『毛泽东与新中国的内政外交』, 北京: 中国青年出版社.

李维民, 1995, "万毅张军在庐山会议", 『淡黃春秋』, 第3期.

李锐, 2001, 『庐山会议实录』, 郑州: 河南人民出版社.

毛泽东, 1991, 『毛泽东选集』第1,2,3,4卷, 北京: 人民出版社.

毛泽东, 1996, 『毛泽东文集』第5,6,7卷, 北京: 人民出版社.

毛泽东, 1994, 『毛泽东外交文选』, 北京: 外文出版社.

毛泽东, 1998, 『建国以来毛泽东文稿』第13册, 北京: 中央文献出版社.

人民日报, "党的群众路线教育实践活动工作会议召开 习近平发表重要讲话," 2013年6月19日. http://jhsjk.people.cn/article/21888765 (검색일: 2023.11.2.).

史雲, 李丹慧, 2008, 『從批林到批鄧: 1972-1976. 難以繼續的"繼續革命"』, 香港: 香港中文大學當代中國文化研究中心.

逄先知, 冯蕙, 2013, 『毛泽东年谱(1949-1976)』第4卷, 北京: 中央文献出版社.

逄先知, 金冲及, 2013, 『毛泽东传』第5券, 北京: 中央文献出版社.

薄一波, 2008, 『若干重大决策与事件的回顾』上卷, 北京: 中共黨史出版社.

楊繼繩, 2009, 『墓碑: 中國六十年代大饑荒紀實』下編, 香港: 天地圖書.

叶自成, 2001, 『新中国外交思想: 从毛泽东到邓小平』, 北京: 北京大学出版社.

中共中央, 2021, "關於黨的百年奮鬥重大成就和歷史經驗的決議," 2021. http://big5.www.gov.cn/gate/big5/www.gov.cn/zhengce/2021-11/16/content_5651269.htm (검색일: 2023.11.2.).

中共中央党史研究室, 1991, 『中国共产党历史』第一券, 北京: 中共党史出版社.

찾아보기

28수 164
30년 전쟁 66, 67, 69, 70
GHQ 203, 205

ㄱ

가다머 36, 37
간척지 모델 53
갈단 223, 228, 231, 232, 239, 246, 253~264
갈단 체렝 234, 242, 244, 247, 249
강희공(康熙公) 165, 166
강희제 233, 241, 256, 257, 263
계속혁명론 328, 333
고구려 157, 224
공화국주의자 55, 66, 68, 76, 79, 85, 86, 88, 99
관동주(關東州) 292
광서제 290, 291
괴뢰(傀儡) 294, 296, 299
괴뢰정부 294
구리하라 사다코(栗原貞子) 186, 203, 204, 211
국립아카이브교육(National Archives Education) 132, 134
국체 193, 196
군국주의 189, 191, 193, 194, 290
군부 189, 191, 193, 194, 290
균형 있는 시각 125, 132, 133, 139, 141, 143
근대 5, 7, 10, 12~21, 25~29, 38, 48, 54~56, 114, 279, 280, 282, 284, 287, 298, 299
기미(箕尾) 158, 162~164
기억의 정치 184
기자 157
김상용(金尙容) 165

김수홍(金壽弘) 165, 166
김원행(金元行) 165
김이안(金履安) 165, 166, 168, 170~172
김종후(金鍾厚) 164~168, 170, 177

ㄴ

내러티브 4, 6~21, 25~29, 32, 47~49, 114, 153, 183~186, 196, 197, 204, 205, 211, 212, 215~218, 232, 236, 245, 252, 264, 272, 277, 293, 298
내몽골 자치구 215
네르친스크 240
네이메헌조약 87
노예제/노예제도 109, 115, 120~125, 126, 131, 133, 134, 139, 140, 143

ㄷ

다나카 27, 29, 30, 32, 40, 48
담헌집 165
대동(大同) 222
대동맹전쟁 89, 91
대동합방론(大東合邦論) 287
대량학살 109, 126~128, 143
대명의리 1665
대차대조표 128, 141
데이빗 흄 12, 44~47
도버밀약 79, 84

독일 16, 20, 26, 28~34, 41, 49, 60, 66, 84, 90, 93, 105, 114, 285, 288, 289, 290, 292
돌론 노르의 회맹 256, 257
동국(東國) 170
동문동종(同文同種) 278, 299
동이(東夷) 170, 171
두 개의 중간 지대론 324, 325

ㄹ

랑케 5~7, 19~21, 25~49
량치차오(梁啓超) 286~288, 291
러시아 연방 215
레헨트 54, 55, 68, 70, 76, 78, 79, 83, 92, 94
리훙장 281, 283, 284, 287~289

ㅁ

마시(馬市) 222
마틴 14
만주 218, 219, 229~235, 245~249, 252~255, 257, 260~267, 270~273, 289, 293, 294
맥아더 194
메르센조약 57
메이지유신 187, 282, 283, 287
메홀 27~29, 32, 47

명(明)나라 218, 221~224
몽골 215~219, 221, 228~232, 234, 236, 238~241, 245, 248~268, 270, 272, 273
몽골국(國) 215, 229, 266, 272
몽골-오이라드 법전 251~253, 255
무술변법 287, 290, 291
문명화 108, 109, 115, 134
문화적 중화관 13, 160, 161
문화적 중화론 152, 168
미국 34, 109, 111, 113, 118, 130, 139, 141, 189, 190, 196, 211, 282, 285, 287, 292, 305, 306, 308, 310, 314, 319~326, 332
미군 189~192, 195, 205, 208

ㅂ

바아투르 홍타이지 224, 226, 229, 230, 237~239, 245, 251
반식민주의 11, 103, 104, 109, 113, 120, 124, 131, 145
반전 13, 111, 204
반핵평화운동 185, 204
백이 157
백인 우월주의 133
베르됭조약 57
베스트팔렌조약 70, 74, 96, 98

변경 시장[호시; 互市] 221
병사 185, 188~190, 192, 194
부랴트 공화국 229
부르주아 민주주의혁명론 312
분할조약 83
브레다조약 78, 79, 85

ㅅ

사대부 162~164
삼국간섭 285, 288, 290, 292, 299
서거정(徐居正) 155
성상파괴운동 59, 60
세바인 43,
세익스피어 8, 9
셍게 230, 237~239, 245, 258
소무(蘇武) 165
소수민족 16, 221
소중화(小中華) 13, 151, 159
송시열 165, 166
수양산 157
숙제 187
스페인 왕위계승전쟁 91, 94, 95, 99
시모노세키(下關) 285
시모노세키조약 285~288
시베리아 225, 227, 243, 244, 246, 248, 289
시체 수용소 198, 204

식민주의 11, 104, 109~115, 117, 119,
    120, 124, 125, 127, 129, 130, 133,
    134, 143~145, 236, 327
신민주주의 혁명론 312
신장 위구르 자치구 215, 229
쑨원(孫文) 278, 291, 292

ㅇ

아무르사나 249, 264~268, 271
아시아・태평양전쟁 293
아시아주의 278, 287, 290~292, 299
아시아협회 290
아트레흐트동맹 62, 63
아편전쟁 281
안정복(安鼎福) 157
야미쉬호 226~228, 242~244, 250
여항 문인 162
여항인 162~164
역사 내러티브(narrative) 6, 7, 12, 19~21,
    25~28, 48, 49, 183, 184, 186, 196,
    197, 204, 205, 211, 216, 217, 232,
    236, 245, 252, 264, 272, 277
역사인식 49, 204
역사협회(Historical Association) 129, 132
역외춘추(域外春秋) 172, 177, 178
연합군 93, 185, 189, 203, 210, 211
연행 165

영구칙령 85, 86
영제국 11, 103~105, 107~109,
    112~114, 116~123, 125~145
영제국 교육 128
영제국사 113, 114, 130, 143, 144
예니세이강 220
옌안정풍운동 315, 317
옌안체제 315
오광운(吳光運) 162, 164
오란예주의자 55, 66, 76, 78, 79, 83, 85,
    86, 88, 99
오랑캐[夷] 13, 166, 168~172, 176, 177,
    280, 287
오스트리아 왕위계승전쟁 99
오오카 쇼헤이 185, 187, 211
오이라드(Oirad) 215~225, 227~232,
    234~236, 238, 239, 245, 246,
    248~252, 254~258, 260, 262~266,
    268, 270, 272, 273
오치르투 타이지 229
오행 173
옥쇄 189
옥음방송 193
올란호쇼[忽蘭忽失溫]의 전투 222
완암집(浣巖集) 161
왕징웨이(汪精衛) 294~296, 299
요동 158

원나라 219, 223, 224
원자폭탄 184, 186, 192, 193, 195~199, 205, 208
원폭 12, 185, 186, 195, 196, 1998, 200~207, 210, 212
원폭 자료관 205
웨스트민스터조약 76, 81, 87
위(僞)정권 294
위구르족 220
위트레흐트 평화조약 95
위트레흐트동맹 62, 72
유일 피폭국 186, 201, 212
의산문답(毉山問答) 172, 173, 175, 177
이념사 6, 21, 32, 48, 49
이르티시강 225, 227, 236, 242~244, 250
이릉(李陵) 165
이익 19, 55, 56, 66, 72, 75, 76, 78, 82, 88, 91~93, 96, 100, 115, 116, 123, 138, 139, 160, 237, 251, 256, 260, 261, 263, 294, 296, 297, 308
이적(夷狄) 157, 163, 166~171, 175, 177
이종휘(李種徽) 159, 159
이토 히로부미 287, 288, 291, 299
익찬체제(翼贊體制) 189
인물균 167
인종 차별 134, 144

일리 233, 243, 268, 271
일본 7, 15, 17, 27, 28, 30, 32, 48, 105, 184, 185, 187~189, 194, 196, 201, 202, 205, 207, 208, 211, 278~281, 283, 287, 288, 290~292, 297, 305, 324

ㅈ

자력갱생 308
자삭투 칸 241, 251~254
자유민주주의 133
장가구(張家口) 222
장제스(蔣介石) 296, 314, 320, 321
장즈둥(張之洞) 285~287, 290
재난 185, 195, 198, 199, 202
전쟁 기억 184~187, 192, 194, 195, 202~204, 209~212
전쟁 책임 186, 193, 194, 201, 202, 211
전진훈(戰陣練) 191
정래교(鄭來僑) 161
정한론 282
제국 비판 104, 134, 139, 142, 145
제국 수혜론 107, 116
제국 옹호 104, 109, 111, 113, 115, 118, 119, 123, 125, 131, 134, 137, 139, 142, 143, 145
제국주의 10, 12, 17, 109, 111, 114, 123,

125, 129, 132, 134, 143, 145, 185, 188, 189, 194, 238, 290, 292, 307, 309, 311~313, 318~321, 323~325, 327~329, 332, 333

조공(朝貢) 221~224, 280, 282

조선인 희생자 185

조선중화주의 152

조선팔도고금총람도 158

주자가례 152

준가르 217, 218, 223~227, 231~235, 237~239, 241~252, 254~258, 261, 266~268, 270, 272

중소 분쟁 310, 324

중앙아시아 224, 246

중앙유라시아 215

중용장구 154

중원(中原) 157, 171, 175, 220~223, 239, 258, 268

중일전쟁 277, 279, 291, 293~295, 298, 299, 305, 314, 318, 332

중화계승의식 152, 156

중화관 13, 160, 161, 165

중화민족(中華民族) 223, 225, 238, 239, 294, 306, 332

중화인민공화국 215, 305, 318

지구 13, 160, 173, 176

지구설 172

지리 13, 154, 160, 172~174, 177, 178, 243

지전설 172

쭌이회의(遵義會議) 315

ㅊ

천기 163, 164

천하고금대총편람도 158

천황 27, 189, 193, 194, 196, 2211

청(淸)나라 218, 219, 222, 224, 229, 230, 232~235, 241, 245, 246, 249, 252, 254, 257, 260, 261, 264, 265, 267~270, 272, 281, 289, 318

청일전쟁 277, 278, 284~290, 292, 298, 299

청해성(靑海省) 215

체왕 도르지남잘 223

체왕 랍단 232, 233, 241, 243, 244, 247, 248

총동원체제 189, 194, 211

춘추(春秋) 177

친일 협력자 278, 294, 296

ㅋ

카자흐스탄 227, 228, 272

칼미크(Kalmyk) 공화국 215

캉유웨이(康有爲) 278, 285, 287~291,

299

크리거 35, 41~43

ㅌ

탈식민주의 11, 109, 131

탈식민화 130, 144

탈아입구 187

태양 173

토목(土木)의 변(變) 222

투시예투 칸 229, 231, 232, 241, 253, 262

티베트 234, 254, 264

티베트 불교 215

ㅍ

패전 75, 184, 185, 187, 190, 192, 201, 211, 259

평화 10, 19, 55, 56, 65, 66, 68, 76, 77, 95, 98~100, 107, 115, 119, 200, 201, 204, 218, 248, 260, 278, 285, 294, 297

포로 185, 187~194, 210, 211, 248

포로수용소 184, 185, 187, 189, 194, 195, 211

표트르 1세 227~229, 242

풍기(風氣) 164, 171, 152~156, 158~160

풍기론 175

풍속 153, 154, 156, 167, 171, 176, 177, 243

플라톤 4

피폭 184, 186, 193, 195, 196, 198, 200~205, 207~212

피폭 내셔널리즘 186, 203, 210, 212

피해자 내셔널리즘 185

피해자 의식 186, 201

ㅎ

하라 다미키 185, 195, 202~204, 211

한간(漢奸) 294, 297, 299

한국 7, 13~15, 17, 26, 48, 183, 208, 321

한족(漢族) 220, 221, 269, 292

할하 몽골 218, 228, 229, 232, 238~241, 251~254, 256, 259, 264, 266, 272

합의민주주의 53

항일전쟁(抗日戰爭) 293

항전(抗戰) 291, 293, 295, 297

핵무기 186, 211

핵살상무기 200

헤겔 35, 37, 38, 42, 43,

호머 4

홍대용 153, 164~172, 174~178

홍봉한(洪鳳漢) 161, 162, 164

화이변(華夷辨) 168, 169, 171, 172, 174,

175

후렌 벨치르의 회맹 253

휘튼 14

흥아회(興亞會) 290

희생자 의식 185, 186, 201, 204, 205, 210

히로시마 186, 192, 195~198, 200~205, 207~211

동북아역사재단 연구총서 107

역사화해의 이정표 Ⅳ
– 역사 내러티브

초판 1쇄 발행 2024년 12월 20일

지은이 이병택, 이동수, 강선주, 이송희, 신현선, 심호성, 이동욱, 이재준
펴낸이 박지향
펴낸곳 동북아역사재단

등록 제312-2004-050호(2004년 10월 18일)
주소 서울시 서대문구 통일로 81 NH농협생명빌딩
전화 02-2012-6065
홈페이지 www.nahf.or.kr
제작·인쇄 니케북스

ISBN 979-11-7161-150-8 94910
　　　　978-89-6187-533-2 (세트)

- 이 책은 저작권법에 의해 보호를 받는 저작물이므로 어떤 형태나 어떤 방법으로도 무단전재와 무단복제를 금합니다.
- 책값은 뒤표지에 있습니다. 잘못된 책은 바꾸어 드립니다.